Das allgemeine Persönlichkeitsrecht juristischer Personen des Zivilrechts

Europäische Hochschulschriften
Publications Universitaires Européennes
European University Studies

Reihe II
Rechtswissenschaft

Série II Series II
Droit
Law

Bd./Vol. 3811

PETER LANG
Frankfurt am Main · Berlin · Bern · Bruxelles · New York · Oxford · Wien

Roland von Lilienfeld-Toal

Das allgemeine Persönlichkeitsrecht juristischer Personen des Zivilrechts

PETER LANG
Europäischer Verlag der Wissenschaften

Bibliografische Information Der Deutschen Bibliothek
Die Deutsche Bibliothek verzeichnet diese Publikation in der Deutschen Nationalbibliografie; detaillierte bibliografische Daten sind im Internet über <http://dnb.ddb.de> abrufbar.

Zugl.: Jena, Univ., Diss., 2003

Gedruckt auf alterungsbeständigem,
säurefreiem Papier.

27
ISSN 0531-7312
ISBN 3-631-51760-2

Printed in Germany 1 2 3 4 5 7

www.peterlang.de

Vorwort

Diese Dissertation entstand in weiten Teilen während meiner Tätigkeit als wissenschaftlicher Mitarbeiter von Herrn Prof. Dr. Eberhard Eichenhofer am Lehrstuhl für Sozialrecht und Bürgerliches Recht der Friedrich-Schiller-Universität Jena. Ich verdanke Herrn Prof. Dr. Eichenhofer eine interessante und lehrreiche Zeit in Jena sowie die Betreuung der vorliegenden Arbeit als Doktorvater. Hierfür bedanke ich mich noch einmal ganz herzlich.

Zu großem Dank bin ich auch Herrn Prof. Dr. Volker Michael Jänich für die Erstellung des Zweitgutachtens sowie Herrn Prof. Dr. Rolf Gröschner für die aktive Teilnahme an meiner Disputation verpflichtet.

Außerdem danke ich meinen Eltern und Geschwistern, die mich stets motiviert und unterstützt haben. Schließlich gilt mein besonderer Dank meiner Frau Viviane, mit der ich meine Thesen diskutieren konnte und die mir stets den Rücken gestärkt hat.

Inhalt

Literaturverzeichnis

Achterberg, Norbert	Das nachvertragliche Wettbewerbsverbot in verfassungsrechtlicher Sicht, JZ 1975, S. 713 – 721
Alexy, Robert	Theorie der Grundrechte, Göttingen 1985
Badura, Peter	Mitbestimmung und Gesellschaftsrecht, in: Festschrift für Fritz Rittner, Verfassungsrechtliches Korollarium zur Rolle des Privatrechts in der Rechtsordnung, München 1991, S. 1 – 16
Derselbe	Die Unternehmensfreiheit der Handelsgesellschaften – Ein Problem des Grundrechtsschutzes juristischer Personen des Privatrechts -, DÖV 1990, S. 353 – 361
Bar, Christian von	Empfiehlt es sich, die Voraussetzungen der Haftung für unerlaubte Handlungen mit Rücksicht auf die gewandelte Rechtswirklichkeit und die Entwicklungen in Rechtsprechung und Lehre neu zu regeln? Wäre es insbesondere zweckmäßig, die Grundtatbestände der §§ 823 Absätze 1 und 2, § 826 BGB zu erweitern oder zu ergänzen?, in: Bundesministerium der Justiz (Hrsg.), Gutachten und Vorschläge zur Überarbeitung des Schuldrechts, Band II, Köln 1981, S. 1681 – 1778
Baumbach, Adolf/ Hopt, Klaus J.	Handelsgesetzbuch, Kommentar, 30. Auflage, München 2000
Baumbach, Horst/ Hefermehl, Wolfgang	Wettbewerbsrecht, Gesetz gegen den unlauteren Wettbewerb, Zugabeverordnung, Rabattgesetz und Nebengesetze, 22. Auflage, München 2000
Beseler, Georg	System des gemeinen deutschen Privatrechts, Erste Abteilung – Allgemeiner Teil. Das gemeine Landrecht, 3. Auflage, Berlin 1873
Bethge, Herbert	Die Grundrechtsberechtigung juristischer Personen nach Art. 19 Abs. 3 Grundgesetz, Passau 1985

Bettermann, Karl August	Juristische Personen des öffentlichen Rechts als Grundrechtsträger, NJW 1969, S. 1321 – 1328
Bluntschli, Johann Caspar	Deutsches Privatrecht, Erster Band, 3. Auflage, München 1864
Bötticher, Eduard	Zur Ausrichtung der Sanktion nach dem Schutzzweck der verletzten Privatrechtsnorm, AcP 158 (1959/1960), S. 385 – 409
Derselbe	Die Einschränkung des Ersatzes immateriellen Schadens und der Genugtuungsanspruch wegen Persönlichkeitsminderung, MDR 1963, S. 353 – 360
Brauer, Manfred	Das Persönlichkeitsrecht der juristischen Person, Erlangen, Nürnberg 1962
Brinz, Alois	Lehrbuch der Pandekten, Erster Band, 2. Auflage, Erlangen 1873, Dritter Band, 2. Auflage, Erlangen 1886
Broß, Siegfried	Zur Grundrechtsfähigkeit juristischer Personen des öffentlichen Rechts, VerwArch 77 (1986), S. 65 – 76
Brox, Hans	Allgemeiner Teil des BGB, 24. Auflage, Münster 2000
Burmeister, Joachim	Vom staatsbegrenzenden Grundrechtsverständnis zum Grundrechtsschutz für Staatsfunktionen, Frankfurt 1971
Caemmerer, Ernst v.	Gesammelte Schriften, Band I, Rechtsvergleichung und Schuldrecht, Hans G. Leser (Hrsg.), Tübingen 1968
Derselbe	Wandlungen des Deliktsrechts, in: Hundert Jahre deutsches Rechtsleben, Festschrift zum 100jährigen Bestehen des Deutschen Juristentages, Karlsruhe 1960, Band 2, S. 49 ff.
Canaris, Claus-Wilhelm	Grundrechte im Privatrecht, AcP 184 (1984), S. 201 – 246

Derselbe	Grundrechtswirkungen und Verhältnismäßigkeitsprinzip in der richterlichen Anwendung und Fortbildung des Privatrechts, JuS 1989, S. 161 - 172
Coing, Helmut	Das Grundrecht der Menschenwürde, der strafrechtliche Schutz der Menschlichkeit und das Persönlichkeitsrecht des bürgerlichen Rechts, SJZ 1947, S. 641 - 646
Derselbe	Die Vertretungsordnung juristischer Personen und deren Haftung gemäß § 31 BGB, in: Marcus Lutter, Walter Stimpel, Herbert Wiedemann (Hrsg.), Festschrift für Robert Fischer, Berlin, New York 1979, S. 65 - 78
Degenhart, Christoph	Das allgemeine Persönlichkeitsrecht, Art. 2 I i. V. mit Art. 1 I GG, JuS 1992, S. 361 – 368
Dolzer, Rudolf	Bonner Kommentar zum Grundgesetz, Heidelberg 1991, Art. 19 Abs. 3, Albert v. Mutius, Zweitbearbeitung April 1975
Dreier, Horst (Hrsg.)/ Bauer, Hartmut/ Gröschner, Rolf/ Hermes, Georg/ Heun, Werner/ Lübbe-Wolff, Gertrude/ Morlok, Martin/ Pernice, Ingolf/ Schulze-Fielitz, Helmuth/ Stettner, Rupert/ Wieland, Joachim	Grundgesetz, Kommentar, Band I, Artikel 1 - 19, Tübingen 1996
Enneccerus, Ludwig/ Lehmann, Heinrich	Recht der Schuldverhältnisse, 14. Auflage, Tübingen 1954
Enneccerus, Ludwig/ Nipperdey, Hans Carl	Allgemeiner Teil des Bürgerlichen Rechts, Erster Halbband, 14. Auflage, Tübingen 1952

Erman, Walter	Bürgerliches Gesetzbuch mit AGBG, EGBGB, ErbbauVO, HausTWG, ProdHaftG, SachenRBerG, SchuldRAnpG, VerbrKrG 1. Band, §§ 1 – 853, 10. Auflage, Münster, Köln 2000, 2. Band, §§ 854 – 2385, 10. Auflage, Münster, Köln 2000
Esser, Josef/ Weyers, Hans-Leo	Schuldrecht, Band II, Besonderer Teil, 7. Auflage, Heidelberg 1991
Fabricius, Fritz	Zur Dogmatik des „sonstigen Rechts" gemäß § 823 Abs. 1 BGB, AcP 160 (1961), S. 273 - 336
Derselbe	Relativität der Rechtsfähigkeit, München, Berlin 1963
Derselbe	Extensive Anwendung des § 12 BGB?, JR 1972, S. 15 – 19
Fezer, Karl-Heinz	Markenrecht, 3. Auflage, München 2001
Fikentscher, Wolfgang	Methoden des Rechts in vergleichender Darstellung, Band I, Frühe und religiöse Rechte – Romanischer Rechtskreis, Tübingen 1975
Flume, Werner	Allgemeiner Teil des Bürgerlichen Rechts, Erster Band, Zweiter Teil, Die juristische Person, Berlin, Heidelberg, New York, Tokyo 1983
Forkel, Hans	Allgemeines Persönlichkeitsrecht und „wirtschaftliches Persönlichkeitsrecht", in: Festschrift für Karl H. Neumayer, Baden Baden 1986, S. 229 – 247
Gebhard, Ludwig Fern	Handkommentar zur Verfassung des Deutschen Reichs vom 11. August 1919, München, Berlin, Leipzig 1932
Gierke, Otto v.	Deutsches Privatrecht, Erster Band, Allgemeiner Teil und Personenrecht, Leipzig 1895

Derselbe	Das Wesen der menschlichen Verbände, Rektoratsrede vor der Universität Berlin vom 15.10.1902, Darmstadt Sonderausgabe MCMLIV
Gottwald, Stefan	Das allgemeine Persönlichkeitsrecht, Ein zeitgeschichtliches Erklärungsmodell, Berlin 1996
Grimm, Dieter	Persönlichkeitsschutz im Verfassungsrecht, in: Schutz der Persönlichkeit, Dieter Grimm, Peter Schwerdtner (Hrsg.), Karlsruher Forum 1997, S. 3 - 26
Grimm, Jacob/ Grimm, Wilhelm	Deutsches Wörterbuch von Jacob und Wilhelm Grimm, Band 5, Gefoppe – Getreibs, Rudolf Hildebrand/Hermann Wunderlich (Bearb.), Erstausgabe Leipzig 1897, Nachdruck München 1991, Band 30, Wilb – Ysop, Theodor Frings/Hans Neumann (Bearb.), Erstausgabe Berlin, Leipzig 1960, Nachdruck München 1991
Gröschner, Rolf	Unternehmensverantwortung und Grundgesetz. Verfassungsrechtliche Vorgaben für ein modernes Unternehmensrecht, in: Heiner Alwart (Hrsg.), Verantwortung und Steuerung von Unternehmen in der Marktwirtschaft, München 1998, S. 60 – 74
Heinze, Meinhard	Rechtsnachfolge in Unterlassen. Ein Beitrag zur dogmatischen Struktur des Unterlassungsanspruchs § 1004 I 2 BGB und der Rechtsnachfolge, Tübingen 1974
Heise, G. A.	Grundrisse des Systems des gemeinen Civilrechts, Heidelberg 1807
Heldrich, Andreas	Der Persönlichkeitsschutz Verstorbener, in: Kurt Kuchinke (Hrsg.), Rechtsbewahrung und Rechtsentwicklung, Festschrift für Heinrich Lange, München 1970, S. 163 - 178

Helle, Ernst	Muß der Beleidiger den Widerruf seiner ehrenrührigen Behauptung eigenhändig unterzeichnen?, DRiZ 1970, S. 157 – 158
Hill, Wilhelm/ Fehlbaum, Raymond/ Ulrich, Peter	Organisationslehre 1, Ziele, Instrumente und Bedingungen der Organisation sozialer Systeme, 5. Auflage, Bern, Stuttgart, Wien 1994
Hölder, Eduard	Das Problem der juristischen Persönlichkeit, in: Jherings Jahrbücher für die Dogmatik des bürgerlichen Rechts, Band 53 (Jena 1908), S. 40 – 107
Derselbe	Natürliche und juristische Personen, Leipzig 1905
Hubmann, Heinrich	Das Persönlichkeitsrecht, 2. Auflage, Köln, Graz 1967
Derselbe	Inhalt und Abgrenzung des Zivilrechtlichen Allgemeinen Persönlichkeitsrechts, in: Wolfram Waldner und Reinhard Künzl (Hrsg.), Festschrift für Karl Heinz Schwab, Erlangen 1990
Husserl, Gerhart	Rechtssubjekt und Rechtsperson, AcP 127 (1927), S. 129 – 209
Isensee, Josef/ Kirchhof, Paul	Handbuch des Staatsrechts der Bundesrepublik Deutschland, Band V, Allgemeine Grundrechtslehren, Heidelberg 1992, Band VI, Freiheitsrechte, Heidelberg 1989
Jakobs, Horst Heinrich	Eingriffserwerb und Vermögensverschiebung in der Lehre von der ungerechtfertigten Bereicherung, Bonn, Röhrscheid 1964
Jarass, Hans D./ Pieroth, Bodo	Grundgesetz für die Bundesrepublik Deutschland, Kommentar, 5. Auflage, München 2000
Jauernig, Othmar (Hrsg.)/ Berger, Christian/ Schlechtriem, Peter/ Stürner, Rolf/ Teichmann, Arndt/ Vollkommer, Max	Bürgerliches Gesetzbuch mit Gesetz zur Regelung des Rechts der allgemeinen Geschäftsbedingungen, 9. Auflage 1999

Jhering, Rudolph v.	Geist des römischen Rechts auf den verschiedenen Stufen seiner Entwicklung, Dritter Teil, Erste Abteilung, Achte Auflage, Darmstadt 1954, Nachdruck der Vierten Auflage Göttingen 1888
John, Uwe	Die organisierte Rechtsperson, System und Probleme der Personifikation im Zivilrecht, Berlin 1977
Kau, Wolfgang	Vom Persönlichkeitsschutz zum Funktionsschutz, Persönlichkeitsschutz juristischer Personen des Privatrechts in verfassungsrechtlicher Sicht, Heidelberg 1989
Kern, Bernd-Rüdiger	Die Genugtuungsfunktion des Schmerzensgeldes – ein pönales Element im Schadensrecht, AcP 191 (1991), S. 247 – 272
Kläver, Magdalena	Vermögensrechtliche Aspekte des zivilrechtlichen allgemeinen Persönlichkeitsrechts, ZUM 2002, S. 205 – 210
Dieselbe	Bereicherungsrechtliche Ansprüche bei Verletzung des allgemeinen Persönlichkeitsrechtes, Hamburg 1999
Kleinheyer, Gerd	Rechtsgutsverwendung und Bereicherungsausgleich, JZ 1970, S. 471 – 477
Klinger, Klaus	Rechtsfähigkeit und allgemeines Persönlichkeitsrecht, Kiel 1964
Klippel, Diethelm	Der zivilrechtliche Schutz des Namens – Eine historische und systematische Untersuchung, Paderborn, München, Wien, Zürich 1985
Derselbe	Der zivilrechtliche Persönlichkeitsschutz von Verbänden, JZ 1988, S. 625 – 635
Knodel, Hans/ Bayrhuber, Horst/ Bäßler, Ulrich/ Danzer, Albert/ Kull, Ulrich	Linder, Biologie, 19. Auflage, Stuttgart 1983
Kötz, Hein	Deliktsrecht, 8. Auflage, Neuwied 1998

Kraft, Alfons — Gedanken zum allgemeinen Persönlichkeitsrecht juristischer Personen, in: Beiträge zum Schutz der Persönlichkeit und ihrer schöpferischen Leistungen, Festschrift für Heinrich Hubmann, Frankfurt a. M. 1985, S. 201 - 219

Kreuzer, Karl F. — Persönlichkeitsschutz und Entgegnungsanspruch, in: Menschenwürde und freiheitliche Rechtsordnung, Gerhard Leibholz, Hans Joachim Faller, Paul Mikat, Hans Reis (Hrsg.), Festschrift für Geiger, Tübingen 1974, S. 61 – 112

Ladeur, Karl-Heinz — Persönlichkeitsschutz und „Comedy", NJW 2000, 1977 – 1982

Lange, Heinrich/ Kuchinke, Kurt — Lehrbuch des Erbrechts, 5. Auflage, München 2001

Larenz, Karl/ Canaris, Claus-Wilhelm — Lehrbuch des Schuldrechts, Zweiter Band, Besonderer Teil, 2. Halbband, 13. Auflage, München 1994

Larenz, Karl/ Wolf, Manfred — Allgemeiner Teil des Bürgerlichen Rechts, 8. Auflage, München 1997

Leßmann, Herbert — Persönlichkeitsschutz juristischer Personen, AcP 170 (1970), S. 266 ff.

Liermann, Hans — Persönlichkeitswert der Stiftung – Ihr Recht auf Name und Wesensart, in: Deutsches Stiftungswesen 1948-1966, K. Franz, H. Liermann, H. H. zur Nedden, G. F. von Pölnitz (Hrsg.), Tübingen 1968, S. 173 ff.

Lilienfeld, Paul v. — Gedanken über die Sozialwissenschaft der Zukunft, Erster Teil: Die menschliche Gesellschaft als realer Organismus, Mitau 1873

Maunz, Theodor/ Dürig, Günter/ Herzog, Roman/ Klein, Hans H./ Lerche, Peter/ Papier, Hans-Jürgen/ Randelzhofer, Albrecht/ Schmidt-Assmann, E./ Scholz, Rupert	Grundgesetz, Kommentar, Band II, Art. 12 - 37, München Art. 12, Stand: 1981, Art. 14, Stand: 1994, Art. 19 Abs. 3, Stand: 1977
Medicus, Dieter	Bürgerliches Recht, 18. Auflage, Köln, Berlin, Bonn, München 1999
Meessen, Karl Matthias	Ausländische juristische Personen als Träger von Grundrechten, JZ 1970, S. 602 – 605
Meissner, Michael	Persönlichkeitsschutz juristischer Personen im deutschen und US-amerikanischen Recht, Frankfurt am Main 1998
Mikat, Paul	Gleichheitsgrundsatz und Testierfreiheit, in: Rolf Dietz, Heinz Hubner (Hrsg.), Festschrift für Hans Carl Nipperdey zum 70. Geburtstag, Band I, Berlin 1965, S. 581 – 604
Mugdan, Benno	Die Gesamten Materialien zum Bürgerlichen Gesetzbuch für das Deutsche Reich, Band 1, Einführungsgesetz und allgemeiner Teil, Berlin 1899
Münch, Ingo von/ Kunig, Philip	Grundgesetz-Kommentar, Band 1, Präambel bis Art. 20, 4. Auflage, München 1992
Neumann, Franz L./ Nipperdey, Hans Carl/ Scheuner, Ulrich	Die Grundrechte, Handbuch der Theorie und Praxis der Grundrechte, Band II, Die Freiheitsrechte in Deutschland, Berlin 1954
Palandt, Otto	Bürgerliches Gesetzbuch mit Nebengesetzen, 61. Auflage, München 2002
Picker, Eduard	Der negatorische Beseitigungsanspruch, Bonn, Röhrscheid 1972, Nachdruck 1995
Quante, Frank	Das allgemeine Persönlichkeitsrecht juristischer Personen, Eine zivilrechtliche Studie, Frankfurt am Main 1999

Rebmann, Kurt/ Säcker, Franz Jürgen	Münchener Kommentar zum Bürgerlichen Gesetzbuch, Band 1, Allgemeiner Teil, §§ 1 - 240, AGB Gesetz, 4. Auflage, München 2001, Band 5, Schuldrecht, Besonderer Teil III, §§ 705 – 853, Partnerschaftsgesellschaftsgesetz, Produkthaftungsgesetz, 3. Auflage, München 1997
Reumann, Kurt	Waffengleichheit in der Gegendarstellung, Berlin 1971
Reuter, Dieter/ Martinek, Michael	Ungerechtfertigte Bereicherung, Handbuch des Schuldrechts, Band 4, Tübingen 1983
Ritter, Ernst Hasso	Der Grundrechtsschutz ausländischer juristischer Personen, NJW 1964, S. 279 – 282
Rittner, Fritz	Die werdende juristische Person – Untersuchungen zum Gesellschafts- und Unternehmensrecht, Tübingen 1973
Rüfner, Wolfgang	Zur Bedeutung und Tragweite des Artikels 19 Abs. 3 des Grundgesetzes, Anwendbarkeit der Grundrechte auf juristische Personen, AöR 89 (1964), S. 261 - 322
Rupp-v. Brünneck, Wiltraud	Zur Grundrechtsfähigkeit juristischer Personen, in: Horst Ehmke/Carlo Schmid/Hans Scharoun (Hrsg.), Festschrift für Adolf Arndt, Frankfurt am Main 1969, S. 349 – 383
Sack, Rolf	Die Haftung für unbegründete Schutzrechtsverwarnungen, WRP 1976, S. 733 – 744
Savigny, Friedrich Karl v.	System des heutigen römischen Rechts, Band I, Berlin 1840, Band II, Berlin 1840, Photomechanischer Nachdruck Darmstadt 1956
Scheuerle, Wilhelm A.	Das Wesen des Wesens, Studien über das sogenannte Wesensargument im juristischen Begünden, AcP 163 (1964), S. 429 – 471

Schlechtriem, Peter	Bereicherung aus fremdem Persönlichkeitsrecht, in: Robert Fischer, Ernst Gessler, Wolfgang Schilling, Rolf Serick, Peter Ulmer (Hrsg.), Festschrift für Wolfgang Hefermehl, München 1976, S. 445 - 465
Schmidt, German/ Seitz, Walter	Aktuelle Probleme des Gegendarstellungsrechts, NJW 1991, S. 1009 – 1016
Schmidt, Karsten	Gesellschaftsrecht, 3. Auflage, Köln, Berlin, Bonn, München 1997
Schmitt, Carl	Verfassungslehre, Nachdruck der 1. Auflage 1928, Berlin 1993
Schmoll, Andrea	Die deliktische Haftung der Internet-Service-Provider, Frankfurt am Main 2001
Scholler, Heinrich	Grundrechtsschutz für juristische Personen des öffentlichen Rechts, DÖV 1978, S. 238 – 244
Schönke, Adolf/ Schröder, Horst	Strafgesetzbuch, Kommentar, 26. Auflage, München 2001
Schulte, Martin	Staat und Stiftung. Verfassungsrechtliche Grundlagen und Grenzen des Stiftungsrechts und der Stiftungsaufsicht, Heidelberg 1989
Schultz, Peter	Fortgeltendes DDR-Gegendarstellungsrecht als Landesrecht, NJW 1991, S. 2468
Schulz, Fritz	System der Rechte auf den Eingriffserwerb, AcP 105 (1909), S. 1 – 485
Schwerdtner, Peter	Das Persönlichkeitsrecht in der deutschen Zivilrechtsordnung, Berlin 1977
Seifart, Werner/ Campenhausen, Axel Freiherr von	Handbuch des Stiftungsrechts, 2. Auflage, München 1999

Seiter, Hugo — Dauerrechtsbeziehungen zwischen Tarifvertragsparteien? – Zur Lehre vom gesetzlichen Schuldverhältnis im kollektiven Arbeitsrecht -, ZfA 20 (1989), S. 283 – 306

Seitz, Walter/ Schmidt, German — Der Gegendarstellungsanspruch, Presse, Film, Funk und Fernsehen, 3. Auflage, München 1998

Soehring, Jörg/ Seelmann-Eggebert, Sebastian — Die Entwicklung des Presse- und Äußerungsrechts 1997 – 1999, NJW 2000, S. 2466 - 2480

Soergel, Hs. Th./ Siebert, W. — Bürgerliches Gesetzbuch mit Einführungsgesetz und Nebengesetzen,
Band 1, Allgemeiner Teil 1, §§ 1 – 103, 13. Auflage, Stuttgart, Berlin, Köln, Mainz, Frühjahr 2002
Band 5/2, Schuldrecht IV/2, §§ 823 - 853, Produkthaftungsgesetz, Umwelthaftungsgesetz, Stuttgart, Berlin, Köln, Frühjahr 1998

Starck, Christian — Die Auskiesungsurteile des BGH vor dem BVerfG – BVerfG, NJW 1977, 1960, JuS 1977, S. 732 – 738

Starck, Christian (Hrsg.)/ Mangoldt, Hermann v. (Begr.)/ Klein, Friedrich — Das Bonner Grundgesetz,
Band 1: Präambel, Artikel 1 bis 19, 4. Auflage, München 1999

Staudinger, J. von — Bürgerliches Gesetzbuch,
Band 1, Allgemeiner Teil, §§ 1 - 240, 11. Auflage, Berlin 1957,
Erstes Buch, Einleitung, §§ 1 – 89, VerschG, 12. Auflage, Berlin 1980,
Erstes Buch, Allgemeiner Teil, §§ 1 – 12, 13. Bearbeitung, Berlin 1995,
Erstes Buch, Allgemeiner Teil, §§ 21 – 103, 13. Bearbeitung, Berlin 1995
Zweites Buch, Recht der Schuldverhältnisse, §§ 812 – 822, Neubearbeitung Berlin 1999

Steindorf, Ernst	Persönlichkeitsrecht im Zivilrecht, Heidelberg 1983
Stern, Klaus/ Sachs, Michael	Das Staatsrecht der Bundesrepublik Deutschland, Band III/1, Allgemeine Lehren der Grundrechte, München 1988
Stroebe, W./ Diehl, M./ Abakoumkin, G.	The illusion of group efficiency, Personality and Social Psychology Bulletin 18 (1992), S. 643 – 650
Stroebe, Wolfgang/ Hewstone, Miles/ Stephenson, Geoffrey M.	Sozialpsychologie, 3. Auflage, Berlin, Heidelberg, New York 1997
Stürner, Rolf	Empfiehlt es sich, die Rechte und Pflichten der Medien präziser zu regeln und dabei den Rechtsschutz des einzelnen zu verbessern?, Gutachten A zum 58. Deutschen Juristentag, Deutscher Juristentag 58, A 1 – 107, München 1990
Suhr, Dieter	Eigentumsinstitut und Aktieneigentum: Eine verfassungsrechtliche Analyse der Grundstruktur des aktienrechtlich organisierten Eigentums, Hamburg 1966
Thur, Andreas v.	Der Allgemeine Teil des Deutschen Bürgerlichen Rechts, Erster Band, Allgemeine Lehren und Personenrecht, Leipzig 1910
Tröndle, Herbert/ Fischer, Thomas	Strafgesetzbuch und Nebengesetze, Kommentar, 50. Auflage, München 2001
Wächter, C. G. von	Pandekten, Band I, Allgemeiner Teil, Leipzig 1880
Westermann, Harm Peter	Vertragsfreiheit und Typengesetzlichkeit im Recht der Personengesellschaften, Berlin, Heidelberg, New York 1970
Westermann, Harry	Steht der Genossenschaft das allgemeine Persönlichkeitsrecht zu?, in: Gegenwartsprobleme genossenschaftlicher Selbsthilfe, Festschrift für Paul König, Hamburg 1960, S. 345 ff.

Wieacker, Franz	Zur Theorie der Juristischen Person des Privatrechts, in: Ernnst Forsthoff/ Werner Weber/ Franz Wieacker (Hrsg.), Festschrift für Ernst Rudolf Huber, Göttingen 1973
Wiedemann, Herbert	Gesellschaftsrecht, Ein Lehrbuch des Unternehmens- und Verbandsrechts, Band I, Grundlagen, München 1980
Derselbe	Verbandssouveränität und Außeneinfluß. Gedanken zur Errichtung eines Beirats in einer Personengesellschaft, in: Robert Fischer und Wolfgang Hefermehl (Hrsg.), Festschrift für Wolfgang Schilling, Berlin, New York 1973, S. 105 – 124
Wilburg, Walter	Die Lehre von der ungerechtfertigten Bereicherung nach österreichischem und deutschem Recht: Kritik und Aufbau, Graz 1933/34
Windscheid, Bernhard	Lehrbuch des Pandektenrechts, Erster Band, Vierte Auflage, Düsseldorf 1875
Wolf, Ernst/ Naujoks, Hans	Anfang und Ende der Rechtsfähigkeit des Menschen, Frankfurt am Main 1955
Wronka, Georg	Das Persönlichkeitsrecht juristischer Personen, Bonn 1972
Zitelmann, Ernst	Begriff und Wesen der sogenannten juristischen Personen, Leipzig 1873
Zöllner. Wolfgang/ Loritz, Karl-Georg	Arbeitsrecht, 5. Auflage, München 1998

Abkürzungsverzeichnis

A A.	Anderer Ansicht
A a. O.	Am angegebenen Ort
Abs.	Absatz
AcP	Archiv für civilistische Praxis
AG	Die Aktiengesellschaft
AktG	Aktiengesetz
Alt.	Alternative
Anh.	Anhang
AöR	Archiv des öffentlichen Rechts
AP	Arbeitsrechtliche Praxis – Nachschlagewerk des Bundesarbeitsgerichtes
Art.	Artikel
BAG	Bundesarbeitsgericht
BayObLG	Bayrisches Oberstes Landesgericht
BDSG	Bundesdatenschutzgesetz
Bearb.	Bearbeiter
BGB	Bürgerliches Gesetzbuch
BGBl.	Bundesgesetzblatt
BGH	Bundesgerichtshof
BGHSt	Entscheidungen des Bundesgerichtshofes in Strafsachen
BGHZ	Entscheidungen des Bundesgerichtshofes in Zivilsachen
BT-Drucks.	Bundestags-Drucksache
BVerfG	Bundesverfassungsgericht

BVerfGE	Entscheidungen des Bundesverfassungsgerichtes
Bzw.	Beziehungsweise
DB	Der Betrieb
Ders.	Derselbe
Dies.	Dieselbe
DJT	Deutscher Juristentag
DÖV	Die Öffentliche Verwaltung
DRiZ	Deutsche Richter Zeitung
Drucks.	Drucksache
Einl.	Einleitung
EWiR	Entscheidungen zum Wirtschaftsrecht
F.	Folgende
Fn.	Fußnote
GenG	Genossenschaftsgesetz
GG	Grundgesetz für die Bundesrepublik Deutschland
Ggf.	Gegebenenfalls
GmbHG	GmbH-Gesetz
GmbHR	GmbH-Rundschau
GRUR	Gewerblicher Rechtsschutz und Urheberrecht
GVBl.	Gesetz- und Verordnungsblatt
H. M.	Herrschende Meinung
HGB	Handelsgesetzbuch
HRR	Höchstrichterliche Rechtsprechung
Hrsg.	Herausgeber
Jherb	Jherings Jahrbücher für die Dogmatik des Bürgerlichen Rechts
JR	Juristische Rundschau

JuS	Juristische Schulung
JZ	Juristen-Zeitung
LM	Lindenmaier und Möhring (Hrsg.), Nachschlagewerk des Bundesgerichtshofes
M. w. N.	Mit weiteren Nachweisen
MarkenG	Markengesetz
MDR	Monatsschrift für Deutsches Recht
MDR	Monatsschrift für Deutsches Recht
MünchKomm	Münchener Kommentar
NJW	Neue Juristische Wochenschrift
NJW-RR	NJW-Rechtsprechungs-Report Zivilrecht
Nr.	Nummer
OLG	Oberlandesgericht
OWiG	Ordnungswidrigkeitengesetz
Parl. Rat-GrdsA.	Parlamentarischer Rat-Grundsatz Ausschuss
Parl. Rat-HA	Parlamentarischer Rat-Hauptausschuss
RG	Reichsgericht
RGHZ	Entscheidungen des Reichsgerichts in Zivilsachen
Rn.	Randnummer
S.	Seite
SächsVerf	Sächsische Verfassung
SJZ	Süddeutsche Juristenzeitung
Sten. Ber.	Stenographischer Bericht
StGB	Srafgesetzbuch
UWG	Gesetz gegen den unlauteren Wettbewerb
V.	Von
VersR	Versicherungsrecht

VerwArch	Verwaltungsarchiv
VGH	Verwaltungsgerichtshof
Vgl.	Vergleiche
Vorbem.	Vorbemerkung
WM	Wertpapiermitteilungen Teil IV
WRP	Wettbewerb in Recht und Praxis
Z. B.	Zum Beispiel
ZfA	Zeitschrift für Arbeitsrecht
ZHR	Zeitschrift für das gesamte Handels- und Wirtschaftsrecht
ZPO	Zivilprozessordnung
ZUM	Zeitschrift für Urheber- und Medienrecht

A. Einleitung

Bundeskanzler Schröder wehrt sich gegen groteske, verfremdende Darstellungen seiner Person,[1] Altbundeskanzler Kohl verhindert die Veröffentlichung „seiner“ Stasi-Unterlagen,[2] Prinz Ernst August von Hannover wendet sich gegen die Veröffentlichung von Fotos seiner Person in der „Neuen Revue“, der „FAZ“ und der „Bildwoche“[3] und Gregor Gysi will nicht, dass „Die Welt“ über ihn schreibt, er sei „ein registrierter Stasi-Spitzel“.[4]

Diese neueren Fälle kennzeichnen ein sich stets aktualisierendes Spannungsfeld zwischen öffentlichem Informationsinteresse und dem Bestreben Darstellungen der eigenen Person selbst bestimmen zu wollen. Medienberichterstattung über Personen ist wesentliches Mittel öffentlicher Meinungsbildung. Soweit das entstehende Bild positiv ist und der Öffentlichkeit verborgen bleibt, was diese nichts angehen soll, sind die Veröffentlichungen von den Betroffenen erwünscht. Die positive Darstellung der eigenen Person kann Wahlaussichten politischer Akteure steigern oder karrierefördernd wirken.[5]

Eine andere Sicht ergibt sich, wenn das gezeichnete Bild nicht der gewollten Eigendarstellung entspricht. Zeigt die Zeitung den Politiker nicht beim Besuch der Opfer einer Flutkatastrophe, sondern berichtet über seine privaten Verfehlungen, so ist die Darstellung Last. Die Macht der Medien wird zur Bedrohung. Dies gilt aber nicht nur für die konkrete Darstellung. Vielmehr kann auch die Gewinnung der Informationen für die Einzelnen zum Problem werden. In einer Zeit, in der weite Teile der Bevölkerung an scheinbar jedem persönlichen Detail anderer Menschen interessiert sind,[6] suchen Beteiligte der Medien zunehmend nach privaten, persönlichen und geheimen Informationen.

Diese Entwicklung wird begleitet durch technischen Fortschritt, der sowohl die Informationserlangung als auch die Informationsverbreitung einfacher und kostengünstiger macht. Als Beispiel sei hier der Reporter genannt, der mit dem Zoom seiner Kamera weit entfernte private Begebenheiten einfängt, die Bilder mit seinem Notebook bearbeitet und kommentiert, um sie sogleich ohne zeitliche Verzögerung im Internet dem weltweiten Zugriff zu offenbaren.

---

1 Hierzu Ladeur, Persönlichkeitsschutz und „Comedy“, NJW 2000, 1977 ff.
2 Siehe BVerwG, NJW 2002, 1815 ff.
3 Siehe BVerfG, NJW 2001, 1921 ff.
4 Siehe BVerfG, NJW 2002, 356 f. und 357.
5 Zielgerichtet eingesetzt bei Susan Stahnke, vgl. Ladeur, a.a.O., Fn. 1, 1980.
6 Die Einschaltquoten der Fernsehsendung „Big Brother“ sprechen für dieses Interesse.

Schutz davor, bis ins Detail Gegenstand öffentlicher Kenntnis und Darstellung zu werden, bietet das allgemeine Persönlichkeitsrecht. Mit seinen unterschiedlichen Schutzbereichen, etwa dem Recht am eigenen Bild, dem Recht an informationeller Selbstbestimmung oder auch dem Recht an einer Privatsphäre, bewahrt es den Menschen das Recht der Verfügung über sich selbst. Es sichert dem Einzelnen einen unbeeinträchtigten Bereich privater Lebensgestaltung und die Bestimmung über die Darstellung der eigenen Person in der Öffentlichkeit.

Das öffentliche Informationsinteresse zielt indes nicht nur auf den Menschen als Individuum. In zunehmendem Maße treten die Menschen auch als Mitglied von Korporationen in der Öffentlichkeit auf. Rechtlich erfasst werden diese vor allem als juristische Personen. Der Begriff bezeichnet jene sozialen Zweckgebilde, denen die Rechtsordnung volle Rechtsfähigkeit zuerkennt. Derzeit sind dies der eingetragene Verein, die Aktiengesellschaft (AG), die Kommanditgesellschaft auf Aktien (KGaA), die Gesellschaft mit beschränkter Haftung (GmbH), der Versicherungsverein auf Gegenseitigkeit und die Stiftung.

Bei den Kapitalgesellschaften (AG, KGaA, GmbH) stehen im öffentlichen Interesse meist wirtschaftliche Erwägungen im Vordergrund. Sie sind als Handelsgesellschaften Teil des wirtschaftlichen Lebens. Bei den eingetragenen Vereinen und Stiftungen geht es eher um ein allgemeines Informationsinteresse. Damit sind die juristischen Personen in gleichem Maße der Gefahr ausgesetzt, dass ihre Darstellung in der Öffentlichkeit verfälscht, ein mühsam aufgebautes Image anderweitig verwendet wird oder interne Informationen preisgegeben werden.

Für juristische Personen bestehen somit die gleichen Bedrohungen wie für Individuen. Dies wirft die Frage auf, ob auch den juristischen Personen ein Recht zusteht, welches sie vor vollständiger öffentlicher Einsichtnahme und möglicherweise verfälschenden Darstellung schützt. Können sich auch juristische Personen auf ein allgemeines Persönlichkeitsrecht berufen? Muss eine AG es sich gefallen lassen, Gegenstand eines Theaterstückes zu sein, das allgemeine Missstände anprangern will?[7] Kann ein Scherzartikelhersteller beliebig Unternehmensnamen und –symbole verfremden, um seine Artikel an den Mann zu bringen?[8] Kann ein eingetragener Verein oder eine Stiftung sich dagegen wehren, wenn interne Informationen veröffentlicht werden sollen?

---

7 BGH, NJW 1975, 1882 ff. – Studiobühne; dazu noch B.I.2.a)1), 11 f.

8 OLG Frankfurt, NJW 1982, 648 f. – Lusthansa, dazu noch B.I.2.b)1), 22 ff. Ähnlich auch der „BMW-Fall“ bei dem ein verfälschter Aufkleber dergestalt hergestellt wurde, dass das

Nachstehende Abhandlung soll diese Fragen beantworten, indem sie einer möglichen Grundlage eines allgemeinen Persönlichkeitsrechts juristischer Personen des Zivilrechts nachgeht. Hierzu ist das allgemeine Persönlichkeitsrecht ebenso zu betrachten, wie die juristische Person. Es muß klar werden, was juristische Personen sind, um ihre Schutzbedürftigkeit und Schutzwürdigkeit durch ein allgemeines Persönlichkeitsrecht beurteilen zu können.

Was macht die juristischen Personen aus? Diese Frage war bereits im ausgehenden 19. Jahrhundert Gegenstand der Diskussion um das „Wesen" juristischer Personen. Vor allem mit Friedrich Karl v. Savigny und Otto v. Gierke waren Thesen verbunden, die die juristische Persönlichkeit grundlegend zu beschreiben suchten. Obwohl diese Diskussion um das „Wesen" der juristischen Personen heute mehr als 100 Jahre zurückliegt, ist sie für die anstehende Analyse der juristischen Personen wegen der grundlegenden Bedeutung heranzuziehen. Auf die damaligen Theorien ist daher im Laufe der Arbeit zurückzukommen.

Der Gang der Untersuchung gliedert sich in drei Teile: Zunächst wird der gegenwärtige Stand der Diskussion dargestellt (B.). Dann wird auf dieser Grundlage ein eigener Ansatz über den Persönlichkeitsschutz juristischer Personen entwickelt (C.) und dessen praktische Handhabung im Zivilrecht erörtert (D.).

Emblem der Bayerischen Motorenwerke AG zusätzlich den Aufdruck „Bumms Mal Wieder" enthielt; BGHZ 98, 94 ff., siehe unten B.I.2.a)6), 17 f.

B. Bestandsaufnahme

Sowohl die Rechtsprechung (I.), als auch die Literatur (II.) haben sich bereits mit der Frage des Persönlichkeitsschutzes juristischer Personen befasst.

I. Rechtsprechung

In der Rechtsprechung war der Persönlichkeitsschutz juristischer Personen vor allem vor dem BVerfG (1.) und vor den Zivilgerichten (2.) bedeutend.

1. Verfassungsrecht

a) Deutschland-Stiftung

Der erste Senat des BVerfG befasste sich 1976[9] mit dem Ehrenschutz einer Stiftung. Eine Ausgabe der periodisch erscheinenden „Gewerkschaftspresse" des Deutschen Gewerkschaftsbundes enthielt einen Artikel mit dem Titel „Noch ein radikales Hetzblatt". Der Beitrag wies darauf hin, dass die rechtsradikale, nationalsozialistische Presse in der Bundesrepublik zunehme und auch die „sattsam bekannte" Deutschland-Stiftung jetzt ein eigenes „Deutschland-Magazin" herausgebe. Nummer 1 des Blattes lasse keinen Zweifel daran, welcher Geist hier gepflegt und verbreitet werden solle. Es bestehe eine „enge Verknüpfung des rechtsradikalen Blattes mit der katholischen Kirche und CSU-Stellen".

Die Deutschland-Stiftung erreichte vor dem OLG München ein Unterlassungsurteil zur Behauptung, das Deutschland-Magazin sei ein „rechtsradikales Hetzblatt". In der Begründung hatte das Gericht ausgeführt, es liege eine Beleidigung und üble Nachrede im Sinne der §§ 185, 186 StGB vor, deren Verbreitung weder durch Wahrnehmung berechtigter Interessen gemäß § 193 StGB noch durch das Grundrecht auf freie Meinungsäußerung gerechtfertigt werde. Die Wortverbindung „rechtsradikal" und „Hetzblatt" sei geeignet, das Ansehen der Deutschland-Stiftung als Herausgeberin des Magazins in der Öffentlichkeit

[9] BVerfGE 42, 143 – Deutschland-Stiftung.

herabzuwürdigen. Ein Unterlassungsanspruch ergebe sich aus den §§ 823 Abs. 1, 2 i. V. m. 1004 BGB.

Das BVerfG bestätigte diese Entscheidung.[10] Die Grundrechte der Meinungsäußerungs- und Pressefreiheit fänden nach Art. 5 Abs. 2 GG ihre Schranken in der persönlichen Ehre.[11] Es könne dahinstehen, ob das Einschreiten der Zivilgerichte zum Schutz der Ehre des Deutschland-Magazins angemessen und geboten war. Es gebe kein grundrechtlich verbürgtes Recht, eine Formulierung, deren ehrverletzender Charakter nach Ansicht der ordentlichen Gerichte feststehe, weiterverwenden zu können.

Die Entscheidung konzentriert sich auf die Abwägung der Meinungs- und Pressefreiheit gegenüber der verletzten Ehre. Die Frage, ob der Deutschland-Stiftung überhaupt ein eigener Ehrschutz als Teil eines Persönlichkeitsschutzes zugestanden werden kann und wie dieser gegebenenfalls zu begründen ist, findet allerdings keine Erörterung.

b) Bayer-AG

Ebenfalls mit dem Ehrenschutz befasste sich 1991 das BVerfG in der Entscheidung über die „kritischen Bayer-Aktionäre“[12]. Ein rechtsfähiger Verein hatte sich zum Ziel gesetzt, „Informationen über Schäden am Menschen und der Umwelt sowie die Gefährdung von Arbeitsplätzen, die durch den Bayer-Konzern, eines seiner Tochterunternehmen oder Beteiligungsgesellschaften verursacht sein sollen oder verursacht sind“, zu sammeln und zu verbreiten. Eine Arbeitsgruppe dieses Vereins, die „Kritischen Bayer-Aktionäre“, veröffentlichte ein Flugblatt. Daraus ging hervor, der Bayer-Konzern behaupte, dass sein Wirken dem Umweltschutz diene und der menschlichen Gesundheit verpflichtet sei – das Gegenteil sei aber der Fall.

Erneut wog das BVerfG die Meinungsfreiheit gegenüber der Ehre ab. Die Meinungsfreiheit finde nach Art. 5 Abs. 2 GG ihre Schranken in den allgemeinen Gesetzen, den gesetzlichen Bestimmungen zum Schutze der Jugend und dem

---

10 Mit abweichender Meinung von Rupp-v. Brünneck, BVerfGE, 42, 143, 154 ff. und Simon 42, 143, 162.

11 BVerfGE 42, 143, 150 – Deutschland-Stiftung.

12 BVerfGE 85, 1 – kritische Bayer-Aktionäre.

Recht der persönlichen Ehre. Insbesondere eine Schmähung habe regelmäßig hinter dem Persönlichkeitsrecht des Geschmähten zurückzutreten.[13]

Auf etwaige Besonderheiten, die sich aus der Betroffenenstellung als AG ergeben könnten, geht das Gericht nicht ein. Auch in dieser Entscheidung wird der Ehrschutz juristischer Personen ohne weitere Ausführungen bejaht

c) Herberger Bau (Jahresabschlussanalyse der Banken)

Die „Jahresabschlussanalyse der Banken" lautete der Titel eines Seminars, in dessen Verlauf als „Fallstudie" ein im Bundesanzeiger veröffentlichter Jahresabschluss ausgegeben wurde.[14] Er entstammte einem als GmbH betriebenen Bauunternehmen, dessen Name und Adresse den Seminarunterlagen zu entnehmen waren. Der Dozent ging im Rahmen der Veranstaltung auf die wirtschaftliche Lage der GmbH ein und beurteilte ihre finanzielle Situation als äußerst kritisch

Der BGH hatte die Verletzung des allgemeinen Persönlichkeitsrechts der gegen die Verwendung klagenden GmbH angenommen.[15] Das BVerfG führte in seiner Entscheidung vom 03.05.1994 aus, dass es für die Erstreckung des allgemeinen Persönlichkeitsrechts auf juristische Personen darauf ankomme, ob dieses Recht gemäß Art. 19 Abs. 3 GG seinem Wesen nach auf diese übertragbar sei. Im gegebenen Fall könne dies dahinstehen, da es nicht entscheidungserheblich sei. Der BGH habe eine Verletzung des zivilrechtlichen allgemeinen Persönlichkeitsrechts bejaht, weil die Klägerin in ihrem sozialen Geltungsanspruch als Unternehmen betroffen sei und dem keine ernsthaften Interessen entgegenstünden. Der Sache nach gehe es um zivilrechtlichen Schutz, der verfassungsrechtlich als Freiheit des wirtschaftlichen Verkehrs im Rahmen der allgemeinen Handlungsfreiheit (Art. 2 Abs. 1 GG) juristischen Personen zu gewähren sei.[16] Dementsprechend habe sich die betroffene GmbH auf Art. 2 Abs. 1 GG berufen können.

---

13 BVerfGE 85, 1, 16 – kritische Bayer-Aktionäre.

14 BVerfG, NJW 1994, 1784 f. – vorhergehend BGH, WM 1994, 641; sowie Anmerkungen von Mertens, AG 1994, 370 f.; Großfeld, EWiR 1994, 991 f.; Hager, ZHR 158, 675 ff.

15 Siehe näher unten B.I.2.a)9), 21 f.

16 So auch BVerfGE 73, 261, 270; 78, 232, 244.

Damit erkennt das BVerfG erstmals eine verfassungsrechtliche Verankerung eines Teils des zivilrechtlich gewährten Persönlichkeitsrechtsschutzes juristischer Personen an. Es macht aber deutlich, dass das zivilrechtliche allgemeine Persönlichkeitsrecht nicht auf einem verfassungsrechtlichen allgemeinen Persönlichkeitsrecht juristischer Personen beruhen muss. Vielmehr lässt es die Frage der verfassungsrechtlichen Existenz dieses Rechts offen.

d) Rundfunkveranstalter

Am 26.02.1997[17] hatte das BVerfG zu entscheiden, ob die Verpflichtung privater Rundfunkveranstalter, ihre Sendungen zu Zwecken der Rundfunkaufsicht aufzuzeichnen und die Aufzeichnungen vorzulegen (§§ 38 Abs. 1, 60 Abs. 1 LMedienG BW), gegen deren allgemeines Persönlichkeitsrecht verstoßen kann. Schließlich könnte die Vorlage von Sendezeitmitschnitten zu einer Selbstbezichtigung führen. Der Schutz vor dem Zwang zur Selbstbezichtigung ist Gegenstand des allgemeinen Persönlichkeitsrechts.[18] Es soll eine Konfliktlage verhindert werden, in welcher der Einzelne die Wahl habe, sich strafbarer Handlungen oder ähnlicher Verfehlungen zu bezichtigen, in die Versuchung zu geraten durch Falschaussage ein neues Delikt zu begehen oder wegen Schweigens der Gefahr von Zwangsmitteln ausgesetzt zu werden.[19]

Das BVerfG legte dar, dass gemäß Art. 19 Abs. 3 GG die Grundrechte für juristische Personen zwar gelten, soweit sie ihrem Wesen nach auf diese anwendbar seien. Dies könne aber nicht in Betracht kommen, wenn die Grundrechte an Eigenschaften, Äußerungsformen oder Beziehungen anknüpften, die nur natürlichen Personen wesenseigen seien. Dies gelte um so mehr, wenn der Grundrechtsschutz im Interesse der Menschenwürde gewährt werde, welche nur natürliche Personen für sich in Anspruch nehmen könnten.[20] Dies sei bei dem Schutz vor dem Zwang zur Selbstbezichtigung der Fall. Ferner könne eine entsprechende Zwangslage bei den juristischen Personen nicht entstehen. Diese bildeten ihren Willen durch ihre Organe und unterlägen daher im Hinblick auf Straftaten nur einer eingeschränkten Verantwortlichkeit.[21]

---

[17] BVerfGE 95, 220; vorausgehend VGH Mannheim, NJW 1997, 477.

[18] BVerfGE 38, 105, 114 f.; 56, 37, 43 ff.

[19] BVerfGE 95, 220, 241.

[20] BVerfGE 95, 220, 242.

[21] Soweit § 30 OWiG die Festsetzung einer Geldbuße ermögliche, gehe es um den Ausgleich für die aus der Tat gezogenen Vorteile, nicht aber um den Ausspruch eines Schuldvorwurfes oder ethische Missbilligung. BVerfGE 95, 220, 242.

Die Frage, ob das allgemeine Persönlichkeitsrecht überhaupt auf juristische Personen zu beziehen sei, ließ das BVerfG erneut offen.[22] Es wies mit der Entscheidung aber darauf hin, dass die Menschenwürde nicht Grundlage eines derartigen Rechts juristischer Personen sein könne.

e) Würdigung der ergangenen Entscheidungen

In den Entscheidungen zur „Deutschland-Stiftung" und zu den „Kritischen Bayer-Aktionären" erkennt das BVerfG den juristischen Personen eine eigene Ehre zu. Die Ehre der Menschen ist als Teil ihres allgemeinen Persönlichkeitsrechts geschützt. Darauf geht das BVerfG nicht ein. Grund und Inhalt dieses Ehranspruches werden nicht näher erläutert. Die Annahme der eigenen Ehre juristischer Personen ist aber auch inhaltlich erstaunlich. Der Ehrbegriff erfasst bei den natürlichen Personen vor allem den inneren Achtungsanspruch der Menschen vor sich selbst. Dieser ergibt sich aus der Würde des Menschen, welche den juristischen Personen von vorneherein nicht zukommt.[23] Gegenstand kann bei den juristischen Personen daher allenfalls der Geltungsanspruch innerhalb der menschlichen Gesellschaft sein. Um einen insoweit verschobenen Inhalt anzudeuten, sollte im Zusammenhang mit den juristischen Personen daher eher vom Ruf als von der Ehre gesprochen werden. Diesbezüglich hätte es zumindest eines Hinweises in den Entscheidungen bedurft.

In dem Urteil zur Herberger-Bau GmbH hätte sich das BVerfG ebenfalls konkreter mit der Frage eines allgemeinen Persönlichkeitsrechts juristischer Personen auseinandersetzen können. Der BGH als das Gericht, dessen Entscheidung das BVerfG prüfte, hatte eine Verletzung dieses Rechts angenommen. Dennoch nutzte das BVerfG diese Möglichkeit nicht. Vielmehr stellte es lediglich eine Verletzung der wirtschaftlichen Handlungsfreiheit fest. Dies ist in dreierlei Hinsicht problematisch: Zum einen ordnete das BVerfG den Schutzgegenstand – die Interna der GmbH – bei juristischen Personen einem anderen Grundrecht zu, als den entsprechenden Schutz bei natürlichen Personen. Bei diesen werden interne – private - Informationen insbesondere über das allgemeine Persönlichkeitsrecht geschützt. Art. 19 Abs. 3 GG gibt für diese Neuzuordnung keine Grundlage. Die Bestimmung geht von einer Erstreckung der Grundrechte ihrem

---

22 BVerfGE 95, 220, 242.

23 Vgl. BVerfGE 95, 220, 242 - Rundfunkveranstalter.

Wesen nach aus. Er ordnet nicht eine inhaltliche Neubestimmung grundrechtlicher Schutzbereiche an. Soweit eine inhaltliche Übereinstimmung des zu gewährenden Schutzes bei den Menschen und den juristischen Personen besteht, hätte es damit einer einheitlichen grundrechtlichen Verankerung bedurft.

Zum anderen führt die Heranziehung der wirtschaftlichen Handlungsfreiheit (Art. 2 Abs. 1 GG) durch das BVerfG zur lediglich subsidiären Geltung des Rechts gegenüber anderen Grundrechten. Dies ist hinsichtlich der Gewichtung der infrage stehenden Rechtsposition nicht stimmig. Der Verbleib von internen Informationen in den juristischen Personen ist für diese oft eine Frage der Existenz. Dieser Existenzgrundlage wird aber mit der wirtschaftlichen Handlungsfreiheit die schwächste, weil am stärksten einschränkbare Grundrechtsposition zugemessen. Die wirtschaftliche Handlungsfreiheit ist Teil der allgemeinen Handlungsfreiheit. Diese kommt aber nur subsidiär zur Anwendung. Die wirtschaftliche Handlungsfreiheit bietet damit keinen Schutz, sobald der Schutzbereich eines speziellen Freiheitsrechtes beeinträchtigt ist – unabhängig davon, ob dieses Freiheitsrecht die staatliche Beeinträchtigung auch verbietet.[24] Der Schutz der internen Informationen über die wirtschaftliche Handlungsfreiheit ist also schwach ausgestaltet. Nach dieser Rechtsprechung ist vor allem das unbeschwerte rechtliche und wirtschaftliche Handeln der juristischen Personen geschützt. Die Existenzgrundlagen juristischer Personen werden dagegen unzureichend gesichert.

Schließlich überzeugt die Einordnung im Vergleich mit anderen juristischen Personen nicht. Denn der Schutz der internen Informationen über die wirtschaftliche Handlungsfreiheit legt nahe, diese nur bei Unternehmen zu schützen. Ein entsprechender Schutz muss aber auch für nicht wirtschaftlich orientierte juristische Personen, etwa für gemeinnützige Vereine oder Stiftungen, gelten.

Die Entscheidung zu den privaten Rundfunkanstalten enthält zum Persönlichkeitsschutz juristischer Personen darüber hinaus nichts Neues. Dies ist gerechtfertigt. Soweit aus der Möglichkeit der Selbstbezichtigung tatsächlich eine Zwangslage besteht, geht es um das Persönlichkeitsrecht eines zur Handlung verpflichteten Menschen, nicht aber um das der juristischen Person. Belastet die Aussage dagegen die juristische Person, nicht aber den Betroffenen, dann fallen Aussagender und Leidtragender auseinander und eine Zwangslage besteht in der Regel nicht. Insoweit bedurfte es nicht eines Eingehens auf ein allgemeines Persönlichkeitsrecht juristischer Personen.

---

[24] BVerfGE 59, 128, 163.

Aus der Rechtsprechung des BVerfG ergibt sich mithin: Das Gericht hat bisher lediglich die Ehre, nicht aber ein allgemeines Persönlichkeitsrecht juristischer Personen anerkannt. Einen Bedarf für dessen Etablierung hat es bisher nicht gesehen. Soweit eine Anerkennung des Rechts möglich gewesen wäre, hat es sich auf eine Heranziehung der wirtschaftlichen Handlungsfreiheit beschränkt. Gleichwohl hat es immer wieder auf ein möglicherweise bestehendes allgemeines Persönlichkeitsrecht juristischer Personen Bezug genommen. Eine zukünftige Anerkennung ist nicht ausgeschlossen.

2. Zivilrecht

BGH (a)) und zivilrechtliche Instanzengerichte (b)) setzten sich bislang wiederholt mit dem Persönlichkeitsschutz juristischer Personen auseinander.

a) Bundesgerichtshof

1) Geist von Oberzell (Studiobühne)

Der BGH (6. Senat) befasste sich erstmals am 03.06.1975[25] mit dem allgemeinen Persönlichkeitsrecht juristischer Personen. Es ging um die vorbeugende Unterlassungsklage einer AG, welche die Aufführung des Theaterstückes „Der Geist von Oberzell“ zu verhindern suchte. Das Stück enthielt eine gesellschaftskritische Darstellung des Arbeitsalltages bei der klagenden AG. Ihr wurde vorgeworfen, sie habe ihren Betriebsratsvorsitzenden bestochen, verherrliche Rassendiskriminierung, habe die „Machtergreifung“ Hitlers unterstützt sowie Kriegsgewinne gezogen. Ferner setze sie ihre Mitarbeiter unangemessen unter Leistungsdruck. In dem Stück wurde die Firmenabkürzung der klagenden AG wiederholt benutzt und die handelnden Personen konkret bezeichnet. Die Beklagte behauptete, es sollten anhand der Klägerin allgemeinere Erkenntnisse und Erfahrungen dargestellt werden.

Der BGH führte aus, das Theaterstück genieße den Schutz der Kunstfreiheit (Art. 5 Abs. 3 S. 1 GG). Dieser Schutz werde aber nicht schrankenlos gewährleistet. Eine Beschränkung könne sich aus der Kollision mit dem Persönlichkeitsbereich der Klägerin gemäß Art. 2 Abs. 1 GG ergeben. Dieser sei indes durch das Wesen der juristischen Person als Zweckschöpfung des Rechts und

---

25 BGH, NJW 1975, 1882 ff. - Studiobühne.

die ihr zugewiesene Funktion beschränkt. Ihr komme ein sozialer Geltungsanspruch für ihre Tätigkeit als Arbeitgeber und Wirtschaftsunternehmen zu. Dieser Geltungsanspruch sei betroffen, wenn die juristische Person in ihrer realen Existenz und Tätigkeit zum Objekt herabwürdigender Kritik gemacht werde, der Bezugspunkt aber nicht die realen Verhältnisse der „Trägerperson" sondern allgemeine kritische Einsichten des Verfassers über das Wirtschaftssystem seien. Der BGH gab der vorbeugenden Unterlassungsklage gemäß § 1004 i. V. m. § 823 Abs. 1 BGB wegen Verletzung des Persönlichkeitsrechts der klagenden AG statt.

Die Entscheidung des BGH unterscheidet sich von der Rechtsprechung des BVerfG in dem Ausgangspunkt. Während das BVerfG nur vom „Ehrenschutz" spricht, geht der BGH vom Schutz eines „Persönlichkeitsbereiches" juristischer Personen aus. Er kommt gleichwohl zu einer Beschränkung auf den sozialen Geltungsanspruch.

2) KSB

Bereits Ende der „KSB"-Entscheidung vom 07.11.1975 musste sich der 1. Senat des BGH mit der Frage eines allgemeinen Persönlichkeitsrechts juristischer Personen befassen.[26] Gegenstand war die Verwechslungsgefahr eines unter der Bezeichnung „KSB" firmierenden Unternehmens mit einer später gegründeten gleichnamigen Partei. Der 1. Senat betonte, dass der Klägerin als juristischer Person grundsätzlich kein allgemeines Persönlichkeitsrecht zustehe. Die Existenz der juristischen Personen erschöpfe sich in der Personifizierung einer Organisation von Personen und/oder von Vermögenswerten als selbständiges Rechts-, Pflichten- und Handlungsobjekt. Sie sei daher aus dem personenrechtlichen Bereich des Menschen in seinen natürlichen Beziehungen und der Entfaltung einer geistig-sittlichen Individualität der Einzelpersönlichkeit ausgeschlossen. Namens- und Firmenschutz könne sie nur im Rahmen ihres Funktionsbereiches beanspruchen.[27]

Wenngleich der 1. Senat des BGH ein allgemeines Persönlichkeitsrecht juristischer Personen grundsätzlich nicht anerkennt, weist er gleichwohl darauf hin, dass Namens- und Firmenschutz im Rahmen eines Funktionenschutzes anzu-

---

[26] BGH, GRUR 1976, 379 ff. – KSB.
[27] BGH, GRUR 1976, 379, 380 – KSB.

nehmen seien. Die Frage, wo dieser Funktionenschutz zu verorten ist, bleibt dabei allerdings offen.

3) Scientology

In einem Urteil des 3. Senates des BGH vom 25.09.1980 ging es um eine mögliche Verletzung des Rufes der „Scientology-Kirche".[28] Das Bundeskriminalamt erhielt über die „Scientology-Kirche" Informationen von dem britischen Geheimdienst Scotland Yard. Es verfasste ein Dossier über Scientology und leitete dieses u. a. an die Deutsche Zentralstelle zur Bekämpfung von Schwindelfirmen e. V., die Landeskriminalämter und das Bundesministerium für Jugend, Familie und Gesundheit weiter. Zwei territoriale Gliederungen von Scientology wehrten sich gegen diese Darstellung, da diese gegenüber der Organisation ehrverletzend sei und gegen das Recht auf freie Entfaltung als Religionsgemeinschaft verstoße.

Der 3. Senat des BGH führte aus, die „Scientology-Kirche" sei als juristischer Person im Rahmen ihrer satzungsmäßigen Funktion als Religions- und Weltanschauungsgemeinschaft in ihrer Ehre als Teil ihres allgemeinen Persönlichkeitsrechts geschützt, wenn und soweit ihr sozialer Geltungsanspruch in ihrem Aufgabenkreis betroffen sei.[29]

Eine nähere Begründung der nunmehr vorgenommenen Einbeziehung juristischer Personen in den Anwendungsbereich des allgemeinen Persönlichkeitsrechts gab der erkennende Senat nicht. Auch die im Urteil aufgeführten Zitate[30] begründen die Annahme eines allgemeinen Persönlichkeitsrechts juristischer Personen nicht,[31] weil sie entweder Verbände in den Schutz durch ein allgemeines Persönlichkeitsrecht gar nicht einbeziehen oder – so der zitierte Heinrich Hubmann – auf den „Geist der Gründer" abstellen. Dies ist ein Ansatz, dessen Problematik noch zu erörtern sein wird.[32]

---

28 BGHZ 78, 274 ff., - Scientology.

29 BGHZ 78, 274, 278 f. – Scientology.

30 Vgl. BGHZ 78, 274, 279.

31 Vgl. die Nachweise zu den vom BGH zitierten Textstellen bei Quante, Das allgemeine Persönlichkeitsrecht juristischer Personen, 41 f.

32 Siehe zu Hubmann unten B.II.1.b), 32 ff.

4) Carrera

Am 26.06.1981 befasste sich der 1. Senat des BGH mit dem Persönlichkeitsschutzes einer KG. Es ging um den Bereicherungsausgleich wegen unbefugter Namensverwendung zu Werbezwecken.[33]

Die Klägerin war Werbeunternehmen in der Rechtsform einer KG. Sie ließ als Eigentümerin mehrere Rennwagen an Autorennen teilnehmen und bot diese als Werbeträger an. Die Beklagte produzierte und vertrieb unter der Warenbezeichnung „Carrera" Spielzeugautorennanlagen. Sie hatte auf der Verpackung eines Teils ihres Programms 1976/77 die Photographie eines Fahrzeugs der Klägerin abgebildet. Dabei hatte sie die Werbung wegretuschiert und an deren Stelle das Wort „Carrera" gesetzt. Der Name der Klägerin war auf der Windschutzscheibe - wie im Original - zu lesen.

Der BGH führte aus, dass eine Verletzung des Namensrechts im Sinne der §§ 12 BGB, 16 UWG nicht vorliege. Es sei nicht davon auszugehen, dass die Waren der Beklagten der Klägerin zugerechnet würden. Es komme aber eine Verletzung des allgemeinen Persönlichkeitsrechts der Klägerin in Betracht. Dieses könne nicht nur natürlichen, sondern auch juristischen Personen und Personengesellschaften des Handelsrechts zukommen.[34] Ihnen sei Persönlichkeitsschutz im Rahmen ihres Wesens und der ihnen vom Gesetz zugewiesenen Funktion zu gewähren. Geschütztes Rechtsgut, in das mit ungenehmigten Veröffentlichungen von Bildnissen zu Werbezwecken für Waren oder gewerbliche Leistungen eingegriffen werde, sei allein die dem Abgebildeten – als natürliche Folge seines Persönlichkeitsrechts – zustehende freie Entscheidung darüber, ob und in welcher Weise er sein Bild den Geschäftsinteressen dienstbar machen wolle.[35] Das allgemeine Persönlichkeitsrecht gewähre dem Berechtigten einen generellen Schutz vor den die Person als solche berührenden Eingriffen Dritter. Durch die Namensnennung könne beim Käufer der Eindruck entstehen, es bestehe ein Werbe-Sponsor-Verhältnis zwischen den Parteien. Daher sei nach § 812 Abs. 1 S. 1 BGB ein Bereicherungsausgleich zu gewähren. Zu zahlen sei die angemessene Vergütung, welche die Klägerin für die Erteilung der Erlaubnis zur Verwertung des Namens hätte verlangen können.[36]

In diesem Fall ging es zwar um eine KG und mithin nicht unmittelbar um eine juristische Person. Einleitend wurde in dem zitierten Urteil aber auf die An-

---

33 BGHZ 81, 75 – Carrera.
34 BGHZ 81, 75, 78 - Carrera.
35 BGHZ 81, 75, 80 - Carrera.
36 BGHZ 81, 75, 82 - Carrera.

wendbarkeit des allgemeinen Persönlichkeitsrechts auf juristische Personen und Personengesellschaften hingewiesen, so dass die Entscheidung hinsichtlich einer juristischen Person vermutlich nicht anders ergangen wäre. Die verfassungsrechtliche Existenz dieses allgemeinen Persönlichkeitsrechts des Verbandes begründet das Urteil unter Verweis auf die „ständige Rechtsprechung".

Beachtenswert ist das Urteil in zweierlei Hinsicht: Zum einen geht es hier erstmalig nicht um Schadensersatz wegen der Persönlichkeitsrechtsverletzung eines Verbandes, sondern um Bereicherungsausgleich. Zum anderen verengt der BGH das allgemeine Persönlichkeitsrecht nicht auf den sozialen Achtungsanspruch als Wirtschaftsunternehmen und Arbeitgeber. Vielmehr spricht er vom allgemeinen Persönlichkeitsrecht der Gesellschaften „im Rahmen ihres Wesens und der ihnen vom Gesetz zugewiesenen Funktion."[37] Mithin entfällt sie Konzentration auf die soziale Geltung.

5) Mordoro

Am 17.04.1984[38] hatte der 6. Senat des BGH über die Zulässigkeit der Veröffentlichung eines verfremdeten Posters zu entscheiden.

Die Klägerin – ein gemeinnütziger Verein - begehrte die Feststellung, dass die Verbreitung des Posters als Teil eines Kalenders zulässig sei. Die Beklagte vertrieb in Deutschland die Zigarettenmarke „Marlboro". Mit einem Poster warb sie unter Darstellung einer Cowboy-Pokerrunde für ein Preisausschreiben. Dieses Poster war von der Klägerin so verfremdet worden, dass die Worte „Großes Marlboro-Poker" durch die Zeile „Großes Mordoro-Poker" ersetzt waren. In Brusthöhe eines Cowboys war der Text „1. Preis: Magengeschwür, 2. Preis: Herzinfarkt, 3. Preis: Lungenkrebs" eingefügt worden. Die ursprünglichen Angaben zum Preisausschreiben waren wegretuschiert.

Der BGH führte aus, dass es nicht um Irreführung hinsichtlich der Herkunft des Posters ginge. Eine Verletzung der Warenzeichen- und Ausstattungsrechte der Beklagten (§§ 24, 25 WZG) komme nicht in Betracht. Auch ein Wettbewerb mit der Beklagten sei mangels wettbewerblicher Absichten nicht Grund des Begehrens. Eine Verletzung der §§ 1, 14, 16 UWG sei damit ausgeschlossen. Schließlich ziele die Wiedergabe des Zeichens „Marlboro" als „Mordoro" auch nicht auf eine Identitätsverwirrung oder auf das Bestreiten des rechtmäßigen Namensgebrauchs im Sinne von § 12 BGB.

---

[37] BGHZ 81, 75, 78 - Carrera.
[38] BGHZ 91, 117.

Es seien aber unternehmensbezogene Interessen der Beklagten betroffen, welche durch ihr Persönlichkeitsrecht und das Recht am eingerichteten Gewerbebetrieb geschützt seien. Das Kalenderblatt übe neben seiner Warnung vor den Gesundheitsgefahren des Rauchens insgesamt auch eine Wirkung gegenüber dem Zigarettenhersteller aus. Dieser werde in seinem Ruf beeinträchtigt, sein Image werde verfremdet und dessen Werbekraft gemindert.

Zwar könne sich die Klägerin auf die Meinungsfreiheit berufen (Art. 5 Abs. 1 GG), welche nicht auf eine ausgewogene oder gar schonende Darstellung beschränkt sei. Sie dürfe allerdings nicht die Beklagte ohne sachlichen Bezug zum Anliegen in einer Weise zur Zielscheibe der Kritik machen, die sie in der Öffentlichkeit diffamiere oder diskriminiere. Eine Kritik, die sich in erster Linie gegen allgemeines Konsumverhalten richte, dürfe nicht mit dem Unternehmen der Beklagten „personifiziert" werden, um auf deren Kosten ihren Bekanntheitsgrad und ihre Werbekraft für sich zu nutzen.

Andererseits werde der Betrachter durch das Kalenderbild zu der Phantasiemarke „Mordoro" geführt, welche für die Zigarette schlechthin stehe. Dies stehe so deutlich im Vordergrund, dass eine Interpretation, nach welcher Stoßrichtung des Angriffs der Hersteller der „Marlboro"-Zigaretten sei, als ausgeschlossen erscheine. Außerdem sei die Auswahl des Herstellers nicht willkürlich. Wenn dieser mittels Werbung Gefahren in Wertvorstellungen umzukehren suche, müsse er sich eine scharfe Kritik dieser Werbung gefallen lassen. Soweit es zu einer Schmähung der Beklagten und ihrer Werbeträger sowie zu einem Ausnutzen von deren Werbekraft komme, müsse dies hingenommen werden.

Die Klägerin verfolge das Ziel, über Gesundheitsgefahren und Gefahren der Zigarettenwerbung aufzuklären. Die „Anti-Werbung" sei insoweit ein adäquates Mittel.

Auch in dieser Entscheidung ging es um den Ruf des Unternehmens. Im Gegensatz zum Fall um die „Studiobühne" beschreibt der BGH nicht eindeutig, ob Grund des hier gewährten Schutzes das allgemeine Persönlichkeitsrecht oder das Recht am eingerichteten und ausgeübten Gewerbebetriebe sein soll. Jedenfalls soll eine Rechtsverletzung abzulehnen sein, wenn die Beeinträchtigung für Dritte erkennbar nicht auf die juristische Person zielt.

6) BMW

Mit einer ähnlichen Verfremdung hatte sich der 6. Senat des BGH am 03.06.1986[39] zu befassen. Der Beklagte hatte das Firmenzeichen der Bayrischen Motorenwerke AG (BMW AG) in der Weise als Scherzartikel verfremdet, dass in dem die blau-weißen Karos umschließenden schwarzen Ring der zusätzliche Aufdruck „Bumms Mal Wieder" aufgebracht war. Dieses Emblem brachte der Kläger als Aufkleber auf den Markt. Das OLG Frankfurt hatte diesen Fall unter Berufung auf die Verletzung des allgemeinen Persönlichkeitsrechts entschieden.[40] Der BGH verwarf diese Entscheidung. Namens- und kennzeichenrechtlichen Vorschriften sowie § 1 UWG seien nicht einschlägig. Die Ausdehnung der Schutzwirkung des allgemeinen Persönlichkeitsrechts auf Kapitalgesellschaften sei nur insoweit gerechtfertigt, als sie aus ihrem Wesen als Zweckschöpfungen des Rechts und in ihren Funktionen dieses Rechtsschutzes bedürften. Dieses sei anzunehmen, wenn sie in ihrem sozialen Geltungsanspruch als Arbeitgeber oder als Wirtschaftsunternehmen betroffen seien. Mit dem Aufkleber werde das Ansehen der BMW AG aber gerade nicht in Frage gestellt. Dieser weise weder eine Aussage zur Qualität der Produkte der BMW AG noch zu deren Auftreten im Wirtschaftsleben auf. Lediglich die Firmenabkürzung werde verzerrt, dies würde aber als Scherz nicht als Aussage zum Unternehmen empfunden. Damit würde der Aufkleber vom BMW-Emblem zu etwas Neuem – einem Scherzartikel.

Die „BMW"-Entscheidung geht in dieselbe Richtung, wie die „Mordoro"-Entscheidung. In beiden Fällen sind Unternehmenskennzeichnen zu Mitteilungszwecken gebraucht worden – einmal zur gesundheitlichen Aufklärung, einmal als Scherz. In beiden Fällen hat der BGH eine Verletzung des allgemeinen Persönlichkeitsrechts verneint, weil es für Dritte erkennbar an einer gezielten Ansehensminderung fehle. Damit stand erneut der soziale Geltungsanspruch der Unternehmen für den BGH im Zentrum der Betrachtung.

7) MARS

Am 10.02.1994 war erneut ein Scherzartikel Gegenstand einer höchstrichterlichen Entscheidung.[41] Der Hersteller des MARS-Riegels wehrte sich gegen das Produkt eines Scherzartikelherstellers und –vertreibers. Letzter hatte ein Kon-

---

[39] BGHZ 98, 94 ff. - BMW.
[40] OLG Frankfurt, NJW 1985, 1649.
[41] BGH, NJW 1994, 1954 - Markenverunglimpfung I.

dom in einer Faltschachtel verpackt. Diese war auf der Vorderseite mit einer Abbildung des MARS-Schokoriegels versehen. Darunter waren die Worte „macht mobil" aufgedruckt – in Anlehnung an den Werbeslogan des Riegel-Herstellers: „MARS macht mobil, bei Arbeit, Sport und Spiel". Beim Öffnen der Schachtel zeigte diese aber die Worte „bei Sex, Sport und Spiel". Die Rückseite enthielt einen kurzen Hinweis auf den Hersteller. Die Schachtel sollte im Rahmen eines 40 verschiedene „Condom-Matches" beinhaltenden Sortiments über den Einzelhandel vertrieben werden.

Das Berufungsgericht hatte – in Anlehnung an die Rechtsprechung zum „BMW"-Fall – ein Wettbewerbsverhältnis im Sinne von § 1 UWG verneint, einen Anspruch aber wegen Verletzung des allgemeinen Persönlichkeitsrechts bejaht. Indem der Schoko-Riegel als Stärkungs- oder Anregungsmittel für den Sex-Sport ausgewiesen werde, sei der Scherzartikel geeignet, das Ansehen des klagenden Wirtschaftsunternehmens in erheblichem Maße zu schädigen. Damit drohe eine nicht nur unerhebliche Beeinträchtigung der sozialen Geltung der Klägerin als seriöses Wirtschaftsunternehmen. Der absichtliche Missbrauch stelle zugleich einen Eingriff in das Recht am Gewerbebetrieb dar.

Dieser Beurteilung schloss sich der BGH im Wesentlichen an. Der „Scherz"-Effekt könne zum Tragen kommen, weil bei der Flüchtigkeit der Wahrnehmung im Rechtsverkehr der Herstellerhinweis nicht geeignet sei, den irrigen Eindruck, es handele sich um einen Werbeartikel, zu korrigieren. Selbst wenn aber die Schachtel geöffnet werde, bestehe die Gefahr, dass der Artikel weiterhin der Klägerin – etwa als neue Form der Werbung – zugerechnet werde. Entgegen der Annahme des Berufungsgerichtes sei aber auch § 1 UWG einschlägig.[42] Der Ruf des Riegel-Herstellers eigne sich zur Förderung des Absatzes der Scherzartikel. Darauf baue der „Scherz" gerade auf. Damit erscheine die Lizenzierung von Scherzartikeln möglich, so daß ein Wettbewerbsverhältnis und damit ein Anspruch aus § 1 UWG angenommen werden könne.

Indem der 1. Senat des BGH eine Verletzung des allgemeinen Persönlichkeitsrechts bejaht, kommt er zu einem gänzlich anderen Ergebnis als der 6. Senat des BGH im „BMW"-Urteil. Dies ist inkonsequent.

In beiden Fällen ging es um einen Scherzartikel über Firmensymbole. Der maßgebliche Unterschied ist, dass der „Scherz" des „BMW"-Aufklebers unmittelbar erkenntlich ist, bei der „MARS"-Schachtel es aber ihrer Öffnung bedarf. Deswegen anzunehmen, dass bei dem „BMW"-Aufkleber die fremde Herkunft erkennbar sei, bei der „MARS"-Schachtel aber nicht, hieße den Nutzern zu un-

---

[42] BGH, NJW 1994, 1954, 1956 - Markenverunglimpfung I.

terstellen, dass sie nach dem Öffnen der Schachtel nicht in der Lage sind, die Frage der Herkunft des Artikels neu zu beurteilen. Spätestens nach der Öffnung der Schachtel ist der Scherz aber erkennbar und mit ihm die Tatsache, dass der Riegelhersteller vermutlich nicht Hersteller oder Vertreiber des Artikels ist.

Die Differenzierung in den Urteilen überzeugt auch hinsichtlich der Wertung nicht. Die „MARS“-Entscheidung soll darauf beruhen, dass Dritte die Herkunft der „MARS“-Schachtel falsch bestimmen. Dieser Beurteilungsfehler wird bei dem „BMW“-Aufkleber indessen nicht angenommen. Grund hierfür ist aber, dass der „BMW“-Aufkleber den Scherz weiter treibt, weil das Firmensymbol offensichtlicher und unmittelbar erkennbar verfremdet wird. Damit wird der Schutz der juristischen Person durch ein allgemeines Persönlichkeitsrecht umso eher versagt, je geschmackloser und weitergehender der Scherz ist.

Konsequenterweise hätte der BGH in der „MARS“-Entscheidung eine Verletzung des allgemeinen Persönlichkeitsrechts verneinen oder klarstellen müssen, dass eine bewußte Abkehr von der vorgehenden Rechtsprechung des 6. Senates erfolgte.

Schließlich ist die Entscheidung auch insoweit problematisch, als sie mit dem Subsidiaritätsdogma zum Recht am eingerichteten und ausgeübten Gewerbebetrieb[43] bricht, indem sie einen Eingriff in dieses Rechte feststellt und gleichzeitig § 1 UWG sowie das allgemeinen Persönlichkeitsrecht[44] heranzieht.

8) Nivea

Am 19.10.1994[45] befasste sich der 1. Senat des BGH erneut mit einem Scherzartikel. Die Beklagte vertrieb Präservative, welche in eine Klarsichthülle eingeschweißt und mit Aufklebern versehen waren. Diese entsprachen in Farb- und Schriftgestaltung derjenigen von Nivea-Creme-Dosen. Sie enthielten den Text „Niveau milk“ und „Es tut Nivea als das erste Mal“. Gemeinsam mit ähnlich verpackten Kondomen wurden diese von der Beklagten in einem Bonbonglas an den Handel geliefert und sollten daraus verkauft werden. Das Glas umspannte eine Banderole mit dem Text „Kondome zum Sammeln von H.-Geschenke“. Die Klägerin ist Inhaberin des Wortzeichens Nr. 82840 „Nivea“, unter dem sie Körperpflegeprodukte vertreibt. Außerdem brachte sie unter der Bezeichnung

---

43 Dazu siehe unten B.III.4, 79 ff. und Fn. 308.

44 Zu der Frage, ob auch hinsichtlich des allgemeinen Persönlichkeitsrechts das Subsidiaritätsdogma gilt, siehe die Würdigung der ergangenen Entscheidungen, unten B.I.2.c), 25 ff.

45 BGH, NJW 1995, 871 ff. - Markenverunglimpfung II.

„Duo“ Kondome auf den Markt. Mit dem Vertrieb sah sie ihre Rechte aus §§ 1 UWG und 823 Abs. 1 BGB verletzt.

Der BGH gab der Klage statt und stützte sein Urteil auf § 1 UWG. Ein Wettbewerbsverhältnis ergebe sich daraus, dass sowohl die Klägerin Kondome vertreibe als auch die Scherzartikel der Beklagten funktionstüchtige Präservative beinhalteten. Die Beklagte verhalte sich wettbewerbswidrig, weil sie den Ruf der Klägerin in verwerflicher Weise ausnutze. Die Geschenkartikel der Beklagten hätten ohne den Bekanntheitsgrad der Klägerin keine Absatzchancen gehabt. Eine derartige Rufanlehnung sei immer dann wettbewerbswidrig, wenn eine bekannte und angesehene Marke dadurch verballhornt werde, dass sie in eine unpassende und jedenfalls von Teilen des Verkehrs als anstößig oder zumindest geschmacklos empfundene Beziehung zu bestimmten Erzeugnissen gesetzt werde oder sie in einen übrigen schlüpfrigen Spruchzusammenhang gebracht werde, sofern die Möglichkeit bestehe, dass wenigstens nicht ganz unerhebliche Teile des Verkehrs die darin von ihnen gesehene Geschmacklosigkeit als eine solche des Markeninhabers selbst auffassen und dadurch der Werbewert der Marke beeinträchtigt werde.[46] Unter der Kosmetikmarke „Nivea“ würden Kondome bewußt nicht vertrieben. Der Scherzartikel erwecke aber für Teile des Rechtsverkehrs den Eindruck, als seien die Kondome der Marke zuzuordnen. Weder das angehängte „u“ noch der Verkauf aus Bonbongläsern könne den Zusammenhang auflösen. Der Bezeichnung „Nivea“ könne durch den Vertreib des Scherzartikels in Teilen des Verkehrs ein negatives Image zukommen. Der Werbewert der Marke werde beeinträchtigt.

Auf eine mögliche Verletzung des allgemeinen Persönlichkeitsrechts der Klägerin und einen eventuell bestehenden Anspruch aus § 823 Abs. 1 BGB geht der BGH nicht ein. Dabei hätte die Ähnlichkeit mit der „MARS“-Entscheidung dies zumindest ermöglicht. Für die fehlende Erwähnung des Persönlichkeitsrechtes gibt es indessen zwei mögliche Grundlagen: Zum einen ging es in dem „Nivea“-Urteil nicht um ein Unternehmenskennzeichen an sich, sondern lediglich um eine Marke. Diese wäre durch Persönlichkeitsschutz aber allenfalls im Sinne einer „Marken- und Produktpersönlichkeit“[47] erfasst, welche der BGH möglicherweise damit verneint. Die Entscheidung mag aber auch als Ausdruck der „zurückhaltenden Anwendung“ des allgemeinen Persönlichkeitsrechtes neben speziellen Vorschriften zu verstehen sein.[48]

---

[46] So schon BGH, NJW 1994, 1954 - Markenverunglimpfung I.

[47] So Meissner, siehe B.II.2.h), 49 ff.

[48] Zur „zurückhaltenden“ Anwendung noch der Würdigung der ergangenen Entscheidungen, unten B.I.2.c), 25 ff.

9) Herberger-Bau (Jahresabschlussanalyse der Banken)

Um einen anderen Bereich des Persönlichkeitsschutzes ging es in dem bereits im Zusammenhang mit dem Verfassungsrecht erwähnten und dargestellten Fall[49] zur Schulung „Die Jahresabschlussanalyse der Banken" vom 08.02.1994. Der Jahresabschluss der klagenden GmbH war zum Ausbildungsgegenstand geworden.

Soweit das Seminar die Solvenz der GmbH betraf, ging es - ähnlich wie bei Rufbeeinträchtigungen - um eine Schwächung der Stellung der GmbH in ihren Beziehungen zu Dritten. Darüber hinaus war die Veröffentlichung des Jahresabschlusses Gegenstand.

Der 6. Senat des BGH entschied, der Leiter des Seminars habe es zu unterlassen, die Jahresabschlüsse ohne Zustimmung unter voller Namensnennung und Adressenwiedergabe zu versenden oder auf andere Art Dritten zugänglich zu machen. Zwar könne er sich auf die Wissenschaftsfreiheit (Art. 5 Abs. 3 S. 1 GG) berufen, dieses finde seine Grenze aber in dem verfassungsrechtlich gewährleisteten allgemeinen Persönlichkeitsrecht der betroffenen GmbH. Kapitalgesellschaften stehe dieses Recht zu, soweit sie in ihrem sozialen Geltungsanspruch als Arbeitgeber oder als Wirtschaftsunternehmen betroffen seien. Dort sei das Unternehmen durch die Vorbereitung und Durchführung des Seminars verletzt worden. Auch die Abwägung gegenüber der Wissenschaftsfreiheit ergebe nichts anderes, denn der Beschwerdeführer habe ohne ernstliche Einschränkungen die Namen und die Adressen der Klägerin unkenntlich machen können.[50]

Der BGH wies ferner darauf hin, dass unabhängig von der gemäß §§ 325 ff. HGB bestehenden Pflicht, die Jahresabschlussbilanz zu publizieren, die nichtanonymisierte Präsentation der Daten als „gezieltes Vorführen" zu bewerten sei.

Der BGH stützt seine Entscheidung auch hier wieder auf eine Verletzung des sozialen Achtungsanspruches. Wie in der „Studiobühne"-Entscheidung und der „Mordoro"-Entscheidung geht er auf die Frage der Zielgerichtetheit des Eingriffs ein. Dies erfolgt in zweierlei Hinsicht: Zum einen legt er dar, die Darstellung habe genauso gut anonym erfolgen können, zum anderen spricht er vom „gezielten Vorführen" der Herberger Bau GmbH.

Dennoch weist die Entscheidung auf eine Ausweitung des Schutzes des allgemeinen Persönlichkeitsrechts juristischer Personen hin. Während es bisher um

---

[49] BGH, WM 1994, 641 – Herberger Bau; siehe oben B.I.1.c), 7.
[50] BGH, WM 1994, 641 – Herberger Bau.

bloße Behauptungen über ein Unternehmen („Studiobühne“) oder Verfremdungen („BMW“, „Mordoro“) ging und eine restriktive Anwendung erfolgte, geht es hier um die bloße Wiedergabe eigener Unternehmensinformationen. Früher hatte der BGH eine Rechtsverletzung selbst dann abgelehnt, wenn das Unternehmen erkennbar lächerlich gemacht wurde („BMW“). Diese Rechtsprechung wurde mit der „MARS“-Entscheidung, in der das Gericht eine Verletzung des allgemeinen Persönlichkeitsrechts durch einen Scherzartikel bejahte, zumindest aufgeweicht. Jetzt erfolgt sogar die Annahme einer Rechtsverletzung im Fall der bloßen Veröffentlichung ohnehin öffentlicher Informationen. Im Ergebnis geht es damit nicht mehr nur um die Frage des sozialen Geltungsanspruches, sondern auch um einen anderen Teil des Persönlichkeitsschutzes: das Recht auf informationelle Selbstbestimmung.

b) Zivilrechtliche Instanzgerichte

Auch die Instanzengerichte haben sich rechtsstreitbeendend mit der Frage des Persönlichkeitsschutzes juristischer Personen befasst.

1) Lusthansa

Das OLG Frankfurt setzte sich 1981 mit dem „Lusthansa“-Aufkleber auseinander.[51] Dabei ging es um eine Verfremdung des Symbols der Deutschen Lufthansa AG. Dieses zeigt in einem blauen Kreis einen blauen stilisierten Kranich auf gelbem Grund. Ein Scherzartikelhersteller hatte das Symbol verändert und als Aufkleber vertrieben. Der Aufkleber war mit dem Aufdruck „Lusthansa“ versehen und stellte in den Farben der Deutschen Lufthansa AG in einem Kreisbogen zwei stilisierte Kraniche dar, welche fliegend die Paarungshaltung einnahmen.[52]

Das OLG führte aus, dass eine Verletzung spezial-kennzeichenrechtlicher Vorschriften nicht in Betracht komme. Die §§ 16 UWG,[53] 25 WZG seien nicht einschlägig, da die Bezeichnung „Lusthansa“ nicht von der Deutschen Lufthansa AG als Herkunftsbezeichnung verwandt würde. § 12 BGB, dessen Namensschutz sich auch auf juristische Personen erstrecke, greife ebenfalls nicht. Eine Namensleugnung oder –anmaßung gegenüber der Deutschen Lufthansa AG liege nicht vor. Es könne aber eine Verletzung des allgemeinen Persönlichkeits-

---

51 OLG Frankfurt, NJW 1982, 648 f. – Lusthansa; siehe auch oben Fn. 8.

52 Vgl. zur Verwendung eines zumindest ähnlichen Aufklebers LG Wiesbaden, NJW 1982, 649 f. Hier wurden die Kraniche allerdings als lediglich übereinander fliegend gesehen.

53 Vgl. jetzt § 15 MarkenG.

rechts und damit ein Anspruch gemäß § 823 Abs. 1 BGB gegeben sein. Dieses Recht stehe juristischen Personen aber nur im Rahmen ihres Wesens und der ihnen vom Gesetz zugewiesenen Funktionen zu. Rein ideelle Belange könnten bei Wirtschaftsunternehmen allenfalls dann von Belang sein, wenn sie sich in einem geschäftlichen Interesse niederschlagen. Die „Verballhornung" des Namens stelle nur eine Verletzung des allgemeinen Persönlichkeitsrechts dar, wenn sie geeignet sei, das Ansehen der juristischen Person als Wirtschaftsunternehmen und Arbeitgeberin in der Öffentlichkeit herabzuwürdigen. Hierzu müsse die Herabsetzung geschäfts- und betriebsbezogen sein.[54] Sofern aber mit der „Lusthansa"-Darstellung überhaupt eine Herabsetzung verbunden sei, beziehe sich diese auf das Image aller Luftfahrtgesellschaften, ihrer Beschäftigten und Fluggäste in ihrer anonymen Gesamtheit. Ein betriebsbezogener Eingriff liege nicht vor. Auch der Vertrieb des Aufklebers bewirke einen solchen Eingriff nicht. Der Scherz könne nicht dadurch zu einem Eingriff in den „geschäftlichen" Persönlichkeitsbereich führen, dass er als Ware vermarktet werde. Eine Verletzung des allgemeinen Persönlichkeitsrechts sei anzunehmen, wenn ohne Zustimmung ein fremdes Bildnis oder ein fremder Name zu Werbezwecken für eigene Produkte eingesetzt werde. Hier sei aber der Name verändert und diene nicht Werbezwecken, sondern er sei selbst die zu handelnde Ware. Damit fehle es am betriebsbezogenen Eingriff. Eine Verletzung des allgemeinen Persönlichkeitsrechts liege nicht vor.

Wie der BGH sieht das OLG Frankfurt das Ansehen als Arbeitgeber oder Wirtschaftsunternehmen als Teil des allgemeinen Persönlichkeitsrechtes. Ferner nimmt es die Beschränkung des allgemeinen Persönlichkeitsrechts auf die gesetzlich zugewiesenen Funktionen der juristischen Person an.

Beachtlich ist aber, dass das OLG Frankfurt das Erfordernis der Betriebsbezogenheit aufstellt. Diese Voraussetzung wird vom BGH üblicherweise für einen Eingriff in das Recht am eingerichteten und ausgeübten Gewerbebetrieb gefordert. Im Zusammenhang mit dem allgemeinen Persönlichkeitsrecht hatte der BGH dagegen nur die Frage der Zielgerichtetheit aufgeworfen.[55] Während es bei der Zielgerichtetheit darum geht festzustellen, ob gerade dieses Unternehmen beabsichtigt Gegenstand von Darstellungen geworden ist, geht es bei der Frage der Betriebsbezogenheit darum festzustellen, ob eine innerhalb des Betriebes schutzwürdige Position betroffen ist. Das Merkmal der Betriebsbezogenheit soll die Verletzung ablösbarer Teile des Betriebes, wie z. B. Maschinen,

---

54 Insoweit auf BGH, NJW 1975, 1882 berufend, wenngleich dort weder unmittelbar von Geschäfts- noch von Betriebsbezogenheit die Rede ist.

55 Besonders deutlich in der „Mordoro"-Entscheidung, siehe oben B.I.2.a)5), 15 ff.

aus dem Schutz des Rechts am Gewerbebetrieb ausschließen.[56] Das OLG Frankfurt vermischt damit die Voraussetzungen der Verletzung von allgemeinem Persönlichkeitsrecht und Recht am eingerichteten und ausgeübtem Gewerbebetrieb.

Im übrigen geht die Entscheidung - ähnlich der späteren „BMW"-Entscheidung des BGH - davon aus, dass eine Persönlichkeitsrechtsverletzung wegen der erkennbaren Scherzartikelqualität des Aufklebers nicht anzunehmen sei. Demgegenüber geht die zeitlich später ergangene „MARS"-Entscheidung des BGH von 1994[57] von einer anderen Wertung aus: Weil Dritte die Kondomschachteln als Werbeartikel sehen könnten, sei von einer Persönlichkeitsrechtsverletzung auszugehen.

2) Auskunftei

Im Oktober 1986[58] hatte sich das OLG Karlsruhe mit dem allgemeinen Persönlichkeitsrecht juristischer Personen zu befassen. Die Inhaberin einer Wirtschaftsauskunftei hatte 1984 unterschiedlichen Kunden Auskünfte über die klagende GmbH erteilt. Deren Inhalt war, dass Herr F bis zum 27.04.1982 Geschäftsführer der Klägerin war. Ferner, dass eine von diesem betriebene andere Firma in Konkurs gegangen sei und zwei weitere GmbH, deren Geschäftsführer er gewesen sei, erloschen und gelöscht worden seien. Die Klägerin sah hierin ihre Rechte verletzt, weil über ihre wirtschaftliche Tätigkeit ein negativer Eindruck erweckt und ihr wirtschaftlicher Ruf geschädigt worden sei.

Das OLG Karlsruhe stellte zunächst fest, dass § 2 Abs. 1 BDSG (damalige Fassung)[59] nicht anwendbar sei, weil dieser sich nur auf natürliche Personen beziehe. Ein Anspruch nach § 824 BGB (Kreditgefährdung) setze die Unwahrheit von Tatsachenbehauptungen voraus, was gleichfalls nicht gegeben sei. Es könne aber ein Anspruch aus den §§ 823, 1004 BGB bestehen. Die Klägerin sei als juristische Person Trägerin von Persönlichkeitsrechten. Eine Verletzung setze aber voraus, dass der soziale Geltungsanspruch der Klägerin in ihrem Aufgabenfeld betroffen sei. Ferner müsse ein Eingriff rechtswidrig sein. Letztes sei anzunehmen, wenn das Vorgehen von keinem berechtigten Interesse getragen sei und außerhalb eines angemessenen Verhältnisses zu einer dadurch bewirkten Beeinträchtigung des Betroffenen stehe. Hier diene die Auskunft dem Interesse der Kunden eine Entscheidungsgrundlage über die Einrichtung und

---

56 So zum Recht am eingerichteten und ausgeübten Gewerbebetrieb, Larenz/Canaris, Lehrbuch des Schuldrechts, Band II, Halbband 2, Besonderer Teil, § 81 I. 2. b), 540.

57 Siehe oben B.I.2.a)7), 17 ff.

58 OLG Karlsruhe GmbHR 1988, 62 f.

59 Vgl. heute § 3 BDSG.

Reichweite von Geschäftsbeziehungen zur Klägerin zu gewinnen. Ein berechtigtes Interesse liege vor. Die Geschehnisse um den Geschäftsführer F lägen auch noch nicht soweit zurück, dass sie bedeutungslos wären. Ein rechtswidriger Eingriff in das Persönlichkeitsrecht der Klägerin sei damit nicht gegeben. Gleiches gelte für einen möglichen Eingriff in den Gewerbebetrieb. Schließlich scheitere ein Anspruch aus § 826 BGB (sittenwidrige vorsätzliche Schädigung), weil es an einem sittenwidrigen Eingriff fehle.

Die Entscheidung ist derjenigen des BGH zur Herberger-Bau GmbH ähnlich. In beiden Fällen ging es um die Weitergabe von rufschädigenden Informationen, die dem unternehmensinternen Bereich entstammen. Im Gegensatz zur „Herberger-Bau"-Entscheidung war hier aber ein konkretes Interesse der Informationsempfänger an der Information gegeben. Das OLG Karlsruhe trägt dem Rechnung, indem es Geheimhaltungsinteresse und Informationsinteresse gegeneinander abwägt und letztem den Vorrang einräumt. Das Geheimhaltungsinteresse war hier nicht höher zu bewerten als in der späteren „Herberger-Bau"-Entscheidung. Hier wie dort waren die verteilten Informationen zugänglich. Der Jahresabschluss war zu veröffentlichen und die durch die Auskunftei vermittelten Informationen waren als Registereintragungen zugänglich. Die Entscheidung ist damit zur späteren Entscheidung des BGH stimmig, wenngleich dort die Verletzung des allgemeinen Persönlichkeitsrechts angenommen, hier diese aber verneint wurde.

c) Würdigung der ergangenen Entscheidungen

Der zivilrechtliche Persönlichkeitsschutz juristischer Personen hat sich insgesamt fortentwickelt. Zunächst war unklar, ob es ein allgemeines Persönlichkeitsrecht überhaupt geben sollte. Hatte der 6. Senat des BGH die Existenz eines allgemeinen Persönlichkeitsrechts in der „Studiobühne"-Entscheidung vom Juni 1975 angenommen, lehnte der 1. Senat des BGH in der „KSB"-Entscheidung vom November 1975 dessen Existenz grundsätzlich ab. In der Folgezeit gingen schließlich alle Senate von der grundsätzlichen Existenz eines allgemeinen Persönlichkeitsrechts juristischer Personen aus. Eine eingehende Begründung dieses Rechts erfolgte indessen nicht.[60] Es findet sich lediglich der Hinweis auf eine verfassungsrechtliche Verankerung.

---

60 Vgl. die näheren Nachweise auf die nicht weiterführenden Fundstellen bei Quante, Das allgemeine Persönlichkeitsrecht juristischer Personen, 36 ff.

Den Umschreibungen des allgemeinen Persönlichkeitsrechts juristischer Personen ist nach der derzeitigen Rechtsprechung des BGH und der zivilrechtlichen Instanzgerichte folgendes Bild zu entnehmen: Juristischen Personen kommt ein durch ihr Wesen als Zweckschöpfung des Rechts und durch ihre Funktionen beschränkter Persönlichkeitsschutz zu. Dieser beinhaltet zunächst den sozialen Geltungsanspruch als Arbeitgeber oder als Wirtschaftsunternehmen („Studiobühne", „BMW", „Herberger Bau"). Dieser Geltungsanspruch ist betroffen, wenn die juristische Person Objekt herabwürdigender Kritik („Studiobühne") oder von Scherzen („MARS") wird. Die juristische Person darf nicht ohne sachlichen Grund zur Zielscheibe öffentlicher Kritik gemacht werden („Mordoro").

Ferner soll der Persönlichkeitsschutz soll das Bestimmungsrecht über die eigene Darstellung in der Öffentlichkeit enthalten. Im Rahmen ihres Wesens und ihrer Funktion soll die juristische Person über die Veröffentlichung von eigenen Bildnissen („Carrera") sowie über die Kommerzialisierung des Namens entscheiden können. Informationen über die juristische Person dürfen nicht verfälscht werden („Carrera"). Die Weitergabe von Informationen über konkrete juristische Personen bedarf eines rechtfertigenden Interesses („Auskunftei"). Fehlt dieses, dann dürfen die Informationen nur anonymisiert erteilt werden („Herberger Bau").

Versucht man, das allgemeine Persönlichkeitsrecht juristischer Personen nach der Rechtsprechung durch Schutzgegenstände zu erfassen, dann geht es im Wesentlichen um zweierlei:[61] Zum einen geht es um den Schutz interner Informationen vor unberechtigter/grundloser Veröffentlichung - um die informationelle Selbstbestimmung („Studiobühne", „Auskunftei", „Herberger Bau"). Zum anderen geht es um den Schutz des Rufes.[62] Dieser kann beispielsweise Schaden nehmen, wenn Identitätsmerkmale verunglimpft werden („Mordoro", „BMW", „MARS", „Lusthansa") oder die juristische Person selbst zum Gegenstand herabwürdigender Kritik wird („Studiobühne"). Es geht um den Schutz einer inneren Sphäre, die dem Funktionieren der juristischen Person dient sowie um das äußere Auftreten der juristischen Person.

Für die praktische Anwendung lässt sich der Rechtsprechung zunächst entnehmen, dass dieses Recht zurückhaltend angewandt werden soll.

---

[61] Damit soll nicht behauptet werden, dass in allen folgend zitierten Entscheidungen eine Verletzung des allgemeinen Persönlichkeitsrechts angenommen werden könnte. Die Gerichte haben aber auch dann Aussagen zum Schutzbereich des allgemeinen Persönlichkeitsrechts getroffen, wenn sie dessen Verletzung im konkreten Fall verneinten.

[62] Der Ruf wurde in der „Scientology"-Entscheidung noch als Ehre bezeichnet.

Worin diese Zurückhaltung aber bestehen soll, bleibt unklar. Der BGH hat ein allgemeines Persönlichkeitsrecht regelmäßig erst herangezogen, wenn eine anderweitige Anspruchsbegründung ausgeschlossen erschien („Mordoro", „Carrera"). Dies entspricht der Rechtsprechung des BGH zum allgemeinen Persönlichkeitsrecht natürlicher Personen. Dort hatte der BGH ausgeführt, das allgemeine Persönlichkeitsrecht sei ein bloßer Auffangtatbestand. Bei der Heranziehung des Rechts sei wegen seiner „Generalklauselartigkeit" besondere Zurückhaltung geboten.[63] Ob damit Spezialität oder Subsidiarität des Rechts oder gleichwohl Anspruchskonkurrenz anzunehmen sein soll, bleibt offen.[64]

Die konsequente Anwendung des Subsidiaritätsprinzips würde insbesondere in den Scherzartikelfällen der Anwendung des allgemeinen Persönlichkeitsrechts meist entgegenstehen. In Fällen, in denen Scherzartikel erkennbar nicht vom betroffenen Unternehmen stammen, soll eine Rufbeeinträchtigung nicht in Betracht kommen („BMW"). In allen anderen Fällen könnte die betroffene juristische Person aber eine Lizenz für den Artikel vergeben. Dies begründete ein Wettbewerbsverhältnis im Sinne von § 1 UWG. Damit wäre das allgemeine Persönlichkeitsrecht wegen des Subsidiaritätsprinzips nicht mehr heranzuziehen. Bei Berücksichtigung des Subsidiaritätsprinzips war die Anwendung des Rechts neben § 1 UWG in der „MARS"-Entscheidung[65] inkonsequent. In den Scherzartikelfällen könnte das Recht vielmehr nur Anwendung finden, wenn es um gemeinnützige Institutionen geht, bei denen § 1 UWG nicht einschlägig ist.

Andererseits hätte der BGH bei Annahme von Spezialität die besondere Zurückhaltung nicht gesondert betonen müssen. Schließlich entspricht diese dem allgemeinen Grundsatz der Rechtsanwendung, dass die lex specialis der lex generalis vorgeht. Aber auch gegenüber dem Grundsatz der Spezialität stellte die „MARS"-Entscheidung einen Bruch dar, weil ein Verstoß gegen das Persönlichkeitsrecht, das Recht am Gewerbebetrieb und § 1 UWG gleichermaßen festgestellt wird.

Im Ergebnis ist damit der Rechtsprechung des BGH die Annahme von Anspruchskonkurrenz zu entnehmen, wobei der BGH in seiner Prüfung andere Anspruchsgrundlagen vor jenen prüft, die auf Verletzung des allgemeinen Persönlichkeitsrechts beruhen.

Zum anderen lässt sich der Rechtsprechung entnehmen, dass im Fall von Verletzungen des allgemeinen Persönlichkeitsrechts neben Schadensersatz- und

---

63 BGHZ 45, 296, 307; 50, 133, 143.

64 Gegen die Annahme von Subsidiarität Canaris, a.a.O., Fn. 56, § 80, I. 6. a), 497.

65 Siehe oben B.I.2.a)7), 17 ff.

Unterlassungsansprüchen auch bereicherungsrechtliche Ansprüche gegeben sein können („Carrera“).

II. Literatur

Auch die Literatur setzte sich wiederholt mit dem Persönlichkeitsschutz juristischer Personen auseinander. Zum Teil wurde das Recht abgelehnt (1.). Teilweise wurde ein allgemeines Persönlichkeitsrecht juristischer Personen oder zumindest vergleichbarer Schutz aber auch angenommen (2.).

1. Das Recht verneinende Stimmen

a) Manfred Brauer und Herbert Leßmann

Manfred Brauer setzte sich bereits 1962 mit der Frage eines Persönlichkeitsrechts juristischer Personen auseinander.[66] Voraussetzung des Rechts sei danach, dass juristischen Personen ein Persönlichkeitsbegriff zugrunde liege, der dem Persönlichkeitsbegriff des allgemeinen Persönlichkeitsrechts der natürlichen Person entspreche.[67] Ebenso wie für den Menschen sei die Frage des Persönlichkeitsschutzes juristischer Personen zu beantworten. Diesen müsste Würde im Sinne von Art. 1 Abs. 1 GG zukommen. Indessen verstehe das Grundgesetz unter „Würde des Menschen“ die Würde des einzelnen Menschen. Eine Summierung der Würde einzelner sei nicht möglich. Mithin hätten die juristischen Personen keine eigenständige Würde.[68] Weitere Grundlage des Persönlichkeitsrechts sei Art. 2 Abs. 1 GG. Der Persönlichkeitsbegriff des Art. 2 Abs. 1 GG habe aber die natürliche Person zur Voraussetzung. Auch Art. 2 Abs. 1 GG sei daher nicht auf die juristischen Personen zu beziehen.[69] Damit seien die Grundlagen und das allgemeine Persönlichkeitsrecht nicht auf juristische Personen anwendbar.

Den juristischen Personen könnten aber einzelne Persönlichkeitsrechte zukommen, die Spezialgesetzlich geschützt seien. Dies seien etwa das Namensrecht

---

[66] Brauer, Das Persönlichkeitsrecht juristischer Personen, Erlangen, Nürnberg 1962.
[67] Ders., a.a.O., 38.
[68] Ders., a.a.O., 39.
[69] Ders., a.a.O., 39 f.

aus den §§ 12 BGB analog, 16 UWG[70], das Recht der Ehre aus § 823 Abs. 1 und § 823 Abs. 2 BGB i. V. m. §§ 185 ff. StGB.[71]

Eine ähnliche Argumentation entwickelte 1970 *Herbert Leßmann.*[72] Auch er lehnte ein allgemeines Persönlichkeitsrecht juristischer Personen ab. Ausgangspunkt sei die verfassungsrechtliche Begründung dieses Rechts in den Artt. 2 Abs. 1 und 1 Abs. 1 GG. Nach Art. 19 Abs. 3 GG komme den juristischen Personen Grundrechtsschutz zu, soweit die Grundrechte dem Wesen nach auf diese anwendbar seien. Die Würde komme der natürlichen Person kraft ihres Menschseins zu; diese sei ein untrennbar mit dem Begriff des menschlichen Wesens verbundener sittlicher Wert.[73] Es habe das Grundgesetz in bewusster Reaktion gegen den totalitären Kollektivismus die Proklamation der Würde des Menschen an die Spitze aller Bestimmungen gesetzt und sich damit zur Einzelpersönlichkeit bekannt. Juristischen Personen als bloßen Gebilden der Rechtstechnik sei ein solcher Wert nicht eigen. Der juristischen Person fehle das Bewusstsein, insbesondere das Selbst-Bewusstsein sowie der Wille im psychologisch ethischen Sinne und damit die eine Person kennzeichnende Fähigkeit, ihr Handeln in Verantwortung gegenüber den an sie ergehenden Sollbefehlen selbst zu bestimmen. Diese Fähigkeit sei den Menschen eigen.[74] Auch der zusammengesetzte Wille juristischer Personen sei derjenige von Individualpersonen. Juristische Personen hätten zwar einen Gesamtwert, eine Würde besäßen sie aber nicht.

Darüber hinaus sei die Anwendung von Art. 2 Abs. 1 GG auf juristische Personen problematisch. Dieser gewähre – entgegen der herrschenden Auffassung – die freie Entfaltung der Persönlichkeit, verstanden als die freie Verwirklichung der beseelten, geistig sittlichen Persönlichkeit im Sinne von „Menschtum“. Sittlich handeln und sich für freie Werte entscheiden, könne nur „die reale Person“, das Individuum.[75] Nur wenn man Art. 2 Abs. 1 GG auf die allgemeine Handlungsfreiheit im weitesten Sinne erstrecke, komme eine Anwendung auf die juristischen Personen in Betracht. Eine Erstreckung sei aber nur möglich, soweit es nicht um die geistig-sittliche Persönlichkeit gehe.

---

70 Die Vorschrift wurde zunächst geändert und ist seit Inkrafttreten des MarkenG am 1.1.1995 aufgehoben.
71 Brauer, a.a.O., 40, 48.
72 Leßmann, Persönlichkeitsschutz juristischer Personen, AcP 170 (1970), 267 ff.
73 Ders., a.a.O., 267, 268 m. w. N.
74 Ders., a.a.O., 269.
75 Ders., a.a.O., 270.

Im Ergebnis könne Art. 1 Abs. 1 GG gar nicht und Art. 2 Abs. 1 GG nur eingeschränkt auf juristische Personen bezogen werden. Da diese Artikel Grundlage eines allgemeinen Persönlichkeitsrechts seien, könne dieses Recht im „umfassenden Sinne“ den juristischen Personen nicht zugestanden werden.[76]

Ebenso wie Brauer erkennt Leßmann den juristischen Personen aber Schutz durch einzelne Persönlichkeitsrechte zu. Ausgangspunkt seien gesetzliche Normen, welche Teile der Persönlichkeit schützten. So komme den juristischen Personen im Rahmen des § 823 Abs. 1 BGB das Recht der wirtschaftlichen Betätigungsfreiheit zu. Der Persönlichkeitsschutz habe insoweit lückenfüllende Funktion neben dem Recht am eingerichteten und ausgeübten Gewerbebetrieb und spezialgesetzlichen Vorschriften (z. B. nach dem GWB und dem UWG).[77] Das Recht der wirtschaftlichen Betätigungsfreiheit könne nur jenen juristischen Personen zukommen, bei denen die wirtschaftliche Betätigung auf das „Substrat der juristischen Personen“, mithin die menschlichen Personen, zurückgehe. So könne einer Familien-AG aufgrund starker personalistischer Struktur Persönlichkeitsschutz zukommen, einer AG mit Aktien im Streubesitz dagegen nicht. Es fehle eine erkennbare Interessenrückbezogenheit.[78] Ferner sei über § 823 Abs. 1 BGB die Vereinigungsfreiheit[79] der juristischen Personen sowie die Freiheiten auf religiösem, politischem, wissenschaftlichem oder künstlerischem Gebiet[80] zu schützen. Den juristischen Personen komme ein Recht am Lebensbild, ein Recht auf eine Geheimsphäre[81] sowie ein Namensrecht[82] zu. Außerdem seien juristische Personen einer allgemein sittlichen als auch einer besonderen beruflichen und geschäftlichen Ehre fähig.[83]

Brauer und Leßmann weisen zu Recht auf die mangelnde Anwendbarkeit von Art. 1 Abs. 1 GG auf juristische Personen hin. Dies entspricht der Rechtsprechung des BVerfG.[84] Demgegenüber ist die Anwendbarkeit von Art. 2 Abs. 1 GG auf juristische Personen – entgegen Brauer und Leßmann – heute allgemein anerkannt und ständige Rechtsprechung des BVerfG.[85]

---

76 Ders., a.a.O., 270 unter Berufung auf Nipperdey und Hubmann.
77 Ders., a.a.O., 276.
78 Ders., a.a.O., 278.
79 Ders., a.a.O., 281 f.
80 Ders., a.a.O., 283.
81 Ders., a.a.O., 285.
82 Ders., a.a.O., 287.
83 Ders., a.a.O., 289.
84 Siehe oben Fn. 20.
85 BVerfGE 20, 323, 336; 23, 12, 30; 44, 353, 372; Rüfner, Zu Bedeutung und Tragweite des Art. 19 Abs. 3 des Grundgesetzes, AöR 89 (1964), 262, 281; Jarass, in: Jarass Pieroth,

Ohnehin ist bereits fraglich, ob sich das allgemeine Persönlichkeitsrecht juristischer Personen allein mit Ablehnung der unmittelbaren und umfassenden Anwendbarkeit von Art. 1 Abs. 1 GG und/oder Art. 2 Abs. 1 GG verneinen läßt. Diese Begründung geht nämlich davon aus, dass diese Vorschriften das Recht abschließend erfassen. Dafür hätte es aber der besonderen verfassungsrechtlichen Begründung des allgemeinen Persönlichkeitsrechts nicht bedurft. Vielmehr hätten diese verfassungsrechtlichen Vorschriften jeweils je nach Einschlägigkeit herangezogen werden können.

Die Etablierung des Rechts unter Berufung auf Artt. 1 Abs. 1 und 2 Abs. 2 GG zeigt, dass es um ein eigenständiges Grundrecht geht. Die Begründung in Art. 1 Abs. 1 und 2 Abs. 1 GG weist lediglich auf die Wurzeln eines Rechts hin, dessen Reichweite über die Gewährleistung der einzelnen Artikel hinausreicht. Der Geltungsbereich des Rechts soll nicht abschließend bezeichnet sein. Die Verneinung der vollständigen Anwendung von Artt. 1 Abs. 1 und 2 Abs. 1 GG führt damit nicht dazu, dass das Recht gänzlich abzulehnen ist.[86]

Außerdem setzen die Autoren in ihrer weiteren Begründung ungeprüft zwei Voraussetzungen voraus, die keineswegs zwingend sind. Zum einen gehen sie davon aus, dass das allgemeine Persönlichkeitsrecht juristischer Personen - ebenso, wie das natürlicher - mit Art. 2 Abs. 1 und Art. 1 Abs. 1 GG zu begründen ist. Sie erwägen nicht eine Begründung in anderen Vorschriften oder lediglich in Art. 2 Abs. 1 GG. Gerade letztes würde aber insbesondere Art. 19 Abs. 3 GG Rechnung tragen. Danach kommt eine Anwendbarkeit von Grundrechten auf juristische Personen in Betracht, soweit diese dem Wesen der Grundrechte nach möglich ist. Juristischen Personen kann also durchaus mit Blick auf Art. 2 Abs. 1 GG ein Teilausschnitt des allgemeinen Persönlichkeitsrechts zukommen. Die Frage nach der Würde juristischer Personen verliert damit an Bedeutung.

Zum anderen gehen die Autoren – anders als die spätere Rechtsprechung - von einem deckungsgleichen Anwendungsbereich des allgemeinen Persönlichkeitsrechts im Verfassungs- und Zivilrecht aus.[87]

Hinsichtlich des Inhalts wirkt sich die Verneinung des Rechts durch Leßmann und Brauer indessen kaum aus. Sie erkennen wesentliche Schutzgegenstände eines allgemeinen Persönlichkeitsrechts (Geheimsphäre, Ehre (Ruf), das Namensrecht, das Recht am „Lebensbild") als besondere Persönlichkeitsrechte an.

GG, Art. 2, Rn. 8; Stern, in: Das Staatsrecht der Bundesrepublik Deutschland, Band III/1, § 71 IV. 6., 1127 m. w. N.

86 Ähnlich Kau, Vom Persönlichkeitsschutz zum Funktionsschutz, 33.

87 Dazu noch unten C.IV.1, 137 ff.

b) Heinrich Hubmann

Heinrich Hubmann ging 1967 in seiner Schrift zum Persönlichkeitsrecht auch auf die Frage des Persönlichkeitsschutzes juristischer Personen ein.[88] Juristische Personen seien Einheiten, die von den sie tragenden Einzelpersonen verschieden seien.[89] Dennoch dienten sie der Entfaltung und sittlichen Aufgabe des Individuums. Sie würden zu Trägern „personaler Werte", weil sie Personen zusammenfassten und durch deren Streben, deren Fähigkeiten und deren Willen geprägt und getragen würden. Sie enthielten den „Geist der Gründer" und suchten diesen weiterhin zu verwirklichen. Der satzungsmäßige Zweck sei nichts anderes als der „objektivierte Geist" des oder der Gründer.[90]

Wie die Einzelnen besäßen und realisierten sie Werte und Güter. Ihre Bedürfnisse und Belange seien den persönlichen Interessen der Menschen ähnlich. Ihnen könnten daher gewisse Persönlichkeitsrechte nicht vorenthalten werden.[91] Ihnen seien jene Persönlichkeitsrechte zuzugestehen, die ihrem Wesen nach für sie passten.[92] Den juristischen Personen komme nicht ein allgemeines Persönlichkeitsrecht im umfassenden Sinne zu; ihnen kämen aber einzelne Persönlichkeitsrechte zu, so das Namensrecht analog § 12 BGB, das Recht auf Achtung der Ehre, des wirtschaftlichen Rufes und Kredites und das Recht auf eine Geheimsphäre.[93]

Der Ansatz Hubmanns ist in seiner Begründung problematisch, weil er den „Geist der Gründer" zur Grundlage eines Persönlichkeitsschutzes erhebt. Diesem ursprünglichen Geist der Gründer fehlt aber jede Dynamik.[94] Unternehmen müssen sich den wirtschaftlichen Gegebenheiten häufig anpassen und hierfür auch den Unternehmensgegenstand häufiger wechseln. Eine Begründung des Rechts mit dem ursprünglichen Geist der Gründer erscheint nicht sachgerecht. Konkret führt dieser Ansatz zu der Frage, ob Persönlichkeitsschutz eines Unternehmens auch dann angenommen werden kann, wenn sich das Betätigungsfeld des Unternehmens gegen den Willen des oder der Gründer entwickelt hat. Ist Persönlichkeitsschutz wegen des Gründergeistes dann gegen ihren Willen zu gewähren?

---

88 Hubmann, Das Persönlichkeitsrecht, 2. Auflage 1967.
89 Ders., a.a.O., 333.
90 Ders., a.a.O., 333.
91 Ders., a.a.O., 334.
92 Ders., a.a.O., 334.
93 Ders., a.a.O., 336 f.
94 Siehe auch Quante, Das allgemeine Persönlichkeitsrecht juristischer Personen, 69.

Soweit die Begründung des allgemeinen Persönlichkeitsrechts juristischer Personen in den diese bildenden natürlichen Personen zu sehen ist, erscheint vorzugswürdig, auf die jeweils aktuelle Situation abzustellen.

Auch dann besteht aber das Problem, dass hier Werthaftigkeit juristischer Personen unter Rückgriff auf die hinter den juristischen Personen stehenden Menschen gewonnen wird. Es gibt aber juristische Personen denen eine personale Mitgliedschaft vollkommen fehlt.[95] Dies ist etwa bei Schachtelbeteiligungen und wechselseitigen Unternehmensverflechtungen von Kapitalgesellschaften der Fall.[96]

Im Ergebnis erkennt auch Hubmann den juristischen Personen eine Vielzahl von einzelnen Persönlichkeitsrechten zu. Die Verneinung des allgemeinen Persönlichkeitsrechts „im umfassenden Sinne" hat damit geringe praktische Auswirkungen.

2. Das Recht bejahende Stimmen

a) Harry Westermann

Unter der Frage, ob der Genossenschaft ein allgemeines Persönlichkeitsrecht zustehe, ging 1960 *Harry Westermann* der Frage eines allgemeinen Persönlichkeitsrechts juristischer Personen nach.[97] Westermann verfolgte – methodisch ähnlich Brauer und Leßmann - einen verfassungsrechtlichen Ansatz. Die Würde sei ausschließlich im Menschlichen begründet. Sie könne daher den juristischen Personen als Kunstprodukt nicht zustehen.[98] Die Verbindung von Individuen zu Gemeinschaften und deren Betätigung führe aber zu einer Steigerung des einzelnen in Gemeinschaft. Damit aktualisiere sich in der Gemeinschaft ein „echtes Stück Menschsein". Der Zusammenschluss erhalte eine aus der Person der Mitglieder abgeleitete „Eigenart", die zumindest in Teilbereichen der Würde der natürlichen Person gleichzustellen sei.[99] Damit sei ein allgemeines Persönlichkeitsrecht juristischer Personen anzunehmen, soweit „so viel Menschliches"

---

95 Wronka, Das Persönlichkeitsrecht juristischer Personen, 76.

96 Ders., a.a.O., 76.

97 Westermann, Steht der Genossenschaft ein allgemeines Persönlichkeitsrecht zu?, in: Gegenwartsprobleme genossenschaftlicher Selbsthilfe, Festschrift für Paul König, Hamburg 1960, 345 ff.

98 Ders., a.a.O., 352.

99 Ders., a.a.O., 352 f.

vereint sei, dass ein Gebilde entstehe, das des eigenständigen Schutzes bedürftig und würdig sei.[100]

Westermann ist zuzustimmen, soweit er darlegt, dass die Gemeinschaft das Schaffen und die Fähigkeiten der Einzelnen fördert, indem es diese zu gedeihlicher Zusammenarbeit zusammenführt. Dies ist etwas besonderes, eine „Eigenart", die es durchaus zu schützen gilt. Andererseits ist unklar, warum allein diese Schutzbedürftigkeit die Teilhaftigkeit der juristischen Personen an menschlicher Würde begründen soll. Kau kritisiert an diesem Ansatz zu Recht, dass nicht alles, was zur Steigerung menschlicher Fähigkeiten führt, zugleich an der Würde des Menschen teilnimmt.[101] Ebensowenig, wie bei dem Menschen jede Eigenart Teil seiner Würde ist, kann das Bestehen einer Eigenart juristischer Personen deren Würde begründen.

Die Formulierung Westermanns, mit der Steigerung des einzelnen in Gemeinschaft aktualisiere sich „ein echtes Stück Menschsein", verdeckt zudem mehr als sie offen legt. Sofern Westermann damit den Verband den Menschen gleichstellen will, ist dies eine Vermenschlichung des Verbandes, die weder der Wirklichkeit entspricht, noch im Gesetz angelegt ist. Art. 19 Abs. 3 GG stellt mit der Regelung einer selektiven Anwendung der Grundrechte auf juristische Personen klar, dass juristische Personen den Menschen weder gleich noch gleich zu behandeln sind.

b) Hans Liermann

Hans Liermann befasste sich 1968 mit dem allgemeinen Persönlichkeitsrecht der Stiftung. Mit Blick auf Gierkes Theorie der realen Verbandspersönlichkeit[102] und die Bedeutung der Stiftungen für das soziale Leben, seien diese echte Persönlichkeiten. Jede für sich sei von ausgeprägter Individualität, die ein geistiges Fluidum ausstrahle.[103] Grundlage des Persönlichkeitsschutzes seien der Wille und die Persönlichkeit des in der Stiftung weiterlebenden Stifters. Die Stiftung sei „soziologisch ein Lebewesen", das „existent" sei und daher geeignet und fähig sei, Träger von Persönlichkeitsrechten zu sein.[104] Das allgemeine

---

[100] Ders., a.a.O., 353.
[101] Kau, Vom Persönlichkeitsschutz zum Funktionsschutz, 36.
[102] Dazu noch ausführlich unten C.II.4, 99 ff.
[103] Liermann, Persönlichkeitswert der Stiftung – Ihr Recht auf Name und Wesensart, 173.
[104] Ders., a.a.O., 173, 174.

Persönlichkeitsrecht der Stiftung stehe nach alledem „außer Zweifel". Art. 19 Abs. 3 GG stehe dem nicht entgegen.[105]

Liermanns Hinweise tragen eine Begründung eines allgemeinen Persönlichkeitsrechts juristischer Personen nicht. Die Hinweise auf ein „geistiges Fluidum" oder eine „existentes Lebewesen" begründen das Recht nicht. Liermann hält denn auch an einer verfassungsrechtlichen Begründung des zivilrechtlichen Persönlichkeitsrechts fest. Er geht aber nicht darauf ein, ob den Stiftungen auch der Schutz aus Art. 1 Abs. 1 GG zukommen soll oder bei den Stiftungen der Persönlichkeitsschutz eine andere verfassungsrechtliche Grundlage haben soll, als bei den natürlichen Personen.

Will Liermann den Schutz Art. 19 Abs. 3 GG direkt entnehmen, so missversteht er dessen Regelung. Dieser soll die Anwendung von Grundrechten auf die juristischen Personen ermöglichen, nicht aber deren generelle umfassende Übertragung auf juristische Personen festlegen. Dies ergibt sich ausdrücklich aus dem „Soweit"-Satz des Art. 19 Abs. 3 2. Hs. GG.[106]

c) Georg Wronka

Ähnlich Brauer, Leßmann und Westermann geht auch *Georg Wronka* in seiner Dissertation von 1972 von einem verfassungsrechtlichen Ansatz aus. Im Gegensatz zu Brauer und Leßmann kommt Wronka allerdings zu einer Bejahung des Rechtes.[107] Wronka beschreibt als Grundlage des allgemeinen Persönlichkeitsrechts – auch im Zivilrecht – die Artt. 1 Abs. 1 und 2 Abs. 1 GG. Damit bestimme Art. 19 Abs. 3 GG den Geltungsumfang des allgemeinen Persönlichkeitsrechts juristischer Personen im Zivilrecht.[108] Es komme darauf an, ob und inwieweit die Artt. 1 Abs. 1 und 2 Abs. 1 GG ihrem Wesen nach auf juristische Personen anwendbar seien. Dies sei insbesondere hinsichtlich der Würde des Art. 1 Abs. 1 GG problematisch. Würde könne aber auch den juristischen Personen zukommen. Der Sozialwert sei eine Seite des Würdebegriffs des Menschen.[109] Dies sei neben der „personellen Komponente" ihre „gesellschaftliche Seite". Diesen Sozialwert könnten Verbandspersönlichkeiten haben. Er müsse aber grundsätzlich erst durch die Gemeinnützigkeit der Verbandspersönlichkeit

---

105 Ders., a.a.O., 173, 175.
106 So auch Kau, Vom Persönlichkeitsschutz zum Funktionsschutz, 36.
107 Wronka, Das Persönlichkeitsrecht juristischer Personen, Bonn 1972.
108 Ders., a.a.O., 68 ff.
109 Ders., a.a.O., 98.

offenbar werden. Eines Nachweises im Einzelfall bedürfe es dennoch nicht, weil die juristischen Personen rechtlich anerkannt seien. Durch die Würde sei die juristische Person Persönlichkeit, die sich entfalten und den Schutz des Art. 2 Abs. 1 GG beanspruchen könne.[110] Der juristischen Person komme damit ein allgemeines Persönlichkeitsrecht zu.

Quante weist zu Recht darauf hin, dass die Formulierung Wronkas, „die Sozialwertigkeit des Menschen ergibt sich aus seiner Natur, weil er wesensgemäß dazu angelegt ist, soziale Funktionen zu erfüllen",[111] vor dem Hintergrund der Interpretation des Persönlichkeitsschutzes zur Zeit des Nationalsozialismus missverständlich ist. Dort wurde dem „Volksgenossen" Persönlichkeitsschutz ausschließlich wegen seiner ideologisch interpretierten Sozialwertigkeit gewährt.[112] Die Würde im Sinne des Grundgesetzes ist nicht - wie Wronka nahe legt - tätigkeitsbezogen. Vielmehr geht das Grundgesetz von einer unverlierbaren und unveräußerlichen Würde aus. Sie beruht auf den von Beginn an in jedem menschlichen Sein angelegten Entfaltungsfähigkeiten, sie zu begründen.[113] Es ist nicht entscheidend, ob der Träger sich dieser Würde bewußt ist und sie selbst zu wahren weiß.[114] Die Ansicht, Würde werde durch Erfüllung sozialer Aufgaben „verdient", geht daher fehl.[115]

Schließlich gilt die Kritik an Leßmanns Ansatz hier gleichermaßen: Weder ist eine deckungsgleiche Begründung des Rechts im Zivil- und Verfassungsrecht zwingend, noch muss die Begründung des Rechts für juristische Personen derjenigen bei natürlichen entsprechen.[116]

d) Peter Schwerdtner

Peter Schwerdtner setzte sich 1977 in seiner Habilitationsschrift „Das Persönlichkeitsrecht in der deutschen Zivilrechtsordnung"[117] ebenfalls mit dem Persönlichkeitsschutz juristischer Personen auseinander.

---

110 Ders., a.a.O., 101 f.
111 Ders., a.a.O., 98.
112 Quante, Das Persönlichkeitsrecht juristischer Personen, 63.
113 BVerfGE 39, 1, 41.
114 BVerfGE 39, 1, 41.
115 Kau, Vom Persönlichkeitsschutz zum Funktionsschutz, 35.
116 Siehe oben bei Leßmann, B.II.1.a), 28 ff.
117 Schwerdtner, Das Persönlichkeitsrecht in der deutschen Zivilrechtsordnung, Berlin 1977, 117 ff.

Schwerdtner brach dabei mit dem in den bisherigen Ansätzen wiederkehrenden methodischen Versuch, den zivilrechtlichen Persönlichkeitsschutz den Artt. 2 Abs. 1 und 1 Abs. 1 GG zu entnehmen.[118] Auch sei viel gewonnen, wenn man sich von einer den Mitgliedern übergeordneten Gesamtperson verabschiede.[119] Mit dem Persönlichkeitsschutz gehe es um die Frage der Funktionsbeeinträchtigung der juristischen Person. Ein zugedachter Schutz sei auf die angemessene Sicherung der Zweckverfolgung zu beschränken.[120] So komme ein Achtungsanspruch der juristischen Person in Betracht, soweit dieser der Wahrung ihrer Funktionsfähigkeit diene.[121] An die Stelle des Namens- trete der Firmenschutz, an die Stelle des Schutzes der Ehre trete der des Rufes, Kredites und Ansehens, an die Stelle der Intimsphäre trete der Schutz von Geschäfts- und Betriebsgeheimnissen und sonstiger vertraulicher Angelegenheiten.[122]

Schwerdtners Verdienst besteht darin, die Augen darauf gelenkt zu haben, dass Persönlichkeitsschutz bei den juristischen Personen ein anderes Ziel verfolgen kann als bei den natürlichen Personen. Bei dem Menschen geht es darum ihm eine unbeeinträchtigte Selbstentfaltung im Rahmen der Gesetze zu ermöglichen, indem die Prozesse und Voraussetzungen der Selbstfindung und –darstellung geschützt werden. Eine derartige Selbstfindung ist bei der juristischen Person ausgeschlossen, weil ihr als rechtstechnischem Objekt jegliches Selbstbewusstsein fehlt. Persönlichkeitsschutz kann damit bei den juristischen Personen nur etwas vergleichbares leisten. Schwerdtner verweist darauf, dass dies der Funktionionsschutz der juristischen Person sein kann. Im Ansatz ist dies allerdings nicht gänzlich neu. Auch die „Studiobühne"-Entscheidung des BGH von 1975 hatte den Funktionsschutzgedanken bereits angedeutet.[123]

e) Alfons Kraft

Alfons Kraft machte sich 1985 „Gedanken zum allgemeinen Persönlichkeitsrecht juristischer Personen".[124] Ausgangspunkt seiner Überlegung war die schlichte Feststellung: „Die positivrechtliche Anerkennung der juristischen Per-

---

118 Ders., a.a.O., 118 f.
119 Ders., a.a.O., 119.
120 Ders., a.a.O., 120 ff.
121 Ders., a.a.O., 119 f., 120.
122 Ders., a.a.O., 122.
123 BGH, NJW 1975, 1882 ff. – Studiobühne; siehe oben B.I.2.a)1), 11 f.
124 Kraft, Gedanken zum Persönlichkeitsrecht juristischer Personen, in: Beiträge zum Schutz der schöpferischen Leistungen, Festschrift für Heinrich Hubmann 1985, 201 ff.

son impliziert deren gesellschaftliche Realität und damit einen nach außen gerichteten Wirkungskreis, der unabhängig von ihrer theoretischen Bestimmung existent ist."[125]

Kraft kritisiert an den überkommenen Auffassungen, dass diese an einem philosophischen Ansatz festhielten, um über den Begriff „Persönlichkeit" das Persönlichkeitsrecht zu erschließen. Sinnvoll sei dem gegenüber der Versuch einer Bestimmung der Funktionen des allgemeinen Persönlichkeitsrechts verbunden mit der Erkenntnis, dass es sich bei dem erstrebten Rechtsschutz nur um eine ordnende Regelung im sozialen Leben handele, wobei die Summe dieser Funktionen nicht umgekehrt beanspruche, die „Persönlichkeit" zu erfassen.[126] Bei der Frage nach dem allgemeinen Persönlichkeitsrecht juristischer Personen könne es nicht darum gehen, nach der Persönlichkeit der natürlichen Person zu forschen und die von ihr umfassten Ausstrahlungen und Werte auf die juristische Person zu übertragen. Dies sei Normenpositivismus. Es könne auch nicht darum gehen die Persönlichkeit der juristischen Person zu erforschen, die, wie zutreffend formuliert wurde, eine Vorstellung sei, die das Gebiet der menschlichen Erkenntnis überschreite.[127] Es sei schlicht zu fragen, ob juristische Personen einerseits als rechtspositive Gebilde, andererseits als Gebilde sozialer Realität nicht ebenso Interessen hätten, die vor Verletzungen und Angriffen geschützt werden müssten, wie die natürlicher Personen.[128] Die Bedeutung der Interessen der juristischen Personen bringt Kraft in Zusammenhang mit der Entwicklung des Zivilrechts von der Begriffs- zur Interessen- und Wertungsjurisprudenz. Nicht mehr die formale Richtigkeit von Entscheidungen, sondern materielle Interessengerechtigkeit leite die Rechtsprechung.[129]

Es sei klar, dass die Interessen der juristischen Personen nicht völlig mit jenen der natürlichen Personen übereinstimmten. Wichtig sei aber, dass auch bei sozialen Kontakten, die zur Beeinträchtigung der Interessen juristischer Personen führten, ein rechtlicher Schutzmechanismus vorhanden sei, der die juristische Person in ihrem rechtlich anerkannten Dasein und Wirken ebenso wie die natürliche Person sichere. Dies folge daraus, dass die rechtliche Anerkennung der juristischen Person auch ihr tatsächliches Wirken umfasse.[130]

---

125 Ders., a.a.O., 201, 205.
126 Ders., a.a.O., 201, 205.
127 Ders., a.a.O., 201, 215 mit Verweis auf Wieacker, Zur Theorie der juristischen Person des Privatrechts, in: Festschrift für E. R. Huber 1973, 339, 372.
128 Ders., a.a.O., 201, 215 f.
129 Ders., a.a.O., 201, 207 ff.
130 Ders., a.a.O., 201, 216.

Die verfassungsrechtliche Rechtsprechung habe dies bei Anwendung von Art. 2 Abs. 1 GG auf juristische Personen erkannt. Bei den juristischen Personen liege „Handeln in Gemeinschaft“ vor. Man müsse nicht nach transzendierten Einzelinteressen fragen. Die in der Rechtsform der juristischen Person eingebrachten Individualinteressen seien nicht Summe, sondern „aliud“.[131]

Die Frage, wie die juristische Person verfasst sei, ob sie körperschaftliche Elemente oder personale Komponenten aufweise, sei unerheblich. Es gehe nur darum, welche Interessen sie habe oder verfolge, sobald sie in der Rechtsordnung nach außen in Erscheinung trete und welche dieser Interessen durch das Verhalten anderer betroffen seien und unter welchen Umständen es gerechtfertigt sei, der juristischen Person Rechtsschutz zur Verfügung zu stellen.[132] „Interesse“ in diesem Zusammenhang sei eine Bezeichnung für Stellungen, Positionen und Beziehungen im Rechtsverkehr, im sozialen Leben, wie sie juristische Personen ebenso wie natürliche Personen haben könnten.[133] Die Schutzwürdigkeit sei im Rahmen einer konkreten Interessenkollision zu bestimmen.

Abschließend betont Kraft, dass Interessen nicht nur bei Betroffenheit vermögensrechtlicher Belange verletzt sein könnten. Eine derartige Annahme impliziere ein Verständnis der juristischen Person als Ausdruck einer nur rechtskonstruktiven Verselbständigung eines Vermögens, ohne die mannigfaltigen Ausstrahlungen und Angriffsmöglichkeiten gegenüber der juristischen Person als „lebendem Organismus“ in der Wirklichkeit mit einzubeziehen.[134]

Die Darlegungen Krafts klammern die verfassungsrechtliche Problematik weitgehend aus. Im Zivilrecht geht es für ihn nur um eine interessenbezogene Abwägung. Die juristischen Personen sind nach Auffassung Krafts in ihrem Dasein und Wirken ebenso wie die Menschen zu schützen. Damit geht Kraft wesentlich von der Schutzbedürftigkeit der juristischen Personen aus. Der folgende Schluss von der Schutzbedürftigkeit auf die Existenz des allgemeinen Persönlichkeitsrechts juristischer Personen ist dann aber nicht zwingend. Trotz bestehender Schutzbedürftigkeit können Schutzlücken in der zivilrechtlichen Rechtsanwendung bestehen, wenn weder zivilrechtliche Vorschriften einen Schutz bestimmen noch das Verfassungsrecht den Schutz fordert. Die Gerichte schließen diese Lücken allenfalls unter den Voraussetzungen analoger Rechtsanwendung, d. h. der Planwidrigkeit der Regelungslücke sowie der Vergleichbarkeit der Inte-

[131] Ders., a.a.O., 201, 216.
[132] Ders., a.a.O., 201, 217.
[133] Ders., a.a.O., 201, 218.
[134] Ders., a.a.O., 201, 218.

ressenlage zu gesetzlich geregelten Konstellationen. Zumindest die Frage der Planwidrigkeit wirft Kraft nicht auf.

Ferner ist der von Kraft beschriebene Schutz wenig konturiert. Vielmehr verschiebt der Verweis auf die weitere Wertung durch die Gerichte und die Interessenabwägung das Problem, eine Verletzung des allgemeinen Persönlichkeitsrechts im Einzelfall festzustellen. Auch der Hinweis auf die definierten Interessen bleibt vage formuliert und hinsichtlich der Anwendung im Einzelfall offen.

Dem Ansatz von Kraft lässt sich damit vornehmlich die Betonung einer vergleichbare Schutzbedürftigkeit von juristischen und natürlichen Personen entnehmen, ohne im Einzelfall weitere Hilfestellung zu bieten.

f) Diethelm Klippel

Unter dem Titel „Der zivilrechtliche Persönlichkeitsschutz von Verbänden" hat sich 1988 *Diethelm Klippel* mit dem Persönlichkeitsschutz juristischer Personen befasst.[135] Dabei versucht er die dogmatischen Probleme bei der Erfassung des Rechts zu verringern, indem er die besonderen Persönlichkeitsrechte und die Gesamthandsgemeinschaften in die Betrachtung einbezog. Thema müsse der Persönlichkeitsschutz privatrechtlicher Verbände insgesamt sein.

Klippel kritisiert, dass das allgemeine Persönlichkeitsrecht bisher überwiegend verfassungsrechtlich hergeleitet wird. Damit werde von vornherein unnötigerweise ein zivilrechtliches Problem in das Verfassungsrecht verlagert.[136] Schon der Grundrechtsschutz natürlicher Personen erfordere keinesfalls eine zivilrechtliche Anerkennung des allgemeinen Persönlichkeitsrechtes. Selbst wenn dieses Recht anerkannt werde, müsse es nicht zwangsläufig über Art. 19 Abs. 3 GG auf die juristischen Personen übertragen werden.[137]

Soweit auf einen Eigenwert der juristischen Personen abgestellt werde, führe dies zu einer unangebrachten Anthropomorphisierung und Mystifizierung von Verbänden. Sie beruhe auf der Theorie der realen Verbandspersönlichkeit, die nicht gemeinhin geteilt werde und von der Rechtsprechung mit Beschränkung des Persönlichkeitsschutzes juristischer Personen auf den Rahmen der ihnen vom Gesetz zugewiesenen Funktionen abgelehnt werde.[138]

---

[135] Klippel, Der zivilrechtliche Personenschutz von Verbänden, JZ 1988, 625 ff.
[136] Ders., a.a.O., 625, 627.
[137] Ders., a.a.O., 625, 628.
[138] Ders., a.a.O., 625, 628.

Klippel führt aus, dass die Persönlichkeitsrechte nicht nur als Recht der natürlichen Personen gedacht waren. Sie seien im 19. Jahrhundert als Kategorie subjektiver Rechte entwickelt worden, um u. a. Erfinder-, Urheber-, Namens-, Firmen- und Warenzeichenrechte zivilrechtlich erfassen und systematisch einordnen zu können. Einige dieser Rechte seien daher zwangsläufig auch auf die Handelsgesellschaften zu beziehen gewesen (z. B. das Firmen- und das Warenzeichenrecht).[139] Das allgemeine Persönlichkeitsrecht sei als Auffangrecht verstanden worden. Vor dem UWG von 1896 habe es als Rechtsgrundlage des Schutzes gegen den unlauteren Wettbewerb gedient.[140]

Ferner geht Klippel auf die Theorien zu den juristischen Personen ein.[141] Er weist darauf hin, der Theorie der realen Verbandspersönlichkeit[142] von Gierke lasse sich der Persönlichkeitsschutz juristischer Personen entnehmen. Nach dieser Theorie seien menschliche Verbände „reale Einheiten", die „gleich dem Individuum eine leiblich-geistige Lebenseinheit" seien. Demnach sei ihnen Persönlichkeitsschutz zuzugestehen.

Klippel kritisiert indessen die Gleichstellung von natürlichen und juristischen Personen. Es könnten bestimmte Rechte (z. B. das Familienrecht) nur dem Menschen und andere (z. B. Organisationsrechte) nur der juristischen Person zugestanden werden. Die Theorie der realen Verbandspersönlichkeit weise aber zutreffend auf das Vorhandensein einer sozialen Organisation bei juristischen Personen hin.[143] Schließlich ergebe sich aus dem neueren Verständnis von juristischen Personen ein Hinweis auf deren Zweckbestimmung.

Damit könnten auch juristische Personen Persönlichkeitsrechte haben. Diese könnten aber nur Rechtspositionen erfassen, die von den Eigenschaften der juristischen Personen geprägt seien und daher ganz andere Funktionen haben müssten, da sie sich eben auf die Interessen einer rechtlich verselbständigten, zweckbestimmten sozialen Organisation bezögen.[144] Als Persönlichkeitsrechte juristischer Personen macht Klippel die Namens-, Firmen- und Warenzeichenrechte und überhaupt Rechte an gewerblichen Kennzeichen aus.[145] Darüber hinaus sei als Bestandteile eines allgemeinen Persönlichkeitsrechts die Geschäftsehre bzw. der Ruf zu schützen.[146] Auch vor Unterstellungen und entstellender Wiedergabe von Äußerungen sei durch das allgemeine Persönlichkeitsrecht zu

---

[139] Ders., a.a.O., 625, 628.
[140] Ders., a.a.O., 625, 629.
[141] Zu den Theorien zu den juristischen Personen siehe auch unten C.II, 94 ff.
[142] Zur Theorie der realen Verbandspersönlichkeit siehe unten C.II.4, 99 ff.
[143] Klippel, a.a.O., Fn. 135, 625, 629.
[144] Ders., a.a.O., 625, 630.
[145] Ders., a.a.O., 625, 630.
[146] Ders., a.a.O., 625, 631.

schützen. Der Schutz vor „nichtkennzeichenmäßigem" Gebrauch gewerblicher Kennzeichen sei dem Recht am eingerichteten und ausgeübten Gewerbebetrieb zuzuordnen. Etwas anderes könne sich allenfalls ergeben, wenn es um die Kennzeichen eines nicht gewerblichen Verbandes gehe.[147]

Wegen der grundlegenden Unterschiede in Grundlage und Wirkungsweise des Rechts bei natürlichen und juristischen Personen schlägt Klippel vor, bei den Verbänden eine eigene Begrifflichkeit zum Persönlichkeitsschutz einzuführen: die „allgemeine Verbandspersönlichkeit".[148] Dieser Begriff weise auf ein Rahmenrecht hin, bei dem der Umfang des Rechts – anders als beim allgemeinen Persönlichkeitsrecht – je nach dem jeweiligen Träger variiere. Bedeutend sei hier der Verbandstyp, -zweck und die Verbandsfunktion, die sich in unterschiedlichen Organisationen niederschlage.[149]

Der Ansatz Klippels führt einen neuen Punkt in die Diskussion des allgemeinen Persönlichkeitsrechts juristischer Personen ein: die Frage nach dem Wesen der juristischen Personen und die Diskussion hierüber insbesondere im 19. Jahrhundert. Der BGH hatte die Frage des „Wesens" in der „Carrera"-Entscheidung nur am Rande aufgeworfen, indem er ausführte, den juristischen Personen sei Persönlichkeitsschutz im Rahmen ihres Wesens und der ihnen vom Gesetz zugewiesenen Funktionen zu gewähren.[150]

Klippel entnimmt den Theorien zu den juristischen Personen, dass diese soziale Realitäten im Sinne sozialer Organisationen (Theorie der realen Verbandspersönlichkeit) sowie zweckgebunden sind (Gedanke der Zweckbestimmung). Unklar bleibt, wie auf dieser Grundlage der Schluss auf das Vorhandensein jener Rechte erfolgt, die über Vermögensfähigkeit hinausgehen, nämlich der Organisations- und Identitätsrechte. Der weitere Hinweis, ein Persönlichkeitsrecht müsse von den spezifischen Interessen der juristischen Personen abgeleitet werden, vermag das anschließend entwickelte Recht nicht zu begründen. Damit bleibt Klippel eine Begründung der von ihm angenommenen Verbandspersönlichkeit schuldig.

Die Beschreibung einer interessenorientierten Sichtweise und die Bestimmung einzelner „Verbandspersönlichkeitsrechte" greift die bereits von Kraft verfolgte Argumentation auf. Da damit eine Verknüpfung zwischen der ermittelten sozialen Realität der juristischen Person sowie ihrer Zweckbestimmtheit und dem

---

[147] Ders., a.a.O., 625, 633.
[148] Ders., a.a.O., 625, 634.
[149] Ders., a.a.O., 625, 634.
[150] BGHZ 81, 75, 78 – Carrera; siehe auch oben B.I.2.a)4), 14 f.

angenommenen Recht fehlt, vermag die Herleitung Klippels auch keinerlei konkreten Hinweis über den Inhalt und Umfang des allgemeinen Persönlichkeitsrechts zu geben.

Schließlich überzeugt auch die Differenzierung des Rechtes je nach Verbandstyp, -zweck und Verbandsfunktion nicht. Die jeweilige Neubestimmung des Rechtes für jede konkrete juristische Person verhindert eine für den Rechtsverkehr notwendige Rechtssicherheit.

g) Wolfgang Kau

Den Ansatz Schwerdtners über den Funktionsschutz führt *Wolfgang Kau* in seiner Dissertation „Vom Persönlichkeitsschutz zum Funktionsschutz" von 1989 fort.[151] Dabei bezieht er die verfassungsrechtliche Begründung erneut in die Betrachtung ein. Der Gesetzgeber habe ein allgemeines Persönlichkeitsrecht nicht geregelt. Somit könne sich dessen Geltung nur aus der Verfassung ergeben. Der zivilrechtlich erreichbare Schutz bleibe verfassungsakzessorisch.[152]

Für Kau ist die Auslegung von Art. 19 Abs. 3 GG von entscheidender Bedeutung. Hiernach gelten die Grundrechte für juristische Personen, soweit sie ihrem Wesen nach auf diese anwendbar sind. Mit dem „Wesen" sei zwar das Wesen der Grundrechte gemeint. Es gehe aber bei der möglichen Anwendbarkeit um die Relation zwischen dem materiellen Gehalt des betreffenden Grundrechts und den als Rechtsträgern in Aussicht genommenen juristischen Personen.[153] Art. 19 Abs. 3 GG setze damit eine vergleichende Wesensbetrachtung beider Zuordnungselemente voraus.[154]

Das Wesen der Grundrechte untersucht Kau unter einem „funktionalen Interpretationsansatz": Das Wesen des Wirkens eines Grundrechtes, und damit sein Wesen überhaupt, bestimme sich anhand der funktionalen Aufgabe, die ihm aufgrund seines Inhaltes und seiner Stellung als Grundrecht zukomme. Wesensmäßig auf juristische Personen anwendbar seien solche Grundrechte, deren finale Gewährleistungsfunktion sich auch bei einer Trägerschaft durch juristische Personen erfülle.[155]

---

151 Kau, Vom Persönlichkeitsschutz zum Funktionsschutz, Heidelberg 1989.
152 Ders., a.a.O., 7.
153 Ders., a.a.O., 42.
154 Ders., a.a.O., 42 m. w. N.
155 Ders., a.a.O., 59.

Der Persönlichkeitsschutz sei darauf angelegt, die Person vor und unabhängig von ihrer Fähigkeit zu aktivem Handeln in ihrem individuellen „So-Sein“ zu schützen.[156] Um dies zu erreichen, knüpfe der Persönlichkeitsschutz vor allem an das äußere Erscheinungsbild an, wie den Namen, das Wort, das Bild, den Ruf oder personenbezogene Daten. Der Schutz dieser Güter erfolge aber nicht um ihrer selbst willen, sondern allein um der diesen vorausgehenden und zugrundeliegenden Persönlichkeit willen. Es gehe um den Schutz der innerpersonalen Realität von Gedanken und Empfindungen, die mit den Persönlichkeitsgütern eine Persönlichkeit ausmachten, die in ihrer Komplexität sich rechtlich nicht erfassen lasse.[157] Wesentliches Anliegen von Persönlichkeitsschutz sei, die Persönlichkeit als den den genannten Phänomenen zugrunde liegenden Quell insoweit zu schützen, als deren freies Wirken Voraussetzung für eine selbstbestimmte Entfaltung der Person sei.[158]

Motiv des Persönlichkeitsschutzes sei der Selbstbestimmungsgedanke. Persönlichkeitsschutz ziele darauf ab, die einer Person zur Selbstbestimmung und Eigengestaltung verliehenen Fähigkeiten als nicht weiter ableitbare Güter zu schützen. Er sei wesentlich darauf bezogen, dass sein Träger ein autonomes, zwecksetzendes, zur selbstbezweckten, d. h. im letzten zwecklosen, Eigengestaltung aufgerufenes und befähigtes Wesen sei.[159] Persönlichkeitsschutz sei vor allem der Schutz des „Selbst-seins“ und „Selbst-werdens“ im dauernden Prozess des „Sich-Selbst-konstituierens“.[160] Es sei das Freiheitsrecht, das den Genuss der auf die eigene Person rückbezogenen Autonomie gewährleiste.[161] Indessen sei stets daran zu denken, dass es sich auch beim Persönlichkeitsschutz nur um eine ordnende Regelung im sozialen Leben handele, die auch in der Summe aller ihrer Funktionen nicht umgekehrt beanspruchen könne, die „Persönlichkeit“ zu erfassen.[162]

Aufgrund eines „induktiven Vorgehens“ sucht Kau die wesentlichen Gemeinsamkeiten aller juristischen Personen zu ergründen. Indessen könnten nicht alle juristischen Personen auf einen Nenner gebracht werden, weil „juristische Person“ letztlich nur ein bequemer Sammelbegriff für nach Struktur und Funktion grundlegend verschiedene Organisationseinheiten sei.[163] Die juristische Person diene neben der natürlichen Person dazu, einen weiteren, nicht natürlich vor-

---

[156] Ders., a.a.O., 77.
[157] Ders., a.a.O., 77.
[158] Ders., a.a.O., 77.
[159] Ders., a.a.O., 85.
[160] Ders., a.a.O., 87.
[161] Ders., a.a.O., 90.
[162] Ders., a.a.O., 88, dabei Kraft, a.a.O., Fn. 124, 201, 205 folgend.
[163] Klippel, a.a.O., 92.

handenen, aber im rechtlichen Sinne gleichermaßen wie diese zur Zurechnung rechtlicher Relationen tauglichen, selbständigen, „versubjektivierten" Bezugspunkt zu stellen. Als ein zu diesem Zweck konstruierter „Zurechnungsendpunkt" sei die juristische Person nichts anderes als ein „Rechtsverhältnis", eine „konstruktive Abbreviatur", die es übernehme, komplizierte Tatbestände und Beziehungen zusammenfassend auf einen abkürzenden Begriff zu bringen. Sie sei nicht eigentlich ein eigener Zustand, sondern ein Verfahren; mehr Methode denn Status.[164]

Von diesem Ansatz ausgehend, beschreibt Kau, dass die Übertragung des Schutzzweckes des Persönlichkeitsschutzes im engeren Sinne, die juristische Person in einen Ruhezustand ihres Daseins zu versetzen, in welchem sie nur sie selber ist, nicht möglich sei.[165] Wo die natürliche Person in sich ruhen oder im Prozess der Selbstgestaltung als Selbstzweck in geistiger Reflexion tätig um sich selber kreisen könne, d. h. wesentlich auf sich selbst gerichtet sei, kenne die juristische Person keine Entsprechung.[166] Sie habe kein Bewusstsein, kein Selbst, das den Ausgangspunkt ihrer Welt bedeute. Ihr gehe die Fähigkeit, zur Kausalität eigenen Handelns zu werden, ab. Ein Gesamtwille der juristischen Person entspringe nicht autonomer „Will-kürung", sondern einer prozedural festgeschriebenen Kombination von Einzelwillen.[167] Der Gesellschaftswille sei Abbild vorangegangener fremder Willkürung.[168]

Ferner seien juristische Personen lediglich von Menschen geschaffene Instrumente zum Zugriff auf Zwecke, die das Einzelwesen nicht oder nicht in vergleichbarer Weise erreichen könne. Die verfolgten Zwecke seien niemals im letzten auf die juristischen Personen selbst bezogen, sondern wiesen stets hinaus und an ihnen vorbei auf außerhalb ihrer Person liegende Zwecke hin.[169]

Der im allgemeinen Persönlichkeitsrecht zum Ausdruck gelangende Gedanke der Bewahrung einer der persönlichen Autonomie und Selbstzweckhaftigkeit des Menschen entspringenden Selbsthaftigkeit gehe bei der juristischen Person ins Leere und schließe sie wesensmäßig vom persönlichkeitsrechtlich geschützten Prozess der autonomen Eigengestaltung aus.[170] Kau geht daher davon aus, dass Persönlichkeitsschutz im engeren Sinne für die juristische Person nicht in Betracht komme.

---

164 Ders., a.a.O., 93 m. w. N.
165 Ders., a.a.O., 95.
166 Ders., a.a.O., 95.
167 Ders., a.a.O., 95.
168 Ders., a.a.O., 96.
169 Ders., a.a.O., 96.
170 Ders., a.a.O., 96 f.

Dennoch stellten die juristischen Personen als selbständige Zurechnungssubjekte in rechtlichen Beziehungen gegenüber den Qualitäten ihrer Bestandteile durchaus schutzwürdige und schutzfähige Einheiten dar.[171] Allerdings gelte dies nur im Rahmen des jeweiligen Zweckes der juristischen Person. Die juristische Person habe ein Dasein nur in zweckverfolgender Tätigkeit, sie sei ganz tätige Zweckverfolgung.[172] Das, was der natürlichen Person im Mittelpunkt ihres Daseins ihre Selbstbezweckung bedeute, sei der im Innersten bezweckten und zweckerfüllenden juristischen Person der Schutz ihrer Zweckverfolgung. An die Stelle selbstwert- und selbstzweckerhaltenden Persönlichkeitsschutzes habe für sie der gesicherte Erhalt ihres Funktionsbereichs durch einen Funktionsschutz zu treten.[173]

Schutzgut eines allgemeinen Persönlichkeitsrechtes juristischer Personen sei der ungeschmälerte Bestand selbstgeschaffener Tätigkeitsvoraussetzungen (der Ruf, die Daten oder Firmenkürzel einer juristischen Person). Einzelne Schutzbereiche seien auch rechtlich anerkannt (z. B. die Firma oder das Patent).[174]

Für den Schutz fänden sich verfassungsrechtliche Grundlagen. Als Grundnormen seien die Artt. 2 Abs. 1 i. V. m. 19 Abs. 3 GG und 9 Abs. 1 GG zu nennen. Ferner komme – je nach Tätigkeit - eine Verankerung in den Artt. 12 Abs. 1, 14 Abs. 1, 5 Abs. 1 S. 1, 4 Abs. 1 und 2 sowie 7 Abs. 4 S. 1 GG in Betracht.[175] Kau weist darauf hin, dass zumindest eine unmittelbare Anwendung dieser Grundrechte im Verhältnis Privater ausgeschlossen sei.[176]

Schließlich sei jeder Schutz auf das zu begrenzen, was die jeweilige Gesellschaft zum Schutze ihres Gesellschaftszweckes benötige. „Denn insbesondere der Zivilrechtslehre, die sich im Zusammenhang mit dem Persönlichkeitsschutz juristischer Personen so sehr davon leiten ließ, juristischen Personen alle diejenigen Rechte nicht zu versagen, unter deren Mangel sie im Rechtsverkehr leiden müsste, sollte es eigentlich selbstverständlich sein, daß hier, wie auch sonst, ein diesen zu gewährender Schutz sich auch umgekehrt nur auf das beschränken kann, was tatsächlich benötigt wird.“[177]

Die Analyse des allgemeinen Persönlichkeitsrechts und der juristischen Personen führt Kau zu einer Verneinung des allgemeinen Persönlichkeitsrechts juris-

---

171 Ders., a.a.O., 99.
172 Ders., a.a.O., 100.
173 Ders., a.a.O., 101.
174 Ders., a.a.O., 102 ff.
175 Ders., a.a.O., 105 ff.
176 Ders., a.a.O., 111.
177 Ders., a.a.O., 112.

tischer Personen. Dennoch begründet Kau schließlich ein allgemeines Recht zu deren „Funktionsschutz". Dieses entspricht in seinem Regelungsgehalt einem durch andere Autoren angenommenen allgemeinen Persönlichkeitsrecht juristischer Personen.

Dem Ansatz Kaus ist nicht entgegenzuhalten, dass er für das Zivilrecht grundsätzlich nicht aussagekräftig sei, weil Kau zutreffend auf die nur mittelbare Drittwirkung der Grundrechte im Zivilrecht hinweist.[178] Denn die Wertungen des Grundgesetzes finden sich über die mittelbare Drittwirkung der Grundrechte bei der Anwendung des Zivilrechts durchaus wieder.[179]

Kau weist zutreffend auf das Motiv eines allgemeinen Persönlichkeitsrechts der Menschen hin. Es geht um die Sicherung der Autonomie, welche den juristischen Personen mangels Selbstbestimmtheit und Selbstbewusstsein nicht zukommen kann. Kau geht aber davon aus, dass ein allgemeines Persönlichkeitsrecht bei den natürlichen und juristischen Personen exakt das gleiche Motiv und die gleiche Wirkungsweise haben muss. Diese Sichtweise reduziert die Übertragbarkeit der auf den Menschen zugeschnittenen Grundrechten auf juristische Personen erheblich, denn die juristischen Personen sind von den Menschen grundverschieden. Um Art. 19 Abs. 3 GG Rechnung zu tragen, ist demgegenüber aber davon auszugehen, dass sich bei gleichem Ziel die Wirkungsweise eines Grundrechtes bei juristischen und natürlichen Personen unterscheiden kann. Als Beispiel ist Art. 8 Abs. 1 GG zu nennen: Nach dieser Vorschrift steht allen Deutschen das Recht zur Versammlung zu. Dies dient einer gemeinschaftlichen, auf Kommunikation angelegten Entfaltung der Menschen.[180] Die juristischen Personen sind rechtstechnisches Konstrukt und können nicht selbst, sondern nur durch natürliche Personen kommunizieren. Gleichwohl sind auch die juristischen Personen Träger des Grundrechtes der Versammlungsfreiheit.[181] Auch wenn das Motiv eines Grundrechts bei den juristischen Personen nicht unmittelbar greift, kann daher bei gleicher Gefährdungslage entsprechender Grundrechtsschutz juristischer Personen anzunehmen sein. Im Rahmen von Art. 19 Abs. 3 GG muss es daher um zwei Fragen gehen: Um den Schutz welcher menschlichen Eigenschaft geht es bei einem konkreten Grundrecht? Haben die juristischen Personen Eigenschaften, die diesen menschlichen Merkmalen so ähnlich sind, dass die juristischen Personen gleichfalls Schutz durch dieses Grundrecht verdienen?

---

178 So aber Meissner, Persönlichkeitsschutz juristischer Personen im deutschen und US-amerikanischen Recht, Frankfurt a. M. 1998, 72.

179 Dazu noch konkret zum allgemeinen Persönlichkeitsrecht unten C.IV.1, 137 ff.

180 BVerfGE 69, 315, 342 f.

181 Jarass, in: Jarass/Pieroth, Art. 8, Rn. 9 m. w. N.

Kau berücksichtigt eine vergleichbare Schutzbedürftigkeit, indem er von verfassungsrechtlich begründetem „Funktionsschutz" juristischer Personen ausgeht. Damit verfolgt er den Gedankengang Schwerdtners weiter.[182] Mit der Einführung dieses Begriffes ist aber nicht viel gewonnen. Zwar deutet er darauf hin, dass es bei den juristischen Personen nicht um Autonomie, sondern um den Schutz der Handlungsgrundlagen, des Funktionierens der juristischen Personen geht. Dafür verdeckt der Begriff des „Funktionenschutzes", dass Rechtsverletzungen in jenen Fällen in Betracht zu ziehen sind, in denen bei natürlichen Personen das allgemeine Persönlichkeitsrecht greift: bei Verletzung des Namens, des Rufes oder der informationellen Selbstbestimmung. Aus Gründen der Rechtsklarheit ist es daher vorzugswürdig, bei natürlichen und juristischen Personen denselben Begriff, den des allgemeinen Persönlichkeitsrechtes, zu verwenden.

Auch Kaus verfassungsrechtliche Verankerung des Schutzes - insbesondere die Herleitung seiner Position aus unterschiedlichen Grundrechten je nach juristischer Person und Tätigkeit – ist problematisch. Kau verlangt, dass die Grundlage des Funktionsschutzes jeweils im Einzelfall zu bestimmen ist, da die Schutzintensität je nach den anwendbaren Grundrechten variieren könne. Dann verbirgt aber der übergreifende Begriff des „Funktionsschutzes" die unterschiedliche Anbindung des Rechtes. Außerdem führt dies zu Rechtsunsicherheit. Im Rechtsverkehr ist nämlich jeweils im Hinblick auf die jeweilige verfassungsrechtliche Verankerung neu zu bestimmen, in welchem Umfang einer juristischen Person Funktionsschutz zukommen soll.

Schließlich erscheint die sich ergebende unterschiedliche Schutzintensität je nach juristischer Person und Tätigkeit nicht sachgerecht. Soll etwa der Geheimnisschutz der Stiftung geringer zu bewerten sein als der einer AG, weil erste sich „nur" auf die Artt. 2 Abs. 1 und 14 Abs. 1 GG stützen, letzte sich dagegen auch auf Art. 9 Abs. 1 GG berufen kann?

Die Beschränkung des Funktionsschutzes auf den jeweiligen Gesellschaftszweck führt gleichfalls zu Problemen. Jeder, der bei seinen Handlungen Gefahr läuft, funktionsbeeinträchtigend gegenüber juristischen Personen tätig zu werden, muss untersuchen, ob die Beeinträchtigung auch auf den Gesellschaftszweck der betroffenen Person Auswirkungen hat. Erst dann kann er bestimmen, ob er sich mit Blick auf den Funktionsschutz Ansprüchen der betroffenen Person ausgesetzt sieht. Auch dies führt zu Rechtsunsicherheit. Die Beschränkung entspricht auch nicht der Rechtsfähigkeit juristischer Personen. Nach deutschem Recht sind juristische Personen anders als im angelsächsischen Recht vollrechtsfähig, ohne dass eine Begrenzung auf den jeweiligen Gesellschaftszweck

---

[182] Siehe oben B.II.2.d), 36 f.

besteht. Die ultra-vires Doktrin[183] gilt gerade nicht. Der beschriebene Funktionsschutz würde aber nur im Rahmen des Gesellschaftszweckes greifen. Es nützt der juristischen Person die Vollrechtsfähigkeit aber wenig, wenn sie außerhalb des Gesellschaftszweckes ohne jede Konsequenz in ihrem Funktionieren und Auftreten beeinträchtigt werden könnte.

h) Michael Meissner

Rechtsvergleichend im deutschen und US-amerikanischen Recht befasste sich 1998 *Michael Meissner* mit dem allgemeinen Persönlichkeitsrecht juristischer Personen.[184] Wie Kraft geht er davon aus, die ordnende Funktion des allgemeinen Persönlichkeitsrechts könne auch bei den juristischen Personen erfüllt werden.[185]

Meissner beschreibt einen spezifischen Persönlichkeitswert juristischer Personen. Dieser könne sich nur aus den rechtlichen, wirtschaftlichen und sozialen Wirkungen ihrer positivrechtlichen Anerkennung ergeben, denn nur aufgrund dieser Anerkennung sei die juristische Person Realität.[186] Der Persönlichkeitswert sei dem Schutzbereich des allgemeinen Persönlichkeitsrechts zuzuordnen.[187]

Im Folgenden konzentriert sich Meissner auf die Unternehmen. Die Rechtsvergleichung mit dem US-amerikanischen Recht zeige, dass juristische Personen eine Persönlichkeitssphäre im wirtschaftlichen Bereich (commercial personality) hätten. Diese sei effizient und pragmatisch auch im deutschen Recht zu schützen.[188]

Ferner sei das Entstehen von Unternehmenspersönlichkeiten mit einer „Personalisierung“ von Marken und Produkten verbunden. Die Marke als Produktname vermittele in ähnlicher Weise das Image eines Produktes wie der Name einer Person deren Bild in der Öffentlichkeit.[189] Es sei ergänzend zu anderen Vor-

---

183 Die im anglo-amerikanischen Rechtskreis entwickelte ultra-vires Lehre beschreibt die Beschränkung der Rechtsfähigkeit auf Aufgaben, Zweck und Wirkungskreis der juristischen Person.

184 Meissner, Persönlichkeitsschutz juristischer Personen im deutschen und US-amerikanischen Recht, Frankfurt a. M. 1998.

185 Ders., a.a.O., 86 f., 105.

186 Ders., a.a.O., 88 ff., 93 ff., 100, 105.

187 Ders., a.a.O., 105.

188 Ders., a.a.O., 159.

189 Ders., a.a.O., 159 f.

schriften die Marken- und Produktpersönlichkeit zu schützen, beispielsweise vor Imagetransfer und -schädigung.[190]

Ein pragmatisch ausgestaltetes allgemeines Persönlichkeitsrecht diene der wirtschaftlichen Effizienz, da hierdurch juristische Personen vor Verletzungen und damit verbundenen wirtschaftlichen Verlusten geschützt würden.[191] Es müssten alle Erscheinungsformen durch ein „wirtschaftliches Persönlichkeitsrecht" anerkannt werden.[192] Hierzu gehörten die Unternehmenspersönlichkeit (Image, Goodwill, Know-How) sowie die Marken- und Produktpersönlichkeit.[193]

In der Anwendung sei das Recht subsidiär heranzuziehen. Die Rechtsverletzung sei durch eine Güter- und Interessenabwägung im Einzelfall festzustellen. Neben dem „wirtschaftlichen Persönlichkeitsrecht" solle das allgemeine Persönlichkeitsrecht juristischer Personen anwendbar bleiben, soweit es um deren Recht auf Geheimsphäre, das Recht auf soziale Achtung „etc." gehe.[194]

Meissner weist zutreffend auf die besondere Bedeutung wirtschaftlicher Aspekte im Persönlichkeitsschutz juristischer Personen hin.

Meissners Herleitung des Rechts greift indessen zu kurz. Den juristischen Personen ist zwar durchaus die rechtliche Anerkennung gemeinsam, so dass die rechtlichen, wirtschaftlichen und sozialen Wirkungen dieser Anerkennung Ausgangspunkt des Rechts sein könnten. Indessen ist nicht alles, was wirtschaftlich, rechtlich oder sozial wirkt, zugleich schützenswert. An anderer Stelle gibt Meissner zwar an, die Wirkungsweisen der juristischen Personen seien so vielfältig, dass eine abschließende Aufzählung unmöglich sei. Sie wirkten durch Werbung in Presse, Rundfunk und Fernsehen, als Wegbereiter technischer Innovationen, Sponsoren, Arbeitgeber und Mitwirkende in Interessenverbänden, etwa im Rahmen von Tarifstreitigkeiten und im wirtschaftlichen Wettbewerb.[195] Insoweit geht es aber nicht um die Wirkungen der positivrechtlichen Anerkennung als juristischer Person. Vielmehr sind dies Wirkungen, die auch teilrechtsfähigen Gebilden zukommen.

Ferner ist der Verweis auf die wirtschaftliche Bedeutung der juristischen Personen nur auf wirtschaftlich ausgerichtete juristische Personen zugeschnitten. Ein tragfähiger Ansatz für alle juristischen Personen ergibt sich nicht. Altruistisch

---

[190] Ders., a.a.O., 160.
[191] Ders., a.a.O., 161.
[192] Ders., a.a.O., 162.
[193] Ders., a.a.O., 162.
[194] Ders., a.a.O., 162.
[195] Ders., a.a.O., 168.

tätige Stiftungen wären danach weniger schützenswert als am wirtschaftlichen Leben aktiv teilnehmende Kapitalgesellschaften.

Auch der Annahme einer „Marken- und Produktpersönlichkeit“ ist nicht zu folgen. Weder Marken noch Produkte stehen in unmittelbarem Zusammenhang mit der Person. Sie sind frei handelbar und eine Zuordnung zu einer Person – als Inhaberin der Marke oder als Herstellerin des Produktes – ist den Kunden regelmäßig weder möglich noch wesentlich. Mangels unmittelbarer Wirkung auf den Lizenznehmer oder Hersteller kommt dessen Persönlichkeitsverletzung bei Betroffenheit der Marke oder des Produktes nicht in Betracht. Die Annahme der Persönlichkeit eines Produktes selbst ist wohl – zu Recht - nicht gewollt. Schließlich würde die Annahme einer „Marken- und Produktpersönlichkeit“ die Regelungen des Markengesetzes umgehen, weil dessen Voraussetzungen zur Annahme von Ansprüchen nicht erfüllt sein müssten. Will Meissner insoweit wegen der Subsidiarität die Marken- und Produktpersönlichkeit nicht heranziehen, dann stellt sich überhaupt die Frage nach dem Anwendungsbereich des Rechtes.

i) Frank Quante

Mehr anwendungsorientiert setzt sich *Frank Quante* in seiner zivilrechtlichen Studie über „Das allgemeine Persönlichkeitsrecht juristischer Personen“ von 1999 mit dem Recht auseinander.[196] Quante weist darauf hin, Rechtsprechung und Literatur forderten übereinstimmend den umfassenden Schutz berechtigter Interessen von Verbänden. Dieser bezwecke die Abwehr von unberechtigten Funktionsbeeinträchtigungen im Rahmen des Verbandszwecks.[197]

Das Schutzbedürfnis sei aber nicht einem verfassungsrechtlichen allgemeinen Persönlichkeitsrecht zu entnehmen. Art. 1 Abs. 1 GG sei auf juristische Personen nicht anwendbar.[198] Der BGH stelle zu Unrecht bei Heranziehung von Art. 19 Abs. 3 GG auf das Wesen der juristischen Person und nicht das Wesen des Grundrechtes ab. Außerdem berücksichtige er nicht das Fehlen jeder Selbstbestimmung juristischer Personen. Diese sei aber für die Anwendung des allgemeinen Persönlichkeitsrechts des Menschen wesentlich.[199]

---

196 Quante, Das allgemeine Persönlichkeitsrecht juristischer Personen, Frankfurt a. M. 1999.
197 Ders., a.a.O., 102.
198 Ders., a.a.O., 53.
199 Ders., a.a.O., 54.

Quante verneint die Verknüpfung von Funktionsschutz und allgemeinem Persönlichkeitsrecht juristischer Personen.[200] Diese berücksichtige unzureichend ein bereits bestehendes System gesetzlicher Regelungen (gewerblicher Rechtsschutz, Recht am eingerichteten und ausgeübten Gewerbebetrieb), welche gleichfalls dem Funktionsschutz dienten.[201] Die Annahme eines allgemeinen Persönlichkeitsrechts juristischer Personen sei nur eine marginale Steigerung eines bereits bestehenden, durch das Recht am eingerichteten und ausgeübten Gewerbebetriebes vermittelten Interessenschutzes.[202] Das Recht am eingerichteten und ausgeübten Gewerbebetrieb habe sich mit der jeweiligen Erscheinungsform von Unternehmen weg von den einzelnen Gründerpersonen hin zu einer „Corporate Identity" entwickelt.[203] Inhaltlich habe dies zu einer Funktionsschutz gewährenden Generalklausel geführt, deren Ausprägung nicht in der unternehmerischen Freiheit des einzelnen Gewerbeinhabers bestand, sondern in Zuordnung und Abgrenzung marktwirtschaftlicher Interessenkonflikte.[204]

Mit dem allgemeinen Persönlichkeitsrecht juristischer Personen habe die Rechtsprechung eine zusätzliche Generalklausel identischer Zielrichtung geschaffen. Damit seien die Voraussetzungen einer Verletzung des Rechts am eingerichteten und ausgeübten Gewerbebetrieb - hier insbesondere das Erfordernis der Unmittelbarkeit des Eingriffs - ausgehebelt worden.[205] Einen Gewinn habe die Heranziehung dieses allgemeinen Persönlichkeitsrechts nicht gebracht. Synergieeffekte aus Existenz und der bekannten Handhabung des allgemeinen Persönlichkeitsrechts der Menschen habe es nicht gegeben. Die unterschiedlichen Schutzrichtungen der Selbstbestimmung der Menschen auf der einen und des Funktionsschutzes der juristischen Personen auf der anderen Seite rechtfertigten eher die Betonung der Differenzen denn der Gemeinsamkeiten der Rechte.[206] Diese Synergieeffekte könnte es aber geben, falls der Funktionsschutz des Rechts am eingerichteten und ausgeübten Gewerbebetrieb auch auf nichtgewerbliche Verbände angewandt würde. Dabei sei insbesondere auf die Heranziehung des Unmittelbarkeitskriteriums Wert zu legen.[207]

Quante kann in seiner Kritik an der verfassungsrechtlichen Herleitung eines allgemeinen Persönlichkeitsrechts juristischer Personen nicht gefolgt werden.

---

[200] Ders., a.a.O., 103.
[201] Ders., a.a.O., 103.
[202] Ders., a.a.O., 142.
[203] Ders., a.a.O., 111 ff., 143.
[204] Ders., a.a.O., 143.
[205] Ders., a.a.O., 144.
[206] Ders., a.a.O., 144 f.
[207] Ders., a.a.O., 145.

Es wurde bereits darauf hingewiesen, dass die Verneinung der Anwendbarkeit von Art. 1 Abs. 1 GG auf juristische Personen eine grundsätzliche Ablehnung des verfassungsrechtlichen allgemeinen Persönlichkeitsrechts nicht fordert.[208]

Auch die Kritik, die Rechtsprechung gehe zu Unrecht auf das Wesen der juristischen Personen ein, überzeugt nicht. Die Anwendbarkeit eines Grundrechtes hängt neben der Schutzrichtung des Rechts auch gerade von dem zu schützenden Rechtsträger ab. Kau hat insoweit zutreffend auf die Bedeutung der Relation von Grundrechtsträger und Grundrecht hingewiesen.[209] Eine ausschließliche Untersuchung des Grundrechtes verbietet sich im Rahmen von Art. 19 Abs. 3 GG.

Zutreffend weist Quante aber auf die Gefahr hin, die Anwendung eines allgemeinen Persönlichkeitsrechts könne gesetzliche Wertungen sowie die interessengerechte Anwendung des Rechts am eingerichteten und ausgeübten Gewerbebetrieb unterlaufen, weil es von anderen Voraussetzungen ausgehe. Diese Gefahr lässt sich aber durch die Konkretisierung des Rechts vermindern. Ferner sind die gesetzlichen Wertungen in einer durchzuführenden Güter- und Interessenabwägung zu berücksichtigen.[210]

Zu der Frage, ob es in der Anwendung sachnäher ist, das Recht am Gewerbebetrieb auf nicht-gewerbliche Unternehmen zu übertragen, als ein Persönlichkeitsrecht aller Verbände anzunehmen, bleibt Quante eine Erörterung schuldig. Hier erscheint die Ausweitung eines Rechtes, das ausschließlich zum Schutz gewerblicher Tätigkeit geschaffen worden war, auf nicht-gewerbliche Tätigkeit aber nicht näherliegend, als die Annahme eines allgemeinen Persönlichkeitsrechts juristischer Personen. Dies gilt umso mehr, als das allgemeine Persönlichkeitsrecht bei juristischen Personen gerade jene Beeinträchtigungen zu erfassen sucht, die es auch bei dem Menschen erfasst (z. B. Namens- oder Rufbeeinträchtigungen). Diese unterschiedliche Verortung vergleichbaren Schutzes würde sich außerdem auch in das Verfassungsrecht ziehen. Zwar wurde das Recht am Gewerbebetrieb – anders als das allgemeine Persönlichkeitsrecht – nicht ursprünglich verfassungsrechtlich hergeleitet. Es wird aber heute dem Schutzbereich des Art. 14 GG[211] - teils ergänzt durch den des Art. 12 GG-[212] zugeord-

---

[208] Siehe oben B.II.1.a), 31 f.

[209] Siehe oben B.II.2.g), 43 ff.

[210] Dazu noch unten C.IV.3.a)2), 144 ff.

[211] So die h. M. BGHZ 23, 157, 162 f.; 92, 34, 37; BVerwGE 62, 224, 226; Papier, in: Maunz/Dürig, GG, Band II, Art. 14, Rn. 96 ff; das BVerfG ließ die Frage der Anwendbarkeit von Art. 14 GG offen, BVerfGE 66, 116, 145; 68, 193, 222 f.

[212] BVerfGE 30, 292, 335; 38, 61, 101 f.

net. Auch insoweit bleibt offen, warum die unterschiedliche Verortung vergleichbarer Schutzbereiche vorzunehmen sein sollte.

Im Fall der Herberger Bau GmbH[213] führte Quantes Heranziehung des Gewerbebetriebes zu einem klaren Widerspruch mit der Rechtsprechung des BVerfG. Dieses hatte zwar nicht die Verletzung des verfassungsrechtlichen allgemeinen Persönlichkeitsrechtes der Herberger Bau GmbH bejaht. Es hatte die Entscheidung aber auf die Verletzung der wirtschaftlichen Betätigungsfreiheit gem. Art. 2 Abs. 1 GG gestützt. Bei Heranziehung des Rechtes am Gewerbebetrieb wäre Art. 14 GG als Schutzvorschrift heranzuziehen gewesen. Bei Heranziehung des allgemeinen Persönlichkeitsrechtes ließe sich demgegenüber an der Anwendung von Art. 2 Abs. 1 GG festhalten.

Schließlich ist noch näher darauf einzugehen, ob das Recht am Gewerbebetrieb tatsächlich die wesentlichen Fallgruppen eines allgemeinen Persönlichkeitsrechts juristischer Personen zu erfassen vermag.[214]

3. Würdigung des bisherigen Diskussionsstandes

Die Frage nach einem allgemeinen Persönlichkeitsrecht juristischer Personen wird in der Literatur von unterschiedlichen Blickwinkeln angegangen. Eine Gruppierung der vertretenen Stimmen ist schwierig, weil zum Teil eine Begründung des Rechts, zum Teil aber auch die Zielrichtung des Rechts im Vordergrund steht. Damit überschneiden sich einzelne Gedankengänge und stehen einander konträr nicht gegenüber.

Im wesentlichen lassen sich vier Richtungen ausmachen: Ein verfassungsrechtlicher Ansatz, ein individualrechtlicher Ansatz, ein interessenorientierter Ansatz und ein funktionsgerichteter Ansatz.[215]

Neben diesen grundsätzlichen Ansätzen besteht die Positionen von *Meissner*, wonach sich ein wirtschaftliches Persönlichkeitsrecht juristischer Personen aus deren rechtlicher Anerkennung ergebe.[216] Auf diese Ansicht ist kurz im Anschluss einzugehen.

Der verfassungsrechtliche Ansatz wird von *Brauer, Leßmann, Liermann, Westermann* und *Wronka* verfolgt. Dabei lehnen Brauer und Leßmann ein allgemei-

---

213 Siehe oben B.I.1.c), 7 und B.I.2.a)9), 21 f.
214 Siehe unten B.III.4, 79 ff.
215 Vgl. zur Systematisierung auch Quante, Fn. 196, 89 ff.
216 Siehe oben B.II.2.h), 49 ff.

nes Persönlichkeitsrecht juristischer Personen ab, weil diesen Würde im Sinne von Art. 1 Abs. 1 GG gar nicht und die Handlungsfreiheit aus Art. 2 Abs. 1 GG nur eingeschränkt zukomme. Westermann und Wronka gehen dagegen von der Existenz des Rechts aus. Die Würde der juristischen Personen ergebe sich aus deren „Eigenart“ (Westermann) bzw. aus deren „Sozialwert“ (Wronka).

Entgegen der Ansicht Meissners[217] ist dem verfassungsrechtlichen Ansatz nicht vorzuwerfen, dass dieser für das Zivilrecht nicht aussagekräftig sei. Selbst wenn man eine unmittelbare Grundrechtswirkung im Zivilrecht verneint, erlangen die verfassungsrechtlichen Wertungen im Zivilrecht – insbesondere bei der Auslegung von Generalklauseln – Bedeutung.[218]

Die verfassungsrechtlichen Ansätze können aber im Ergebnis gleichwohl nicht überzeugen. Leßmann und Brauer ist zuzustimmen, dass den juristischen Personen Würde nicht zukommen kann. Schon der Wortlaut von Art. 1 Abs. 1 GG lässt an dessen Übertragbarkeit zweifeln. Außerdem beinhalte die Menschenwürde den sozialen Achtungsanspruch, welcher dem Menschen wegen seines Menschseins zukommt.[219] Die Annahme der Würde juristischer Personen ist damit ausgeschlossen.[220] Es wurde bereits darauf hingewiesen, dass weder die „Eigenart“ noch der „Sozialwert“ der juristischen Personen deren Würde zu begründen vermögen.[221]

Aber, wie angeführt,[222] lässt die Ablehnung der Würde den Schluss, juristischen Personen könne kein allgemeines Persönlichkeitsrecht zustehen,[223] nicht zu.

Der Ansatz *Liermanns* scheint sehr durch ein Denken vom Ergebnis her geprägt. Die Andeutungen, Stiftungen seien „echte Persönlichkeiten“ und „soziologische Lebewesen“, sind als Hinweise auf deren soziale Realität zu sehen. Sie begründen aber nicht, dass das allgemeine Persönlichkeitsrecht der Stiftung damit „außer Zweifel“ stehe. Auch Liermanns verfassungsrechtliche Begründung überzeugt nicht.[224]

---

217 Meissner, a.a.O., Fn. 184, 72.

218 Siehe dazu noch C.IV.1, 137 ff.

219 BVerfGE 87, 209, 228.

220 Jarass, in: Jarass/Pieroth, Art. 1 Rn. 6; Kunig, in: v. Münch/Kunig, Band 1, Art. 1, Rn. 11; Rüfner, AöR 89 (1964), 261, 265; Isensee, Anwendung der Grundrechte auf juristische Personen, in: Handbuch des Staatsrechts, Band V, § 118, Rn. 4; Gröschner, Unternehmensverantwortung und Grundgesetz, 60, 65.

221 Siehe oben B.II.2.a), 33 f. und B.II.2.c), 35 ff.

222 Siehe oben B.II.1.a), 31 f.

223 So neben den bereits zitierten Autoren auch Coing, in: Staudinger, 11. Auflage (1957), Vorbem 25; Klinger, Rechtsfähigkeit und allgemeines Persönlichkeitsrecht, § 9, 56.

224 Siehe oben B.II.2.b), 34 f.

Der individualrechtliche Ansatz *Hubmanns* legt den Schwerpunkt auf die den juristischen Personen zugrundeliegenden Menschen. Wie bereits ausgeführt, ist eine Begründung des Rechts mit dem „Geist der Gründer“ für die sich wandelnden juristischen Personen zu statisch. Auch der Blick auf die rechtliche Eigenständigkeit juristischer Personen wird mit der ausschließlichen Konzentration auf die Gründerpersonen verstellt.

Der Interessenschutz findet sich vor allem bei *Kraft, Klippel* und *Quante*. Insbesondere Kraft hat zutreffend auf die ordnende Funktion des allgemeinen Persönlichkeitsrechts hingewiesen. Die Autoren verweisen darauf, dass juristische Personen – ebenso wie die natürlichen – schutzbedürftig seien. Der Schutz sei durch Annahme eines allgemeinen Persönlichkeitsrecht (Kraft), eine Verbandspersönlichkeit (Klippel) bzw. durch Ausweitung des Schutzes durch das Recht am eingerichteten und ausgeübten Gewerbebetrieb (Quante) zu gewähren. Mit der Schutzbedürftigkeit zeigen die Autoren übereinstimmende Gefährdungslagen bei den Menschen und juristischen Personen auf. Die Gefahr einer Beeinträchtigung des Namens, eigener Geheimnisse oder aber des Rufes ergibt sich generell aus der Teilnahme im Rechtsverkehr. Durch diese zieht die juristische Person wie der Einzelne Aufmerksamkeit auf sich, die zu einer Beeinträchtigung dieser Bereiche Anlass geben mögen.[225] Die bloße Gefährdungslage und damit eine korrespondierende Schutzbedürftigkeit kann das allgemeine Persönlichkeitsrecht oder vergleichbare Rechte aber nicht begründen. Das Zivilrecht ist auch in anderer Hinsicht lückenhaft. Beispielsweise sieht das Deliktsrecht keinen Vermögensschutz vor. Gleichwohl könnte die Rechtsprechung sich hier nicht über die Gesetzgebung hinwegsetzen und allgemeinen deliktsrechtlichen Vermögensschutz begründen. Zur Anerkennung eines Rechts bedarf es daher einer weitergehenden Grundlage.[226] Kraft und Klippel deuten diese an, indem sie die juristische Person als „lebenden Organismus in der Wirklichkeit“ (Kraft) oder „soziale Realität“ (Klippel) bezeichnen. Letzten Endes kann aber auch die Realität allein nicht die Schutzwürdigkeit von etwas begründen.

Der Gedanke des Funktionsschutzes steht bei *Schwerdtner, Kau* und *Quante* daher zu Recht im Vordergrund. Die Grundlage dieses Schutzes ist bei den Autoren unterschiedlich. Während Schwerdtner diesen aus einem Vergleich der

---

225 Zum Spannungsverhältnis von öffentlichem Informationsinteresse und allgemeinem Persönlichkeitsrecht siehe bereits die Einleitung A., 1 ff.

226 Vgl. auch schon B.II.2.e), 37 ff.

juristischen Person mit dem Menschen gewinnt, begründet Kau den Funktionsschutz verfassungsrechtlich. Quante weist schließlich auf die besondere Bedeutung dieses Schutzes im Wirtschaftsverkehr hin.

Ähnlich wie bei den interessenorientierten Ansätzen fehlt aber auch hier eine Begründung, warum die juristischen Personen hinsichtlich ihrer Funktionen Schutz genießen sollen. Lediglich Kau gibt hier mit seiner verfassungsrechtlichen Erörterung weitere Hinweise. Insoweit kann aber auf obige Kritik verwiesen werden.[227]

Meissner beschreibt als Grund eines „wirtschaftlichen Persönlichkeitsrechtes" die Wirkungen der rechtlichen Anerkennung. Welche diese sein sollen, bleibt unklar. Die von ihm aufgeführten Beispiele sind jedenfalls nicht Konsequenz der Vollrechtsfähigkeit juristischer Personen. Im übrigen ist auf obige Darlegungen zu verweisen.[228]

Zusammenfassend ergibt sich, dass die beschriebenen Literaturstimmen auf unterschiedliche Aspekte des Persönlichkeitsschutzes juristischer Personen hinweisen (verfassungsrechtliche Verankerung, zugrundeliegende Menschen, Interesse am Schutz und Funktionsschutz als Gegenstand). Dabei liegen die einzelnen Stimmen in der praktischen Anwendung nicht sehr weit auseinander. Selbst soweit ein allgemeines Persönlichkeitsrecht der juristischen Personen verneint wird, wird diesen Schutz durch ein vergleichbares Recht oder besondere Persönlichkeitsrechte zugestanden. Indessen vermögen die Begründungen des Rechts insgesamt nicht zu überzeugen. Auch inhaltlich bleibt in den Erörterungen das allgemeine Persönlichkeitsrecht juristischer Personen weitgehend konturlos. Es werden regelmäßig einzelne Fallgruppen des Schutzes bezeichnet, die lediglich die bisherige Rechtsprechung zum Thema umfassen. Das allgemeine Persönlichkeitsrecht muss aber mit seiner lückenfüllenden Funktion auch neue Sachverhalte erfassen. Eine an der Vergangenheit orientierte Sicht lässt damit eine notwendige Zukunftsoffenheit vermissen.

Die bisherigen Ansätze der Literatur können mithin eines nicht leisten: Eine sich entwickelnde Rechtsprechung vorzubereiten.

Im Folgenden muss es daher darum gehen festzustellen, ob Bedarf für das allgemeine Persönlichkeitsrecht besteht und worin ein(e) Grund(lage) dafür zu sehen ist. Gegebenenfalls ist das Recht dann so zu bestimmen, dass es abstrakt

---

[227] Siehe oben B.II.2.g), 43 ff.
[228] Siehe oben B.II.2.h), 49 ff.

genug ist, auf neue Sachverhalte Anwendung finden zu können und konkret genug ist, eine sachgerechte Einordnung von Fällen zum Persönlichkeitsschutz juristischer Personen zu ermöglichen.

Zunächst ist zu untersuchen, inwieweit neben bestehenden gesetzlichen Regelungen mit persönlichkeitsrechtlichem Gehalt Bedarf für ein allgemeines Persönlichkeitsrecht juristischer Personen besteht.

III. Besondere Persönlichkeitsrechte

Ebenso wie bei den natürlichen Personen kann bei den juristischen Personen ein allgemeines Persönlichkeitsrecht vor allem anzunehmen sein, soweit bestehende Regelungen zum Persönlichkeitsschutz lückenhaft sind. Besondere Persönlichkeitsrechte werden durch Vorschriften über den Namens- und Firmenschutz (1.), über den Rufschutz (2.) und den Geheimnisschutz (3.) gesichert. Ferner lässt sich Persönlichkeitsschutz dem Recht am eingerichteten und ausgeübten Gewerbebetrieb entnehmen (4.).

Lücken dieser Regelungen können sich in dreierlei Hinsicht ergeben: 1. Die Vorschriften können nur einzelne juristische Personen erfassen (Frage der personellen Reichweite). 2. Die Vorschriften können einzelne Schutzgüter außer Acht lassen (Frage der sachlichen Reichweite). 3. Es kann an der Bestimmung einzelner Rechtsfolgen fehlen (Frage der Rechtsfolge).

1. Namens- und Firmenschutz

Die Firma, der Name sowie Unternehmenskennzeichen juristischer Personen stehen für ihre Identität. Sie dienen der Individualisierung im Rechtsverkehr. Schutzvorschriften finden sich in den §§ 37 Abs. 2 HGB, 5, 15 MarkenG und 12 BGB.

a) Firmenrechtlicher Schutz nach dem HGB

Die Firma ist der Name, unter dem der Kaufmann seine Geschäfte und seine Zivilprozesse betreibt.[229] § 37 Abs. 2 S. 1 HGB gewährt dem Firmeninhaber

---

[229] § 17 Abs. 1, 2 HGB.

damit zusammenhängend Schutz, soweit die Firma durch einen anderen unbefugt gebraucht wird.

1) Personelle Reichweite

Personelle Einschränkungen der Reichweite des § 37 HGB ergeben sich bereits aus dem Firmenbegriff. § 37 HGB setzt am Firmenbegriff des HGB an. Geschützt werden damit nur Kaufleute. Es muss mithin ein kaufmännisches Handelsgewerbe betrieben[230] oder die Kaufmannseigenschaft kraft Eintragung in das Handelsregister erworben sein.[231]

Die Kapitalgesellschaften sind Kaufleute im Sinne von § 1 Abs. 1 HGB. Die AG sowie die GmbH entstehen erst mit der Eintragung in das Handelsregister.[232] Die eingetragene Genossenschaft gilt mit ihrem Entstehen durch die Eintragung in das Genossenschaftsregister[233] als Kaufmann im Sinne des HGB.[234] Demgegenüber ist eine Eintragung der Stiftung in das Handelsregister zu ihrer Existenz nicht erforderlich. Gleichwohl könnte sich die Eintragungspflicht oder die Eintragungsbefugnis aus dem gewerblichen Betrieb einer Stiftung ergeben. Dies ist der Fall, wenn die Stiftung selbst als Unternehmensform gewählt wird. Dies ist aber kaum praktikabel, weil die Gläubiger einer Stiftung weder durch eine persönliche Haftung der Beteiligten noch durch das Erfordernis des Mindestkapitals geschützt sind. Zur Umgehung dieser Probleme treten die Stiftungen häufiger als Gesellschafter anderer Gesellschaftsformen auf (z. B. von AG oder GmbH). Dann kommt die Kaufmannseigenschaft aber nicht der Stiftung, sondern der jeweiligen Gesellschaft zu. Stiftungen sind demnach in der Regel keine Kaufleute im Sinne des HGB.

Die Eintragung des eingetragene Vereins in das Handelsregister ist – von den seltenen Fällen des § 22 BGB abgesehen – regelmäßig ausgeschlossen. Der Verein wird durch Eintragung in das Vereinsregister zum eingetragenen Verein. Dies setzt voraus, dass der Zweck des Vereines nicht auf wirtschaftliche Tätigkeit ausgerichtet ist. Damit fehlt diesem ein gewerblicher Betrieb.

Stiftungen und eingetragene Vereine genießen somit regelmäßig nicht den Schutz des § 37 HGB.

---

[230] § 1 HGB.
[231] „Kannkaufleute“, §§ 2, 3 HGB.
[232] § 41 Abs. 1 AktG, 11 Abs. 1 GmbHG.
[233] § 13 GenG.
[234] § 17 Abs. 2 GenG.

2) Sachliche Reichweite

§ 37 Abs. 2 HGB bezweckt den Identitätsschutz sowie den Verwechselungsschutz.[235] Ein Anspruch besteht nach dieser Vorschrift nur bei Gebrauch einer Firma. Dies ist eine Handlung mit unmittelbarem Bezug auf den Geschäftsbetrieb.[236] Räumlich geht es um den Schutz am selben Ort.[237] Ansprüche bestehen nicht, soweit die Bezeichnung einer juristischen Person verwendet wird, welche nicht Firma ist, die Verwendung einer fremden Firma ohne Bezug zum Geschäftsbetrieb erfolgt oder der Firmengebrauch an einem anderen Ort erfolgt, als der Firmeninhaber seinen Sitz hat. Die Firmenleugnung wird gleichfalls nicht erfasst.

3) Rechtsfolge

Rechtsfolge des § 37 Abs. 2 S. 1 HGB ist ein Unterlassungsanspruch gegen denjenigen, der die Firma unbefugt gebraucht. § 37 Abs. 2 S. 2 HGB weist auf mögliche ergänzende Schadensersatzansprüche hin, regelt diese selbst aber nicht. Es können aber Ansprüche wegen Namensverletzung aus § 823 Abs. 1 BGB bestehen.[238]

Fraglich ist, ob darüber hinaus Bereicherungsansprüche möglich sind. Diese könnten sich aus § 812 Abs. 1 S. 1 2. Alt. BGB (Eingriffskondiktion) ergeben. Die Frage, welche Rechtsbeeinträchtigungen Bereicherungsansprüche begründen, ist aufgrund der Zuweisungstheorie zu beantworten.[239] Danach kommt es darauf an, ob die Rechtsordnung ein Gut und dessen Nutzung dem Beeinträchtigten zugewiesen hat. Dies ist bei der Firma zu bejahen. Aus § 23 HGB ergibt sich das Recht des Firmeninhabers die Firma mit dem Handelsgewerbe zu verkaufen.

Bei unbefugtem Firmengebrauch bestehen damit Bereicherungsansprüche gemäß § 812 Abs. 1 S. 1 2. Alt. BGB.

---

235 Vgl. auch § 18 Abs. 1 HGB.
236 Baumbach/Hopt, HGB, § 37, Rn. 3.
237 § 30 Abs. 1 HGB.
238 Dazu unten B.III.1.c), 63 ff.
239 BGHZ 82, 299, 306; 99, 385, 387; 107, 117, 120; Medicus, Bürgerliches Recht, Rn. 709 ff. und unten C.IV.3.f), 155 ff.

4) Zusammenfassung

Durch den Firmenschutz des § 37 HGB sind regelmäßig weder Stiftungen noch eingetragene Vereine geschützt. § 37 HGB setzt das Vorliegen einer Firma voraus und gewährt damit keinen generellen Namensschutz. Unbefugte Firmenverwendungen ohne Bezug zum Geschäftsbetrieb werden ebenso wenig erfasst, wie Firmenverwendungen an anderem Ort oder Firmenleugnungen. Aus § 37 HGB unmittelbar ergeben sich weder Schadensersatz- noch Bereicherungsansprüche. Diese können sich aber aus den §§ 812 Abs. 1 S. 1 2. Alt. bzw. 823 Abs. 1 BGB ergeben.

b) Markenrechtlicher Schutz

§ 15 Abs. 4 MarkenG bestimmt Ansprüche bei unbefugter Verwendung von Unternehmenskennzeichen im geschäftlichen Verkehr.[240]

1) Personelle Reichweite

Der personelle Anwendungsbereich von § 15 Abs. 4 MarkenG stimmt mit demjenigen des § 37 HGB überein. Es geht um den Schutz von Unternehmenskennzeichen. Es muss ein Geschäftsbetrieb oder ein Unternehmen betroffen sein. Ein Unternehmen ist eine auf dem Markt tätige Organisation einer Wirtschaftseinheit von personellen und sachlichen Ressourcen.[241] Geschäftsbetrieb ist eine selbständig ausgeübte und auf Gewinn gerichtete und für die Dauer bestimmte Tätigkeit. In jedem Fällen muss eine primär wirtschaftliche Tätigkeit vorliegen. Ebenso wie in § 37 HGB werden Stiftungen und der eingetragene Verein durch § 15 Abs. 4 MarkenG regelmäßig nicht geschützt.

2) Sachliche Reichweite

§ 15 MarkenG bezweckt den Schutz von Unternehmenskennzeichen. Unternehmenskennzeichen sind der Name, die Firma und besondere Geschäfts- und Unternehmensbezeichnungen.[242] Der besonderen Geschäftsbezeichnung stehen solche Geschäftsabzeichen und sonstige Unterscheidungen des Geschäftsbe-

---

240 § 5 Abs. 1 und 3 MarkenG.
241 Fezer, Markenrecht, § 3 MarkenG, Rn. 85.
242 § 5 Abs. 2 S. 1 MarkenG.

triebs von anderen Geschäftsbetrieben gleich, die innerhalb beteiligter Verkehrskreise als Kennzeichen des Geschäftsbetriebes gelten.[243]

§ 15 Abs. 4 i. V. m. Abs. 2 und 3 MarkenG sieht Ansprüche vor, wenn Unternehmenskennzeichen unbefugt im geschäftlichen Verkehr verwendet werden. Die Formulierung „im geschäftlichen Verkehr" entspricht derjenigen des UWG.[244] Dies geht aus den Gesetzgebungsmaterialien zur Ablösung des wettbewerbsrechtlichen Schutzes (ehem. § 16 UWG) durch den kennzeichenrechtlichen Schutz hervor. Eine materiellrechtliche Änderung des Schutzes war mit der Neuregelung nicht bezweckt.[245]

Dem geschäftlichen Verkehr ist jede Tätigkeit zuzurechnen, die irgendwie der Förderung eines beliebigen Geschäftszwecks dient.[246] Die Absicht der Gewinnerzielung ist nicht erforderlich. Auch die erwerbswirtschaftliche Betätigung eines gemeinnützigen Unternehmens stellt geschäftlichen Verkehr dar.[247] Demgegenüber ist ein Handeln im geschäftlichen Verkehr zu verneinen, wenn die Verwendung eines Kennzeichens im rein privaten Bereich oder zu wissenschaftlichen oder lexikalischen Zwecken erfolgt.

Darüber hinaus muss die unbefugte Benutzung des Unternehmenskennzeichen zur Verwechslungsgefahr[248] oder - ohne rechtfertigenden Grund in unlauterer Weise - zur Ausnutzung oder Beeinträchtigung der Unterscheidungskraft oder Wertschätzung des Kennzeichens[249] führen.

Anders als § 37 Abs. 2 HGB ist der Kennzeichenschutz nach § 15 HGB weder territorial noch lokal beschränkt.

Der Unternehmenskennzeichenschutz ist danach lückenhaft, soweit die unbefugte Benutzung des Kennzeichens nicht der Förderung eines Geschäftszweckes dient oder es weder zur Verwechslungsgefahr noch zu einer Ausnutzung oder Beeinträchtigung der Unterscheidungskraft oder Wertschätzung des Kennzeichens kommt. Ferner wird die Leugnung des Rechts an Unternehmenskennzeichen nicht erfasst.

---

243 § 5 Abs. 2 S. 2 MarkenG.
244 Fezer, a.a.O., Fn. 241, § 15 MarkenG, Rn. 11.
245 BT-Drucks. 12/6581, 67.
246 Baumbach/Hefermehl, Einl. UWG, Rn. 208.
247 BGHZ 67, 81, 84 – Auto-Analyzer.
248 § 15 Abs. 2 MarkenG.
249 § 15 Abs. 3 MarkenG.

3) Rechtsfolge

In den Fällen der unbefugten Nutzung von Unternehmenskennzeichen bestimmt § 15 Abs. 4 MarkenG Unterlassungsansprüche. Dieser Anspruch wird bei Vorsatz und Fahrlässigkeit durch einen Schadensersatzanspruch ergänzt.[250] Bereicherungsansprüche sind im MarkenG nicht vorgesehen. Da die Unternehmenskennzeichen aber den jeweiligen Unternehmen rechtlich zugewiesen sind, können sich Bereicherungsansprüche aus § 812 Abs. 1 S. 1 2. Alt. BGB ergeben.

4) Zusammenfassung

§ 15 MarkenG ergänzt den Firmenschutz des § 37 HGB um den Unternehmenskennzeichenschutz. Die Vorschrift zielt darauf, wirtschaftliches Handeln von Unternehmen und Geschäftsbetrieben zu erfassen. Stiftungen und eingetragene Vereine genießen regelmäßig keinen Schutz. Der Schutz ist ferner sachlich lückenhaft. Er versagt insbesondere, wenn die unbefugte Benutzung des Kennzeichens nicht der Förderung eines Geschäftszweckes dient. Dies ist beispielsweise anzunehmen, wenn ein gemeinnütziger Verein unter dem Namen eines Unternehmens auftritt. § 15 MarkenG greift außerdem nicht, wenn es weder zu Verwechslungsgefahr, noch zu einer Ausnutzung oder Beeinträchtigung der Unterscheidungskraft oder Wertschätzung des Kennzeichens kommt. Insoweit bleibt vor allem der nichtkennzeichnenmäßige Gebrauch von Unternehmenskennzeichen[251] unerfasst.[252] Schließlich fehlt ein Anspruch gegen die Leugnung des Rechts an Unternehmenskennzeichen.

c) Namensschutz nach dem BGB

Zentrale Vorschrift des Namensschutzes ist § 12 BGB. Danach kann sich der Einzelne dagegen wehren, dass andere sein Recht zum Gebrauch seines Namens bestreiten oder selbst unbefugt den Namen verwenden.

---

[250] § 15 Abs. 5 MarkenG.

[251] Vgl. insoweit auch die Fallgruppe bei Klippel, a.a.O., Fn. 135, 625, 633.

[252] Der BGH zieht in diesen Fällen die Verletzung des allgemeinen Persönlichkeitsrechts zumindest in Betracht, vgl. die BMW-Entscheidung, oben B.I.2.a)6), 17 f.

1) Personelle Reichweite

Seinem Wortlaut nach schützt § 12 BGB vor allem die Individualisierbarkeit und Unterscheidbarkeit natürlicher Personen. Der Name hat für die jeweiligen Menschen besondere Bedeutung. Er ist Ausdruck der Persönlichkeit, Sinnbild[253] des jeweiligen Menschen. Die Anwendbarkeit des Namensschutzes von § 12 BGB auf juristische Personen ist daher fraglich.

Bei den juristischen Personen verbirgt sich hinter dem Namen eine organisierte Vielzahl von Menschen, die gemeinsame Interessen verfolgt. Unmittelbares Sinnbild einer menschlichen Persönlichkeit kann der Name für eine juristische Person nicht sein. Auch die Entstehungsgeschichte des § 12 BGB spricht gegen eine Erstreckung der Vorschrift auf juristische Personen. Ursprünglich zielte der Namensschutz des § 12 BGB nur auf den Familiennamen natürlicher Personen,[254] eine Anwendung auf den Namen juristischer Personen war nicht bezweckt. Die systematische Stellung der Norm im Titel über die natürlichen Personen spricht ebenfalls gegen eine Erstreckung auf juristische Personen.

Dem entsprechend hat sich *Diethelm Klippel* gegen eine generelle Anwendung von § 12 BGB auf juristische Personen ausgesprochen.[255] Klippels ablehnende Haltung beruht auf seinem spezifischen Verständnis von juristischen Personen und vom Namensrecht.

Die Zwecke juristischer Personen seien entweder vermögensrechtlicher Natur oder könnten ohne vermögensrechtliche Ausstattung nicht durchgeführt werden.[256] Rechtsfähigkeit juristischer Personen sei damit wesentlich Vermögensfähigkeit im Rahmen der Zwecksetzung.[257] Diese Rechtsfähigkeit bestimme die Grenzen der auf die juristischen Personen analog anwendbaren Vorschriften.

Das Namensrecht habe zwei Komponenten: eine persönlichkeitsrechtliche und eine immaterialgüterrechtliche.[258] Zwar sei ein Immaterialgüterrecht juristischer Personen an ihrer Bezeichnung anzunehmen. Ein Namenspersönlichkeitsrecht juristischer Personen bedürfe aber vermögensrechtlicher Relevanz und daher gesonderter Begründung.

Diese Annahmen Klippels führen zu einer differenzierenden Betrachtung: Beim Bestreiten eines Firmenrechts könne sich eine juristische Person auf die analoge Anwendung von § 12 BGB berufen. Eine juristische Person ohne Firma könne

---

[253] Fezer, a.a.O., Fn. 241, § 15 MarkenG, Rn. 21.
[254] Protokolle, Mugdan, Band 1, 593.
[255] Klippel, Der zivilrechtliche Schutz des Namens, Zürich 1985, 564 ff.
[256] Ders., a.a.O., 576.
[257] Ders., a.a.O., 576.
[258] Ders., a.a.O., 487 ff.

sich auf § 12 BGB berufen, soweit sie im wirtschaftlichen Verkehr tätig sei. Außerhalb wirtschaftlicher Tätigkeit könne sich nur für den Idealverein das Erfordernis einer analogen Anwendung von § 12 BGB ergeben.[259]

Klippels Ansatz ist jedoch problematisch.

Die generelle Beschränkung der Rechtsfähigkeit juristischer Personen auf die Tätigkeit innerhalb ihres Zweckes entspricht der im anglo-amerikanischen Rechtskreis anerkannten ultra-vires-Doktrin. Im deutschen Recht ist eine allgemeine Beschränkung der Rechtsfähigkeit durch den Zweck der juristischen Person aber gerade nicht vorgesehen.[260] Vor allem die Vorschriften über die (Voll)Rechtsfähigkeit der einzelnen juristischen Personen lassen eine solche Einschränkung nicht erkennen.[261] Eine derartige Beschränkung wäre auch nicht wünschenswert, weil im Rechtsverkehr die Zwecksetzungen der juristischen Personen regelmäßig unbekannt sind. Dies wird zum Problem, wenn mit dieser Unkenntnis die Unsicherheit über die rechtliche Handlungsmöglichkeit der juristischen Personen einher geht. Mit der Ablehnung der ultra-vires-Doktrin trägt das deutsche Recht gerade dem Vertrauensschutz im Rechtsverkehr Rechnung.

Auch eine Beschränkung der Rechtsfähigkeit juristischer Personen auf Vermögensfähigkeit ist ebenfalls nicht anzunehmen. Klippel selbst muss hinsichtlich des Idealvereines eine Ausnahme machen. Eine entsprechende Ausnahme müsste für gemeinnützige Stiftung gelten. Es gibt aber weder für die Beschränkung der Rechtsfähigkeit juristischer Personen auf Vermögensfähigkeit noch für die beschriebenen Ausnahmen gesetzliche Anhaltspunkte. Im Ergebnis führte dies dazu, dass nach Auffassung Klippels die Gesellschaftsform über die Anwendbarkeit von § 12 BGB bestimmte.

Wenn sich zum Beispiel ein Idealverein unter seinem Namen der Landschaftspflege verpflichtet und hierzu tätig wird, wäre § 12 BGB nach Klippel anwendbar. Der Verein könnte Unterlassungsansprüche geltend machen, wenn sein Recht an der Namensnutzung bestritten würde. Erfolgt die Landschaftspflege dagegen durch die Angestellten einer GmbH beim Betriebsausflug, dann müsste mangels wirtschaftlicher Relevanz Klippel einen entsprechenden Schutz versagen.

---

259 Ders., a.a.O., 582.

260 Wiedemann, Gesellschaftsrecht, Band I, § 10 II. 1. a), 526 f.; Flume, Allgemeiner Teil des Bürgerlichen Rechts, Die juristische Person, § 10 II., 370; Schmidt, Gesellschaftsrecht, 221, dazu auch schon oben Fn. 183.

261 Vgl. z. B. §§ 1 Abs. 1 AktG, 13 Abs. 1 GmbHG, 17 Abs. 1 GenG.

Diese Differenzierung überzeugt nicht. In beiden Fällen geht eine organisierte Vielzahl von Menschen einer gemeinnützigen Tätigkeit nach. Es ist deshalb konsequent, in beiden Fällen – unabhängig von der konkreten Verbandsform – Namensschutz im Sinne von § 12 BGB zuzusprechen. Klippels Ansatz ist daher abzulehnen.

Auch *Georg Wronka* spricht sich gegen eine analoge Anwendung von § 12 BGB auf juristische Personen aus. Diesen komme ein originäres allgemeines Persönlichkeitsrecht zu. Damit werde ihnen Schutz – auch hinsichtlich des Namens – über §§ 823 Abs. 1, 1004 analog BGB zugestanden. Es verbiete sich die analoge Anwendung von § 12 BGB.[262]

Diesem Ansatz ist zu widersprechen: Der Schutz des allgemeinen Persönlichkeitsrechts hat in § 823 Abs. 1 BGB deswegen seinen Bezugspunkt erhalten, weil es an konkreteren Anknüpfungspunkten im BGB fehlte. Eines Bezuges auf § 823 Abs. 1 BGB bedarf es daher nicht, soweit das bürgerliche Recht näherliegende Ansatzpunkte enthält. Insoweit bietet sich § 12 BGB für den Namensschutz gerade an. Ähnlich erscheint die Begründung eines Beseitigungs- und Unterlassungsanspruches bei Namensrechtsverletzungen in der analogen Anwendung einer eigentumsrechtlichen Vorschrift (§ 1004 BGB) als geradezu abwegig, wenn das BGB mit § 12 BGB eine Vorschrift über diese Ansprüche bei Namensrechtsverletzungen bereithält.

Einer analogen Anwendung von § 12 BGB auf juristische Personen stehen damit keine grundlegenden Bedenken entgegen. Vielmehr ist eine analoge Anwendung gerade gefordert: Ebenso wie die natürlichen Personen bedürfen die juristischen Personen der Individualisierbarkeit. Nur eine eindeutige Identifizierbarkeit ermöglicht das wirkungsvolle Auftreten juristischer Personen im Rechtsverkehr. Die bestehenden Regelungen vermögen einen ausreichenden Schutz nicht zu gewährleisten.

Vorschriften zum Firmen- und Kennzeichenschutz finden sich in § 37 HGB und in § 15 MarkenG. Auf die Lückenhaftigkeit des durch diese Vorschriften gewährten Schutzes wurde bereits hingewiesen.[263] Hier sei noch einmal aufgezeigt, dass insbesondere die folgenden Fälle weder durch § 37 HGB noch durch § 15 MarkenG erfasst werden: 1. Betroffener einer Namensanmaßung ist eine gemeinnützige Stiftung oder ein Idealverein, 2. eine unbefugte Namensverwendung erfolgt ohne Bezug zum Geschäftsbetrieb und nicht zur Förderung eines

---

262 Wronka, a.a.O., Fn. 107, 128.

263 Siehe oben B.III.1.a), 58 ff. und B.III.1.b), 61 ff.

Geschäftszweckes und 3. es liegt eine Namensleugnung vor. § 12 BGB kann insoweit ergänzend Schutz bieten.

Wegen der Lückenhaftigkeit der bestehenden Regelungen haben die Rechtsprechung[264] und ein Teil der Literatur[265] den Anwendungsbereich von § 12 BGB schon früh auf juristische Personen erstreckt. Eine Beschränkung auf bestimmte Gattungen von juristischen Personen ist nicht vorzunehmen.

2) Sachliche Reichweite

§ 12 BGB bezweckt den Schutz vor Namensleugnung und Namensanmaßung. Eine Namensleugnung liegt vor, wenn dem Namensträger das Recht zum Gebrauch seines Namens von einem anderen bestritten wird. Eine Namensanmaßung ist gegeben, wenn das Interesse eines Namensträgers dadurch verletzt wird, dass ein anderer unbefugt den gleichen Namen gebraucht. § 12 BGB zielt mit diesen Schutztatbeständen auf eine Vermeidung von Täuschungen über die Person und die ihr zuzurechnenden Handlungen.[266] Weitere Beeinträchtigungen, etwa die Nennung des Namens in einem für den Berechtigten unangenehmen und von diesem nicht hinzunehmendem Zusammenhang, erfasst § 12 BGB grundsätzlich nicht.[267]

Die Rechtsprechung hat den namensrechtlichen Schutz aber insoweit ergänzt, als sie unter § 12 BGB alle namensartigen Kennzeichen fasst, welche unabhängig vom gesetzlichen Namen oder der Firma geführt werden. Dies sind beispielsweise aus der Firma oder dem Namen abgeleitete Schlagworte,[268] Firmenbestandteile,[269] Domain-Namen[270] oder Etablissementbezeichnungen.[271] Ferner

---

[264] Zum Verein, RGZ 74, 114, 115; BGH, NJW 1970, 1270; Zur AG RGZ 100, 182; 109, 213, 214; 117, 215; BGH, GRUR 1976, 379 ff.; zur GmbH BGHZ 11, 214; BGH, DB 1969, 2127; a. A. zuvor noch RGZ 59, 285 und Fabricius, Extensive Anwendung des § 12 BGB?, JR 1972, 15 ff.

[265] Heinrich, in: Soergel, BGB, § 12, Rn. 29; Weick/Habermann, in: Staudinger, BGB, § 12, Rn. 192; Heinrichs, in: Palandt, BGB, § 12, Rn. 9; für eine Anwendung soweit die Zuordnungsfunktion des Namens betroffen ist Schwerdtner, in: MünchKomm, BGB, § 12, Rn. 57.

[266] Larenz/Wolf, Allgemeiner Teil des Bürgerlichen Rechts, § 8, Rn. 16.

[267] Dieselben, a.a.O., § 8, Rn. 18, dabei soll hier offen bleiben, ob dies überhaupt als Namensbeeinträchtigung (so Wolf) oder eher als Rufbeeinträchtigung zu sehen ist.

[268] BGHZ 11, 214; 24, 238; 43, 245, 252.

[269] BGH, NJW-RR 1988, 553.

[270] OLG Hamm, NJW-RR 1998, 909; LG Frankfurt a. M., NJW-RR 1998, 973 f.

[271] BGH, NJW 1970, 1365.

besteht Schutz vor Verwässerung des Namens. Berühmte Unternehmen sind gegen jede Beeinträchtigung ihrer Alleinstellung und Werbekraft geschützt.[272] Verwässerungsgefahr soll aber nur bestehen, wenn ein Kennzeichen durch lange Benutzung und intensive Bewerbung überragende Verkehrsgeltung erlangt hat. Dies sei der Fall, wenn etwa 80 % des Publikums das Kennzeichen kennen.[273]

3) Rechtsfolge

Bei Namensverletzungen gemäß § 12 BGB kann der Verletzte Beseitigung einer bestehenden Beeinträchtigung und bei Widerholungsgefahr Unterlassung für die Zukunft verlangen.

Ergänzend ist das Namensrecht als sonstiges Recht im Sinne von § 823 Abs. 1 BGB anerkannt.[274] Im Falle einer schuldhaften Namensverletzung kann der Berechtigte Ersatz entstandener Vermögensschäden verlangen. Diese Schäden sind beispielsweise anzunehmen, wenn der Gebrauch des gleichen Namens Verwechslungen begründet und damit Umsatzsteigerungen des Schädigers zu Umsatzverringerungen des Namensberechtigten führen.

Darüber hinaus können sich bereicherungsrechtliche Ansprüche ergeben, da der Name dem Träger zugewiesen ist. Der Berechtigte kann üblicherweise für die Gestattung der fremden Namensverwendung eine Gebühr verlangen. Diese kann der Berechtigte bei unberechtigter Namensnutzung mit der Eingriffskondiktion nach § 812 Abs. 1 S. 1 2. Alt. BGB als ungerechtfertigte Bereicherung herausverlangen.[275]

4) Zusammenfassung

Das BGB ergänzt Bezeichnungsschutz in vielerlei Hinsicht. Das generelle Erfordernis einer Beeinträchtigung der Bezeichnung am gleichen Ort (so der Firmenschutz) besteht nicht. Ebenso wenig ist der Schutz auf bestimmte juristische Personen beschränkt. Im Gegensatz zu § 37 HGB und § 15 MarkenG wird auch die Namensleugnung erfasst. Neben Unterlassungs- und Beseitigungsansprüchen bestehen Schadensersatz- und Bereicherungsansprüche.

---

[272] BGH, NJW 1966, 343 – Kupferberg; NJW-RR 1992, 940 – Mercedes.
[273] BGHZ 114, 111 – Avon.
[274] Thomas, in: Palandt, BGB, § 823, Rn. 14; OLG Karlsruhe, NJW 1972, 1810.
[275] BGHZ 81, 75, 78 f.

Insgesamt vermittelt § 12 BGB weitreichenden Namensschutz. Die §§ 2 MarkenG und 37 Abs. 2 S. 2 HGB stellen klar, dass die Firmen-, Namens- und kennzeichenrechtlichen Ansprüche auch nebeneinander bestehen können.

2. Ruf

Den Ruf juristischer Personen schützen die §§ 824 BGB, 823 Abs. 2 BGB i. V. m. §§ 186, 187 StGB und §§ 14 f. UWG.

a) § 824 BGB

1) Personelle Reichweite

§ 824 BGB sichert die wirtschaftliche Wertschätzung natürlicher und juristischer Personen. Diese Wertschätzung kann unabhängig vom verfolgten Zweck oder der jeweiligen Rechtsform bestehen. Es werden also alle juristischen Personen gleichermaßen von § 824 BGB erfasst.

2) Sachliche Reichweite

Die Vorschrift schützt vor unmittelbaren Beeinträchtigungen der wirtschaftlichen Wertschätzung durch die Verbreitung unwahrer Behauptungen.[276] Dieser Kreditgefährdung sind sonstige Nachteile für Erwerb und Fortkommen gleichgestellt. Der Angriff muss vorsätzlich oder fahrlässig erfolgen („die Unwahrheit zwar nicht kennt, aber kennen muß“).

Die Vorschrift erfasst nur äußerungsbedingte Nachteile, die sich auf bestehende oder künftige Geschäftsbedingungen auswirken. Nachteile, die sich außergeschäftlich im Verhalten Außenstehender niederschlagen, fallen nicht unter die Regelung.[277] In diesem Zusammenhang ist es zu sehen, soweit der BGH formuliert, juristische Personen könnten Verletzte im Sinne der Vorschrift sein, wenn sie in ihrer Funktion[278] oder in ihrer Tätigkeit als Wirtschaftsunternehmen oder Arbeitgeber[279] betroffen seien. Dies stellt klar, dass § 824 BGB nicht jede Be-

---

[276] BGH, NJW 1978, 2151.
[277] BGHZ 90, 113, 121.
[278] BGH, NJW 1982, 2246; NJW 1982, 1183.
[279] BGH, NJW 1975, 1882.

drohung durch unrichtige oder herabsetzende Äußerungen erfasst, sondern auf die Sicherung der wirtschaftlichen Wertschätzung zielt.

Ein Anspruch ist ausgeschlossen, wenn der Erklärende oder der Erklärungsempfänger ein berechtigtes Interesse an der Erklärung hat.[280] Danach sind regelmäßig Mitteilungen durch Auskunfteien oder Kreditvereinigungen rechtmäßig.

3) Rechtsfolge

Für den Fall einer Verringerung der wirtschaftlichen Wertschätzung sieht § 824 BGB einen Schadensersatzanspruch vor. Als Schadensersatz kommen der Widerruf der Behauptung, die Löschung gespeicherter unrichtiger Daten oder sonstige durch die Umstände gerechtfertigte Maßnahmen in Betracht.[281] Dies kann etwa ein Gegendarstellungsanspruch oder ein Richtigstellungsanspruch sein. Bereicherungsansprüche bestehen nicht. Die wirtschaftliche Wertschätzung ist kein Gut, welches gegen Entgelt vermittelt werden könnte. Es fehlt damit am erforderlichen Zuweisungsgehalt.[282]

4) Zusammenfassung

§ 824 BGB schützt juristischen Personen vor Beeinträchtigung ihrer wirtschaftlichen Wertschätzung durch schuldhafte Äußerung unwahrer Tatsachen. Der Schutz zielt auf Rückgängigmachung der Wirkungen der Behauptungen durch Widerruf, Gegendarstellung oder Richtigstellung der Äußerung. Ein über die wirtschaftliche Wertschätzung hinausgehender Rufschutz wird mit § 824 BGB nicht bezweckt.

b) § 823 Abs. 2 BGB i. V. m. §§ 185 ff. StGB

Im Fall vorsätzlicher Rufbeeinträchtigung kann sich ein Anspruch aus § 823 Abs. 2 BGB in Verbindung mit §§ 186, 187 BGB ergeben. Die §§ 185 ff. StGB sind als Schutzgesetze im Sinne von § 823 Abs. 2 BGB anerkannt.[283]

---

280 § 824 Abs. 2 BGB.
281 Thomas, in: Palandt, BGB, § 824, Rn. 11.
282 Dazu noch unten C.IV.3.f), 155 ff.
283 RGZ 115, 74, 79; 156, 372, 374; BGHZ 95, 212.

1) Personelle Reichweite

Die §§ 185 ff. StGB sind auf die natürlichen Personen zugeschnitten. Insoweit ist eine Anwendung auf juristische Personen problematisch. In diesem Zusammenhang wird vor allem darauf hingewiesen, die §§ 185 ff. StGB schützten die personale Würde der Menschen, welche den juristischen Personen nicht zukomme. Bei den juristischen Personen könne es allenfalls um Funktionsschutz gehen, welchen die §§ 185 ff. StGB gerade nicht gewährten.[284]

Dieser Einwand greift jedoch nur, soweit die §§ 185 und 186 StGB eine „Beleidigung" (§ 185 StGB) bzw. ein „Verächtlichmachen" (§ 186 StGB) fordern. Die Beleidigung ist der rechtswidrige Angriff auf die Ehre eines anderen,[285] beim Verächtlichmachen wird der Betroffene als eine ihren sittlichen Pflichten nicht nachkommende Person hingestellt.[286] In beiden Fällen geht es um den inneren Achtungsanspruch des Betroffenen, welcher der Würde entspringt und den juristischen Personen nicht zukommt. Die juristischen Personen genießen aber durch die §§ 186 f. StGB Schutz. Die §§ 186 f. StGB lassen genügen, dass der Betroffene in der Öffentlichkeit herabgewürdigt wird. Eine Herabwürdigung ist die Schmälerung des Rufes. Es geht also nicht um den inneren – würdebezogenen – sondern den sozialen Achtungsanspruch in der Gesellschaft. In diesem Sinne kommt ein Ruf auch juristischen Personen zu.

Ferner greift der Einwand, bei juristischen Personen könne es nur um Funktionsschutz gehen, nicht bei dem Verleumdungstatbestand im Sinne der Kreditgefährdung (§ 187 StGB). Bei der Kreditgefährdung geht es um Vermögensschutz, der auch den juristischen Personen als möglichen Vermögensträgern zukommen muss. Zumindest die §§ 186 und 187 StGB sind also auf juristische Personen anzuwenden.

Darüber hinausgehend wird zum Teil angenommen, dass den juristischen Personen „personale Ehre" zukomme.[287] Dies setze allerdings voraus, dass die jeweilige juristische Person rechtlich anerkannte „soziale Funktionen von einer gewissen Relevanz" erfüllen und einen einheitlichen Willen bilden könne.[288]

Diese Abgrenzungskriterien sind zur Unterscheidung juristischer Personen mit und ohne personale Ehre kaum geeignet. Die letzte Voraussetzung dürfte bei den juristischen Personen mit ihren formalisierten Willensbildungsverfahren

---

284 Tröndle/Fischer, StGB, Vor § 185, Rn. 12 m. w. N.

285 Tröndle/Fischer, a.a.O., § 185, Rn. 4.

286 Tröndle/Fischer, a.a.O., § 186, Rn. 4.

287 BGHSt 6, 186; BGH, NJW 1971, 1655; Lenckner, in: Schönke/Schröder, §§ 185 ff. Vorbem., Rn. 3.

288 Lenckner, a.a.O., Rn. 3; Tröndle/Fischer, StGB, Vor § 185, Rn. 12.

immer erfüllt sein. Jede Handlungsfähigkeit einer Personenmehrheit setzt Verfahrensregelungen zur einheitlichen Willensbildung voraus.

Aber auch die erste Voraussetzung hilft zu Abgrenzung nicht weiter. Es wird angeführt, eine „soziale Funktion gewisser Relevanz" solle bei Wirtschaftsunternehmen, die als Arbeitgeber auftreten können, vorliegen. Der Idealverein zur Pflege privater Hobbies erfülle diese Voraussetzung dagegen nicht.[289] Indessen erfüllt auch der Verein zur Pflege privater Hobbies eine soziale Funktion. Er dient der individuellen Lebensgestaltung und der Selbstverwirklichung der Menschen in Gemeinschaft. Das Ziel gemeinsamer Zweckverfolgung liegt diesem ebenso, wie allen anderen juristischen Personen zugrunde. Das Erfordernis der „sozialen Funktion" mit dem Ziel individueller Selbstverwirklichung in Gemeinschaft ist damit immer vorhanden. Worin darüber hinaus eine „gewisse Relevanz" bestehen soll, bleibt dagegen schleierhaft und ist zur Abgrenzung nicht tauglich.

Es ist vielmehr fraglich, ob den juristischen Personen eine personale Ehre überhaupt zukommt. Dies hängt davon ab, ob man als Ehre lediglich die Anerkennung vor sich selbst oder auch die Anerkennung in der Gesellschaft begreift. Nur im letzten Sinne kann die juristische Person der Ehre teilhaftig werden. Es wurde aber bereits ausgeführt, dass den juristischen Personen ein innerer Achtungsanspruch fehlt. Es geht bei ihnen lediglich um einen sozialen Achtungsanspruch, dem die den Ruf schützenden Vorschriften der §§ 186 f. StGB Rechnung tragen. Der Annahme eines erweiterten Ehrbegriffes zur Sicherung der Achtung in der Gesellschaft bedarf es nicht.

Die §§ 823 Abs. 2 BGB i. V. m. §§ 186 f. StGB schützen juristische Personen vor Herabwürdigung und Kreditgefährdung. Dabei ist eine Unterscheidung je nach Ehrhaftigkeit der juristischen Person nicht vorzunehmen.

2) Sachliche Reichweite

Durch die §§ 823 Abs. 2 BGB i. V. m. 186 f. StGB werden die juristischen Personen vor der Behauptung oder Verbreitung von Tatsachen geschützt, die nicht erweislich wahr sind und die juristische Personen in ihrem Ruf beeinträchtigen (§ 186 StGB) oder die unwahr sind und die juristische Personen im Kredit gefährden können (§ 187 StGB). Die Alternative des Herabwürdigens in der Öffentlichkeit bei Unwahrheit der behaupteten Tatsache (§ 187 3. Alt. StGB) bietet darüber hinaus keinen weiteren Schutz. Beeinträchtigungen durch kritische Werturteile werden nicht erfasst.

---

[289] Tröndle/Fischer, a.a.O., Vor § 185, Rn. 12.

Im Gegensatz zu § 824 BGB setzen die §§ 823 Abs. 2 BGB i. V. m. 186, 187 StGB Vorsatz voraus.

3) Rechtsfolge

Aus § 823 Abs. 2 BGB folgt eine Schadensersatzanspruch der juristischen Person, der demjenigen aus § 824 BGB entspricht. Der Anspruch wird durch einen verschuldensunabhängigen Abwehranspruch analog § 1004 Abs. 1 BGB ergänzt. Danach können bei objektiver Unwahrheit der Behauptung Unterlassungs-, Beseitigungs-, und Widerrufsansprüche bestehen. Bereicherungsansprüche bestehen nicht. Das Recht zur Verbreitung oder Behauptung unwahrer kreditgefährdender oder nicht erweislich wahrer rufschädigender Tatsachen ist dem Betroffenen nicht zugewiesen.

4) Zusammenfassung

Aus § 823 Abs. 2 BGB i. V. m. §§ 186 f. StGB erlangen die juristischen Personen Rufschutz gegenüber nicht erweislich wahren oder unwahren Tatsachenbehauptungen und -verbreitungen. Erforderlich ist eine Herabwürdigung in der Öffentlichkeit oder Kreditgefährdung. Der Schutz begründet Schadensersatz-, Unterlassungs- und Beseitigungsansprüche. Bereicherungsansprüche bestehen nicht. Durch den Schutz werden grundsätzlich alle juristischen Personen erfasst.

c) §§ 14 f. UWG

Weiterer Schutz vor Ruf- und Geschäftsschädigungen ergibt sich aus den §§ 14 f. UWG und 1 UWG. Die § 14 UWG (Anschwärzung) und § 1 UWG (Generalklausel) begründet dabei unmittelbar Ansprüche des Betroffenen, während § 15 UWG (geschäftliche Verleumdung) als Schutzgesetz im Sinne von § 823 Abs. 2 BGB zu sehen ist.

1) Personelle Rechweite

Mit der Regelung des Wettbewerbsrechtes zielen die Vorschriften des UWG auch auf den Schutz juristischer Personen. Eine ausdrückliche Beschränkung auf bestimmte Rechtsformen enthalten die Vorschriften nicht. Dem Schutzzweck des UWG entsprechend werden juristische Personen allerdings nur gegenüber unlauteren wettbewerblichen Angriffen gesichert. Fehlt es an einem

Wettbewerbsverhältnis – etwa weil die beeinträchtigte juristische Person als gemeinnützige Stiftung an diesem nicht teilnimmt -, dann gewähren die Vorschriften keinen Schutz. Damit besteht regelmäßig für gemeinnützige Stiftungen ebenso wenig Schutz wie für Idealvereine.

2) Sachliche Reichweite

Ansprüche aus § 14 Abs. 1 UWG bestehen gegenüber demjenigen, der zu Zwecken des Wettbewerbs Tatsachen behauptet oder verbreitet, welche nicht erweislich wahr sind und geeignet erscheinen, den Geschäftsbetrieb oder den Kredit des Inhabers zu schädigen. § 14 UWG ergänzt damit den Schutz des Rufes im Rahmen von Wettbewerbsverhältnissen.

Dieser Schutz wird durch die Strafvorschrift des § 15 UWG ergänzt. Ein Handeln „zu Zwecken des Wettbewerbs“ ist hier nicht erforderlich. Die Tatsachen müssen aber wider besseres Wissen der Wahrheit zuwider behauptet oder verbreitet worden sein.

Im Fall negativer Wertungen zu Wettbewerbszwecken, kann sich darüber hinaus ein Anspruch aus der Generalklausel des § 1 UWG ergeben. Dies setzt aber einen Verstoß gegen die guten Sitten voraus.

Jedenfalls setzen die Regelungen des UWG aber ein Wettbewerbsverhältnis voraus. Mangels Wettbewerbsverhältnis bestehen beispielsweise keine Ansprüche bei Herstellung und Vertrieb von Scherzartikeln zu Lasten von Unternehmen, wenn eine Lizenzierung nicht in Betracht kommt.[290]

3) Rechtsfolge

§ 14 UWG sieht bei geschäftsschädigenden Verletzungen des Rufes im Rahmen von Wettbewerbsverhältnissen Schadensersatz- und Unterlassungsansprüche vor. Diese werden durch mögliche Schadensersatzansprüche gemäß §§ 823 Abs. 2 BGB i. V. m. 15 UWG sowie Schadensersatz- und Unterlassungsansprüche aus § 1 UWG ergänzt. Bereicherungsansprüche kommen – ebenso wie bei den §§ 823 Abs. 2 BGB i. V. m. 186 f. StGB - nicht in Betracht.

---

[290] Siehe oben die „BMW“-Entscheidung, B.I.2.a)6), 17 f. und die „MARS“-Entscheidung, B.I.2.a)7), 17 f.

4) Zusammenfassung

Der Schutz des Rufes durch das UWG ist lückenhaft, weil er ein Wettbewerbsverhältnis voraussetzt. Einzelne Eingriffe sowie einige juristische Personen (z. B. altruistischen Stiftungen oder Idealvereine) bleiben von vornherein außerhalb des Anwendungsbereiches. Da die §§ 14 f. UWG die Behauptung oder Verbreitung von Tatsachen voraussetzen, bietet das UWG gegenüber kritischen Werturteilen nur im Ausnahmefall und zwar durch § 1 UWG Schutz. Ein spezieller Bereicherungsausgleich ist nicht vorgesehen.

3. Geheimnisschutz

Eine ausdrückliche Vorschrift, die allgemein den Schutz interner Informationen juristischer Personen bezweckt und Unterlassungs- oder Schadensersatzansprüche regelt, gibt es nicht. Es bestehen aber Strafvorschriften über den Geheimnisverrat, welche als Schutzgesetze im Sinne von § 823 Abs. 2 BGB zu berücksichtigen sind bzw. nach § 19 UWG zu Schadensersatzansprüchen führen können. Darüber hinaus kann sich Schutz aus den Generalklauseln (§ 826 BGB und § 1 UWG) ergeben.

a) § 823 Abs. 2 BGB i. V. m. §§ 202a ff. StGB

1) Personelle Reichweite

Die Vorschriften des StGB zum Geheimnisschutz gelten grundsätzlich auch für die juristischen Personen. § 202a StGB schützt besonders gesicherte Daten vor dem Sichverschaffen durch Dritte. Verfügungsberechtigte über diese Daten können alle juristischen Personen sein.

Die §§ 203 f. StGB schützen „fremde Geheimnisse", namentlich zum persönlichen Lebensbereich gehörende Geheimnisse, Betriebs- oder Geschäftsgeheimnisse.

Die meisten juristischen Personen - insbesondere Kapitalgesellschaften - können über Betriebs- und Geschäftsgeheimnisse verfügungsberechtigt sein (§ 203 StGB). Soweit ein Betrieb oder Geschäft im Sinne der Vorschrift nicht existiert - z. B. beim Idealverein –, greift die Vorschrift aber nicht. Insoweit liegen auch keine „zum persönlichen Lebensbereich" gehörenden Geheimnisse vor. Derartige Geheimnisse betreffen ausschließlich den „Privatmann und seine Familie".[291] Der Geheimnisschutz des § 203 StGB ist damit lückenhaft. Diese Lücke bleibt auch bei Anwendung von § 204 StGB bestehen. Diese Vorschrift geht vom gleichen Geheimnisbegriff aus.

2) Sachliche Reichweite

§ 202a StGB bestimmt die Strafbarkeit des unbefugten Eindringens in fremde Datenbestände. Unabhängig vom Eigentum am Datenträger wird das Recht geschützt, über den gedanklichen Inhalt von Daten bestimmen zu können.[292] Daten sind „speicherbare Informationen aller Art, die einer weiteren Datenverarbeitung in einer Datenverarbeitungsanlage unterliegen"[293] oder einer weiteren Verarbeitung nicht mehr bedürfen.[294] Dabei müssen sie elektronisch, magnetisch oder sonst nicht unmittelbar wahrnehmbar gespeichert sein.[295]

Selbst wenn man im Sinne eines weiten Datenbegriffs zu den Daten auch die Eingabe- und Stammdaten zählt,[296] fehlt es am Schutz durch § 202a StGB, wenn ein Zusammenhang zwischen Information und Datenverarbeitung nicht gegeben ist. § 202a sollte Schutzbereichslücken schließen, die mit dem Aufkommen computergestützter Informations- und Kommunikationssysteme entstanden waren.[297] Eine Ausweitung des Schutzes über diese Systeme hinaus war nicht bezweckt. Der zivilrechtliche Schutz ist gleichfalls darauf beschränkt. Ein genereller Geheimnisschutz kann § 202a StGB daher nicht entnommen werden.

Ein etwas weitergehender Schutz folgt aus § 203 StGB. Danach kann sich aus der Offenbarung von Betriebs- oder Geschäftsgeheimnissen die Strafbarkeit ergeben. Als Sonderdelikt bezeichnet die Vorschrift aber bestimmte Berufsgruppen, denen ausschließlich taugliche Täter entstammen können. Dies zeigt, dass es primär nicht um den Schutz der Geheimnisse, sondern um das Vertrauen in die Verschwiegenheit bestimmter Berufsgruppen geht. § 203 StGB bietet daher nur beschränkt Geheimnisschutz für juristische Personen.

Gleiches gilt für den Schutz aus § 204 StGB, der die Strafbarkeit für den Fall der Verwertung der Geheimnisse bestimmt, dessen Schutzgegenstand aber dem des § 203 StGB entspricht.

---

291 Dieselben, a.a.O., § 203, Rn. 3.
292 Lenckner, a.a.O., Fn. 287, § 202a, Rn. 1.
293 BT-Drucks. 5/4094, 37.
294 Cramer, in: Schönke/Schröder, StGB, § 268, Rn. 11.
295 § 202a Abs. 2 StGB.
296 So Lenckner, a.a.O., Fn. 287, § 202a, Rn. 3.
297 BT-Drucks. 10/5058, 28.

3) Rechtsfolge

In dem Fall des unbefugten Eindringens in Datenbestände sowie die Verletzung von Betriebs- oder Geschäftsgeheimnissen durch die bezeichneten Berufsträger ergibt sich bei Vorsatz ein Schadensersatzanspruch der Berechtigten aus § 823 Abs. 2 BGB i. V. m. §§ 202a ff. StGB. Ferner folgen aus der analogen Anwendung von § 1004 BGB Beseitigungs- und Unterlassungsansprüche. Da Geschäfts- und Betriebsgeheimnisse den jeweiligen Unternehmen zustehen und durch diese frei handelbar sind, sind bei Beeinträchtigungen auch bereicherungsrechtliche Ansprüche (§ 812 Abs. 1 S. 1 2. Alt. BGB) gegeben.

4) Zusammenfassung

Der Geheimnisschutz aus dem StGB ist lückenhaft. Er erfasst nur Datenbestände sowie den Schutz von Betriebs- und Geschäftsgeheimnissen vor Offenbarung und Verwertung durch Vertrauenspersonen. Juristische Personen ohne Betrieb oder Geschäft genießen allenfalls Schutz ihrer Daten im Sinne von § 202a StGB. Diese Schutzbereichslücken wirken sich unmittelbar im Zivilrecht aus. Hier sind die Strafvorschriften als Schutzgesetze im Rahmen des § 823 Abs. 2 BGB heranzuziehen.

b) §§ 17 ff. UWG

Eine weitere Strafvorschrift zum Schutz von Geschäfts- und Betriebsgeheimnissen ist § 17 UWG.

1) Personelle Reichweite

Vom Schutz durch § 17 UWG sind juristische Personen außerhalb des Wettbewerbs ebenso - wie bei den §§ 14 f. UWG - nicht erfasst.[298] Nichtwirtschaftlich tätige juristische Personen erlangen keinen Schutz. Innerhalb von Wettbewerbsverhältnissen sind nur Betriebs- und Geschäftsgeheimnisse geschützt.

---

[298] Siehe oben B.III.2.c), 73 ff.

2) Sachliche Reichweite

Nach § 17 UWG ist strafbar, wer als Mitarbeiter Geschäfts- oder Betriebsgeheimnisse zu Zwecken des Wettbewerbs aus Eigennutz oder in der Absicht, dem Geschäftsinhaber Schaden zuzufügen, preisgibt.[299] Der Schutz wird ergänzt durch die Strafbarkeit der Verwertung und Mitteilung in unzulässiger Weise erlangter Betriebs- und Geschäftsgeheimnisse[300] sowie anvertrauter Unterlagen.

§ 1 UWG schützt ferner vor dem Auskundschaften irgendwelcher Betriebsvorgänge, ohne vorauszusetzen, dass diese Geheimnisse sind.[301] Für einen Anspruch nach dieser Vorschrift muss aber Sittenwidrigkeit vorliegen.

3) Rechtsfolge

Eine Verletzung der §§ 17 f. UWG führt zu einem Schadensersatzanspruch nach § 19 UWG bzw. § 823 Abs. 2 BGB.[302] Entsprechender Schutz ergibt sich bei sittenwidrigen Handlungen auch aus § 1 UWG.[303] Dieser sichert darüber hinaus einen Unterlassungsanspruch. Ferner kann sich bei Verletzung der §§ 17 f. UWG ein Bereicherungsanspruch gemäß § 812 Abs. 1 S. 1 2. Alt. BGB ergeben.

4) Zusammenfassung

Insgesamt werden nur wirtschaftlich tätige juristische Personen vor einzelnen Beeinträchtigungen ihrer Betriebs- und Geschäftsgeheimnisse geschützt. Die Geheimnisweitergabe muss entweder durch Mitarbeiter erfolgen[304] oder das Geheimnis muss in besonderer Weise erlangt werden.[305] Außerhalb des Wettbewerbs besteht kein Schutz.

---

299 § 17 Abs. 1 UWG.

300 § 17 Abs. 2 UWG.

301 Baumbach/Hefermehl, Wettbewerbsrecht, § 1 UWG, Rn. 250.

302 Dabei kann hier dahinstehen, ob § 19 UWG damit überhaupt eigenständige Bedeutung zukommt.

303 Baumbach/Hefermehl, a.a.O., § 19 UWG, Rn. 1; Vor. § 17 UWG, Rn. 5.

304 § 17 Abs. 1, 2 Nr. 2 UWG.

305 § 17 Abs. 2 Nr. 1 UWG.

4. Das Recht am Gewerbebetrieb

Ergänzend zu den ausdrücklichen gesetzlichen Regelungen zum Schutz von Unternehmen hat die Rechtsprechung das Recht am eingerichteten und ausgeübten Gewerbebetrieb entwickelt. Dieses schützt zumindest zum Teil auch persönlichkeitsrechtliche Belange. Das Recht ist erstmals in der Jutefaser-Entscheidung des Reichsgerichtes von 1904[306] von der Rechtsprechung als „sonstiges Recht" im Sinne von § 823 Abs. 1 BGB anerkannt.[307] Es soll Schutzlücken schließen und ist subsidiär heranzuziehen.[308] Der BGH betont, das Recht am Gewerbebetrieb sei Auffangtatbestand, der nicht zu Anwendung komme, wenn andere Vorschriften spezifische Haftungsmaßstäbe für das konkret zu beurteilende Eingriffsverhalten gesetzlich aufstellten.[309]

a) Personelle Reichweite

Gegenstand des Rechts am Gewerbebetrieb ist die deliktsrechtliche Regelung von Problemen des Wirtschaftslebens, soweit diese nicht durch wettbewerbliche Gesichtspunkte bestimmt und damit insbesondere nicht durch das UWG erfasst sind.[310] Zur Haftungsbeschränkung wird ein unmittelbarer Eingriff in die gewerbliche Tätigkeit verlangt. Dies verdeutlicht, dass das Recht am Gewerbebetrieb seitens des Betroffenen einen eingerichteten und ausgeübten Gewerbebetrieb erfordert. Durch das Recht werden also nur gewerblich tätige juristische Personen, also insbesondere die Kapitalgesellschaften geschützt.

b) Sachliche Reichweite

Das Recht am Gewerbebetrieb ist durch die Rechtsprechung Schritt für Schritt lückenfüllend entwickelt worden. Der Schutz setzt daher an unterschiedlichen Eingriffshandlungen und Schutzgegenständen an. Es bietet sich die Beschreibung des Rechts anhand einzelner Fallgruppen an. Diese ergeben sich aus der bisherigen Rechtsprechung. Dabei folgt nicht schon der Feststellung der Betroffenheit einer der Fallgruppen die Annahme einer Rechtsverletzung. Vielmehr

---

306 RGZ 58, 24, 29 f.

307 BGHZ 2, 387 – Mülltonnen; 3, 270, 278 ff. – Constanze; 38, 200, 204 – Kindernähmaschinen; 62, 29, 32 f. – Maschenfester Strumpf; 71, 86, 93 f. – Fahrradgepäckträger II.

308 BGHZ 36, 252, 257; 38, 200, 204 - Kindernähmaschinen; 45, 296, 307 - Höllenfeuer; 59, 30, 34.

309 BGH, NJW 1989, 707, 708; NJW 1992, 1312.

310 Larenz/Canaris, a.a.O., Fn. 56, § 81 I. 1. b), 540.

muss ein Eingriff betriebsbezogen sein, d. h. der Eingriff muss sich spezifisch gegen den „betrieblichen Organismus“ oder die unternehmerische Entscheidungsfreiheit richten und über eine bloße Belästigung oder sozial übliche Behinderung hinausgehen.[311] Ferner ist die Rechtswidrigkeit des Eingriffs im Rahmen einer Güter- und Interessenabwägung positiv festzustellen.

1) Behauptung und Verbreitung ungünstiger Tatsachen

Der BGH zieht das Recht am Gewerbebetrieb heran, wenn wahre Tatsachen ohne gebotenen Anlass oder in unnötig scharfer Weise so veröffentlicht werden, dass beim Betroffenen Beeinträchtigungen entstehen. Beeinträchtigungen in diesem Sinne sind etwa nicht gewährte Kredite oder entgangene Geschäftsabschlüsse.[312] Das Recht sei verletzt, wenn ein Unternehmen im Zusammenhang mit kritischen Berichten in den Massenmedien wahrheitsgemäß erwähnt oder bildlich dargestellt werde und dies als willkürliche Anprangerung erscheine.[313]

Der BGH nimmt ferner eine Verletzung des Rechts am Gewerbebetrieb an, wenn falsche Tatsachen verbreitet werden, mangels einer Beeinflussung potentieller Geschäftspartner § 824 BGB aber nicht einschlägig ist.[314] Daran wurde kritisiert, dass dies ein Verstoß gegen das Subsidiaritätsdogma und damit die Wertung von § 824 BGB sei.[315] Ein über § 824 BGB hinausgehender Schutz sei daher allenfalls über § 826 BGB anzunehmen. Dies würde aber die Sittenwidrigkeit der Schädigung voraussetzen.

Dieser Einwand ist abzulehnen. Andernfalls würden Unternehmen gegenüber wahren Tatsachen weitergehend geschützt als gegenüber unwahren.

2) Kritische Werturteile

Das Recht am Gewerbebetrieb soll ferner vor denjenigen kritischen Werturteilen schützen,[316] die als Schmähkritik zu verstehen sind.[317] Es geht um Fälle, in

---

[311] BGH, NJW 1985, 1620, Thomas, in: Palandt, BGB, § 823, Rn. 21; dazu siehe schon oben die “Lusthansa”-Entscheidung des OLG Frankfurt, in der das Gericht das Erfordernis der Betriebsbezogenheit zur Bejahung einer Persönlichkeitsrechtsverletzung aufstellte, B.I.2.b)1), 22 ff.

[312] BGHZ 8, 142, 144 f.; 36, 18, 23.

[313] BGH, GRUR 1969, 304 ff. – Kredithaie; NJW 1987, 2746 – Formaldehyd.

[314] BGHZ 90, 113, 122.

[315] Larenz/Canaris, a.a.O., Fn. 56, § 81 III. 1. b), 547.

[316] BGHZ 3, 270, 278 – Constanze.

[317] BGHZ 45, 296, 310 – Höllenfeuer.

denen § 824 BGB mangels Tatsachenbehauptung und die Vorschriften des UWG mangels Wettbewerbsverhältnis nicht greifen. Bei der Frage einer Rechtswidrigkeit eines Eingriffs ist hier die Meinungsfreiheit (Art. 5 Abs. 1 GG) im Rahmen der Güter- und Interessenabwägung besonders zu berücksichtigen.[318]

3) Boykottaufrufe und Unternehmensblockade

Außerdem soll das Recht dem Schutz vor Boykottaufrufen dienen. Diese seien grundsätzlich rechtswidrig und nur in sehr engen Grenzen zur Wahrnehmung berechtigter Interessen zu rechtfertigen.[319]

In der Schwerpunktsetzung der grundsätzlichen Rechtswidrigkeit ist diese Sicht problematisch, weil der Appell, sich bestimmten Leistungen eines Unternehmens zu enthalten, als Meinungsäußerung dem Schutz von Art. 5 Abs. 1 GG unterfällt.[320] Steht dem auf Seiten des Unternehmens lediglich die allgemeine Handlungsfreiheit (Art. 2 Abs. 1 GG) gegenüber, so wird diese wegen der besonderen Bedeutung der Meinungsfreiheit „als unmittelbarer Ausdruck der menschlichen Persönlichkeit in der Gesellschaft eines der vornehmsten Menschenrechte überhaupt“ und als ein für die freiheitlich-demokratische Staatsordnung konstituierendes Recht[321] regelmäßig zurückzustehen haben. Anderes ist die Lage zu beurteilen, soweit wirtschaftlicher Druck[322] oder soziale Macht zur Durchsetzung des Boykotts eingesetzt werden. Hier ist von Rechtswidrigkeit auszugehen.

Ähnlich dem Boykott ist die Unternehmensblockade zu beurteilen. Auch bei dieser greift der BGH auf das Recht am Gewerbebetrieb zurück.[323]

---

318 Im Grenzbereich zwischen Tatsachenbehauptungen und Werturteilen und damit der Anwendung von § 824 BGB und des Rechts am Gewerbebetrieb bewegen sich Warentests. Bei deren Beurteilung ist zu differenzieren: Liegen dem Urteil fehlerhafte Vorstellungen von Tatsachen zu Grunde, so ist § 824 BGB einschlägig. Liegt der Fehler dagegen im Bereich der Beurteilung dieser Tatsachen oder werden die Bewertungskriterien fehlerhaft ausgewählt, so geht es um das Recht am Gewerbebetrieb; Larenz/Canaris, a.a.O., Fn. 56, § 81 III. 2. b), 550.

319 BGHZ 24, 200, 206 – Spätheimkehrer.

320 Larenz/Canaris, a.a.O., Fn. 56, § 81 III. 3. a), 551.

321 BVerfGE 7, 198, 208 – Lüth.

322 BVerfGE 25, 256 – Blinkfüer.

323 BGHZ 59, 30, 34 – Bild-Zeitung.

4) Unbegründete Schutzrechtsverwarnungen

Ein weiterer Fall des Rechts am Gewerbebetrieb soll vorliegen, wenn ein Unternehmen unbegründet wegen bestehender Schutzrechte verwarnt wird und daraufhin eine wirtschaftliche Tätigkeit unterlässt.[324] Indessen kommt in diesen Fällen eine Anwendung des Rechts bei Berücksichtigung des Subsidiaritätsdogmas nur außerhalb des Wettbewerbs in Betracht.[325] Handelt es sich bei dem Verwarner um einen Konkurrenten, liegt ein Fall des Behinderungswettbewerbs vor: Erfolgt die Verwarnung öffentlich durch eine unwahre Tatsachenbehauptung zu Wettbewerbszwecken, so greifen die §§ 14 UWG, 824 BGB ein.[326] Verwarnt der Wettbewerber seinen Mitbewerber unmittelbar, dann ist § 1 UWG anwendbar.[327] Im Rahmen des Wettbewerbs bliebe ein Rückgriff auf das Recht am Gewerbebetrieb damit versperrt.

5) Verwässerungsgefahr

Außerdem wurde das Recht am Gewerbebetrieb zum Schutz berühmter Zeichen vor „Verwässerungsgefahr" herangezogen.[328] Ein Bedürfnis zum Schutz bestehe, wenn die Voraussetzungen der §§ 12 BGB und 16 UWG[329] nicht vorlägen, etwa weil der Zeicheninhaber und der Dritte in unterschiedlichen Branchen tätig seien.

Dagegen wurde eingewandt, dass der BGH eher § 1 UWG anwenden müsste. Dieser erfordere kein „Wettbewerbsverhältnis" sondern ein „Handeln zu Zwecken des Wettbewerbs". Dies sei auch bei Verbänden unterschiedlicher Branchen anzunehmen.[330] Dieser Einwand greift aber nicht, wenn eine Zeichenverwendung außerhalb zielgerichtet wirtschaftlicher Betätigung erfolgt. Wird beispielsweise der Name eines Zigarettenherstellers im Rahmen einer Kampagne zur gesundheitlichen Aufklärung durch einen Idealverein verwendet, dann finden das UWG und das MarkenG keine Anwendung.[331] Auf die Lückenhaftigkeit des Unternehmenskennzeichenschutzes durch § 15 MarkenG wurde bereits

---

324 BGHZ 58, 24, 29 – Jutefaser.

325 Anders aber BGHZ 38, 200, 205 – Kindernähmaschinen; 62, 29, 33 – Maschenfester Strumpf.

326 Baumbach/Hefermehl, a.a.O., Fn. 301, § 1 UWG, Rn. 237.

327 Baumbach/Hefermehl, a.a.O., § 1 UWG, Rn. 237; Sack, Die Haftung für unbegründete Schutzrechtsverwarnungen, WRP 1976, 733, 735 f.

328 BGHZ 28, 320, 328 – Quick.

329 Vgl. jetzt § 15 MarkenG.

330 Larenz/Canaris, a.a.O., Fn. 56, § 81 III. 5. a), 558.

331 Vgl. oben den „Mordoro"-Fall, B.I.2.a)5), 15 ff.

hingewiesen.[332] § 12 BGB findet gleichfalls keine Anwendung, wenn die Verwendung nichtkennzeichenmäßig erfolgt. Insoweit kann Bedarf für die Anwendung des Rechts am Gewerbebetrieb außerhalb wettbewerblicher Tätigkeit bestehen.

6) Betriebsgeheimnis

Ferner hat der BGH das Recht am Gewerbebetrieb bei Verletzung des Betriebsgeheimnisses eines Unternehmens herangezogen.[333] Dem Subsidiaritätsdogma entsprechend, müsste dieser Anwendungsbereich durch die beschriebenen Regelungen[334] zum Geheimnisschutz von Betrieben eigentlich verschlossen bleiben. Bei nichtbetrieblicher Tätigkeit findet das Recht dagegen von vornherein keine Anwendung.[335]

7) Rechtswidriger Streik

Schließlich zieht das Bundesarbeitsgericht das Recht am Gewerbebetrieb heran, wenn ein Unternehmen rechtswidrig - beispielsweise zur Regelung eines tariflich nicht regelbaren Ziels - durch einen Streik beeinträchtigt wird.[336] Zu Recht weist *Canaris* insoweit darauf hin, dass die Parteien des Arbeitskampfes einander in Sonderverbindungen gegenüberstehen. Es scheint daher die Begründung von „Schutzpflichten" nebst quasivertraglicher Haftung angebrachter als die Haftung wegen Verletzung deliktsrechtlicher „Verkehrspflichten".[337]

c) Rechtsfolge

Rechtswidrige und schuldhafte Verletzungen des Rechts am Gewerbebetrieb begründen Schadensersatzansprüche nach § 823 Abs. 1 BGB. Diese Ansprüche werden ergänzt durch Beseitigungs- und Unterlassungsansprüche (§ 1004 analog BGB).

---

[332] Siehe oben B.III.1.b), 61 ff.
[333] BGHZ 16, 172 – Geheimverfahren.
[334] Siehe oben B.III.3., 75 ff.
[335] Siehe oben B.III.4.a), 79.
[336] Vgl. BAG AP Nr. 106 zu Art. 9 GG Arbeitskampf m .w. N.
[337] Larenz/Canaris, a.a.O., Fn. 56, § 81 III. 6. b), 559 f.; Zöllner/Loritz, Arbeitsrecht, § 40 VII, 466 f.; Seiter, Dauerrechtsbeziehungen zwischen Tarifvertragsparteien?, ZfA 1989, 283 ff.

Demgegenüber soll ein Bereicherungsanspruch aufgrund der Eingriffskondiktion nicht anzunehmen sein. Insoweit fehle dem Recht am Gewerbebetrieb der erforderliche Zuweisungsgehalt.[338]

Dem kann in dieser Grundsätzlichkeit jedoch nicht zugestimmt werden. Es muss vielmehr mit der Zuweisungstheorie[339] darauf ankommen, inwieweit die Nutzung des jeweils geschützten Gutes dem jeweiligen Unternehmen zugewiesen ist. Dies ist für die einzelnen Fallgruppen unterschiedlich zu beantworten. Bei dem Schutz vor Behauptung und Verbreitung ungünstiger Tatsachen, kritischen Werturteilen, Boykottaufrufen, unbegründeten Schutzrechtsverwarnungen und rechtswidrigen Streiks fehlt jeweils ein derartiger Zuweisungsgehalt. Mit der Beeinträchtigung verwendet der Schädiger kein Gut, welches nur der Betroffene nutzen dürfte. Es besteht beispielsweise kein spezielles Recht eines Unternehmens, ungünstige Tatsachen über sich verbreiten zu dürfen. Seitens der Unternehmen geht es in diesen Fällen zwar um den Ruf oder die Funktionsfähigkeit. Diese sind durch das Recht am Gewerbebetrieb aber lediglich mittelbar geschützt. Die Lückenhaftigkeit dieses Schutzes sowie die Anknüpfung der einzelnen Fallgruppen an Handlungen - nicht an die Beeinträchtigung von Ruf und Funktionsfähigkeit - zeigen, dass es nicht primär um den Schutz letzter geht. Insoweit passt es, wenn das Recht am Gewerbebetrieb als die Entwicklung eines Bündels von Verhaltensnormen aufgrund einer ungeschriebenen Generalklausel bezeichnet worden ist.[340] Jedenfalls besteht damit hinsichtlich der beschriebenen Fallgruppen der erforderliche Zuweisungsgehalt.

Anders sind der Schutz berühmter Zeichen vor Verwässerungsgefahr und von Betriebsgeheimnissen zu beurteilen. Die Verwertung von berühmten Zeichen und Betriebsgeheimnissen ist den jeweiligen Unternehmen als Rechtsinhaber zugestanden und vorbehalten. Sie können mit diesen Gütern frei verfahren, sie beispielsweise veräußern. Insoweit besteht ein Zuweisungsgehalt. In diesen Fällen kann Bereicherungsausgleich nach § 812 Abs. 1 S. 2 2. Alt. BGB zu erbringen sein.

d) Zusammenfassung

Das Recht am Gewerbebetrieb ergänzt den Schutz gewerblich tätiger juristischer Personen, erschöpft ihn aber nicht. Damit geht es vor allem um die GmbH und

---

338 BGHZ 71, 86, 98 – Fahrradgepäckträger II.

339 Dazu noch C.IV.3.f), 155 ff.

340 V. Caemmerer, Wandlungen des Deliktsrechts, 49, 90; Canaris, a.a.O., Fn. 56, § 81 II. 2., 545.

die AG. Die Stiftung erlangt nur ausnahmsweise und der Idealverein gar keinen Schutz.

Beeinträchtigungen nimmt die Rechtsprechung in bestimmten Fallgruppen an. Dabei erscheint die Anwendung des Rechts mit Blick auf das Subsidiaritätsdogma nicht immer überzeugend. Insgesamt führte die Rechtsprechung aber in zunehmendem Maße zum Persönlichkeitsschutz juristischer Personen.

Bei dem Recht am Gewerbebetrieb steht zwar regelmäßig die missbilligte Verhaltensweise und nicht der Schutz eines konkret definierten Rechtsgutes im Mittelpunkt der Betrachtung. Die Missbilligung bestimmter Verhaltensweisen führt bei den juristischen Personen aber zur erweiterten Sicherung der unbeeinträchtigten Tätigkeit nach außen (Beeinträchtigungen sind z. B. die Behauptung und Verbreitung ungünstiger Tatsachen, kritische Werturteile, Boykottaufrufe, unbegründeten Schutzrechtsverwarnungen, rechtswidrige Streiks) und der internen Funktionsfähigkeit (Beeinträchtigungen sind z. B. das Erspähen oder die Weitergabe von Betriebsgeheimnissen).

Diese Schutzgegenstände sind insgesamt dem Persönlichkeitsschutz zuzuordnen. Der gemeinsame Oberbegriff der „Persönlichkeitsrechte" macht für Menschen und juristische Personen nämlich nur Sinn, soweit es um vergleichbare Schutzgegenstände geht. Bei den Menschen sichern Persönlichkeitsrechte Teile eines ungestörten Insichgekehrtseins (z. B. die Privatsphäre) und des unbeeinträchtigten Auftretens nach außen (z. B. der Schutz des Namens und des Rufes). Darum geht es auch bei der Sicherung der Funktionsfähigkeit und der unbeeinträchtigten Tätigkeit der juristischen Personen nach außen.

Demgegenüber führen die übrigen Fälle des Rechts am Gewerbebetrieb regelmäßig nicht zu weiterem Persönlichkeitsschutz. Der allgemeine Schutz berühmter Zeichen vor Verwässerungsgefahr weist allenfalls konkreten Bezug zur Person auf, soweit es um Identifikationszeichen von Unternehmen geht. Nur insoweit kann er dem Persönlichkeitsschutz zugeordnet werden.

Insgesamt bleibt der Persönlichkeitsschutz durch das Recht am Gewerbebetrieb aber sachlich lückenhaft. Dies folgt daraus, dass nicht einzelne Persönlichkeitsgüter der juristischen Personen sondern konkrete Eingriffshandlungen Gegenstand der entwickelten Fallgruppen geworden sind. So bleibt eine juristische Person beispielsweise schutzlos, wenn ihre Identitätsmerkmale zum Spaßartikel verzerrt werden, es aber an einer Verwässerungsgefahr fehlt.

Sofern die Voraussetzung einer Verletzung des Rechts am Gewerbebetrieb vorliegen, führt dies zu insbesondere Schadensersatz-, Beseitigungs- und Unterlassungsansprüchen. Bei Verletzung von Betriebsgeheimnissen können ferner Bereicherungsansprüche bestehen.

Im Ergebnis ist damit festzuhalten, dass das Recht am Gewerbebetrieb Persönlichkeitsrechte juristischer Personen schützt, dabei aber in personeller und sachlicher Hinsicht lückenhaft ist.

5. Stellungnahme

Die Darstellung hat gezeigt, dass besondere Persönlichkeitsrechte juristischer Personen in vielerlei Hinsicht Schutz genießen. Dabei zielen die gesetzlichen Vorschriften vor allem auf den Schutz wirtschaftlicher Tätigkeit. Das HGB regelt das Sonderprivatrecht der Kaufleute, das UWG und das MarkenG beziehen sich auf ein Verhalten im Wettbewerb, das Recht am Gewerbebetrieb setzt einen Betrieb voraus. Daraus lässt sich jedoch noch nicht schließen, dass die nicht primär wirtschaftlich tätigen juristischen Personen generell schutzlos wären.

Der Namens- und Kennzeichenschutz hat beispielsweise eine lückenfüllende Ergänzung durch die extensive Auslegung von § 12 BGB gefunden. Auch der Schutz des Rufes vor Herabwürdigung und Kreditgefährdung durch unwahre oder nicht erweislich wahre Tatsachenbehauptungen erfasst die juristischen Personen grundsätzlich gleichermaßen.

Die Vorschriften des UWG setzen zwar ein Wettbewerbsverhältnis voraus, sie gehen inhaltlich aber nicht über den Schutz durch die §§ 824 BGB und 186 f. StGB i. V. m. 823 Abs. 2 BGB hinaus. Lediglich das Recht am Gewerbebetrieb sichert die gewerblich tätigen juristischen Personen weitergehend ab. Der Schutz soll nämlich auch bei der Verbreitung wahrer Tatsachen greifen, wenn diese als Anprangerung erscheint. Gleiches soll gelten bei der Verbreitung kritischer Werturteile, die als Schmähkritik zu verstehen sind. Dieser Rufschutz jenseits unwahrer oder nichterweislich wahrer Tatsachen kommt den nicht wirtschaftlich tätigen juristischen Personen nicht zu. Dies betrifft vor allem gemeinnützige Stiftungen oder Idealvereine. Bildet sich etwa ein rechtsfähiger Verein zur Bekämpfung der Arbeitslosigkeit, so wäre dieser gegenüber der Behauptung und Verbreitung ungünstiger Tatsachen allein deshalb schutzlos, weil er nicht primär auf Gewinnerzielung ausgerichtet ist.

Noch weiter ist der Schutzunterschied hinsichtlich der Geheimnisse juristischer Personen. Der Verrat von Betriebs- oder Geschäftsgeheimnissen begründet Schadensersatzansprüche, wenn er durch Träger bestimmter Berufsgruppen (§ 203 StGB) oder Angehörige eines Unternehmens (§ 17 UWG) erfolgt. Ergänzend zieht der BGH das Recht am Gewerbebetrieb heran. Ein vergleichbarer Schutz nichtwirtschaftlich tätiger juristischer Personen - etwa der Schutz von

Vereinsgeheimnissen vor Verrat durch Vorstandsmitglieder - besteht nicht. Hier können sich allenfalls Schadensersatzansprüche wegen vertraglicher Pflichtverletzungen ergeben.

Darüber hinaus wird das Recht am Gewerbebetrieb bei Boykottaufrufen herangezogen. Erfolgt ein Boykottaufruf gegenüber einem Idealverein, kann dieser mangels Gewerbebetrieb dieses Recht nicht geltend machen.

Insgesamt werden die besonderen Persönlichkeitsrechte bei den einzelnen juristischen Personen damit unterschiedlich geschützt. Das wäre nicht weiter verwunderlich, wenn es hierfür eine sachliche Begründung gäbe. Diese könnte darin zu sehen sein, dass die wirtschaftlich tätigen juristischen Personen als besonders schutzwürdig erscheinen, etwa weil sie am Wirtschaftsleben teilnehmen und zu Steuern und dem Sozialprodukt beitragen. Ferner treten sie als Arbeitgeber am Arbeitsmarkt auf. Nicht zuletzt der BGH hebt diese Punkte im Zusammenhang mit dem allgemeinen Persönlichkeitsrecht juristischer Personen hervor, wenn er vom „sozialen Geltungsanspruch als Arbeitgeber und Wirtschaftsunternehmen" spricht.[341] Andererseits erfüllen aber auch altruistische Stiftungen und Idealvereine soziale Funktionen in der Gesellschaft (z. B. eine Stipendienstiftung, ein Verein zur Drogenbekämpfung, die Verbraucherschutzzentrale e. V. oder das Deutsche Institut für Normung e. V.). Diese Stiftungen und Vereine dienen der Selbstentfaltung in Gemeinschaft und der erfolgreicheren Zweckverwirklichung. Diese Funktionen sind nicht grundsätzlich niedriger zu bewerten als diejenigen der wirtschaftlich tätigen juristischen Personen. Eine sachliche Begründung für die unterschiedliche Behandlung ist damit nicht ersichtlich. Warum beispielsweise die Geheimnisse einer Weingummiproduzenten AG eher Schutz genießen sollen als diejenigen einer Stipendienstiftung, will nicht recht einleuchten.

Auch in materiellrechtlicher Hinsicht ist der Schutz der juristischen Personen durch besondere Persönlichkeitsrechte nicht lückenlos. Der Namensschutz ist zwar weitgehend. Der Fall, dass ein Name oder Kennzeichen einer juristischen Person nicht als Kennzeichen eines anderen, sondern anderweitig verwendet wird, wird aber nicht erfasst.

Der Rufschutz zielt wesentlich auf die Sicherung der wirtschaftlichen Wertschätzung (vgl. §§ 824 BGB, 14 UWG). Lediglich die §§ 186 f. StGB lassen ein Herabwürdigen in der Öffentlichkeit genügen und gehen damit über die rein

---

[341] So schon in der Studiobühne-Entscheidung siehe oben B.I.2.a)1), 11 f.

wirtschaftliche Relevanz als Voraussetzung hinaus. Bei bloß fahrlässigem Handeln greifen diese Vorschriften aber ebenso wenig wie bei Rufschädigung durch wahre Tatsachen oder Werturteile. In den beiden letzten Fällen bietet ergänzend gegenüber unmittelbaren Eingriffen das Recht am Gewerbebetrieb einzelnen juristischen Personen Schutz (s.o.).

Der Geheimnisschutz ist auf den Schutz von Betriebs- und Geschäftsgeheimnissen angelegt. Es wurde bereits darauf hingewiesen, dass etwa das Vereinsgeheimnis keinen Schutz genießt. Die Geschäfts- und Betriebsgeheimnisse bleiben ferner schutzlos, wenn der Verrat nicht vorsätzlich erfolgt oder nicht durch besondere Berufsträger oder Mitarbeiter und eine Verhaltensweise im Sinne des § 17 Abs. 2 UWG nicht vorliegt.[342] Sichtet beispielsweise die Reinigungskraft einer Hausverwaltungsgesellschaft die geschäftlichen Unterlagen von Mietern der Gesellschaft auf deren Schreibtischen, dann ist ihre Weitergabe der Informationen nicht als Geheimnisverrat zu sehen. In vielen Fällen dürfte es ferner an der für § 17 Abs. 2 UWG erforderlichen Schädigungsabsicht fehlen.

Ergänzend kann sich Schutz besonderer Persönlichkeitsrechte durch Anwendung von § 1 UWG (bei Wettbewerbsverhältnissen) und § 826 BGB ergeben. Dies setzt aber jeweils einen Verstoß gegen die guten Sitten voraus.

Im Einzelnen können die Persönlichkeitsrechtsverletzungen zu Schadensersatz-, Beseitigungs-, Unterlassungs- und bereicherungsrechtlichen Ansprüchen führen.

Der Schutz der besonderen Persönlichkeitsrechte juristischer Personen ist also personell und sachlich lückenhaft. Dies ist insbesondere auf die Konzentration bestehender Vorschriften und der Rechtsprechung auf Fragen des Wettbewerbs zurückzuführen. Dies führt zu der Frage, ob und ggf. wie bestehende Schutzbereichslücken zu schließen sind.

Bei den natürlichen Personen sind Lücken im Rahmen des Persönlichkeitsschutzes durch Anwendung des allgemeinen Persönlichkeitsrechts geschlossen

---

342 § 17 Abs. 2 UWG setzt eine Erlangung der Geheimnisse durch technische Mittel, eine Herstellung einer verkörperten Wiedergabe des Geheimnisses oder die Wegnahme einer Sache, in der das Geheimnis verkörpert ist, voraus.

worden. Ebenso könnte bei den juristischen Personen zu verfahren sein. Dies setzt voraus, dass ein allgemeines Persönlichkeitsrecht juristischer Personen überhaupt anzunehmen ist (C.).

C. Eigener Ansatz

Die vorstehenden Ausführungen haben gezeigt, dass der BGH zwar ein allgemeines Persönlichkeitsrecht juristischer Personen annimmt, eine nähere Begründung aber nicht erfolgt.[343] Das BVerfG hat sich einer abschließenden Äußerung über das Recht bisher enthalten.[344] Die Literatur hat wiederholt das allgemeine Persönlichkeitsrecht juristischer Personen zu begründen versucht. Im Ergebnis konnten die einzelnen Ansätze aber nicht überzeugen.[345] Andererseits ist der Persönlichkeitsschutz juristischer Personen durch die besonderen Persönlichkeitsrechte lückenhaft.

Die Frage, ob und ggf. mit welchem Inhalt ein allgemeines Persönlichkeitsrecht juristischer Personen anzunehmen ist, hängt von der Begründung des Rechts ab. Im Folgenden soll daher zunächst untersucht werden, ob ein Grund besteht, der die Annahme des Rechts fordert (I. – III.), ehe in einem weiteren Schritt festgestellt werden kann, in welchen Fällen das Recht Anwendung findet (IV.).

Grundlage eines allgemeinen Persönlichkeitsrechts juristischer Personen kann zum einen ihre rechtliche Anerkennung, also ihre Rechtsfähigkeit an sich sein (I.). Ferner kommen die sozialen Gebilde, denen die rechtliche Anerkennung zukommt, als Grundlage in Betracht (II.), wobei der verfassungsrechtlichen Wertschätzung dieser Gebilde besondere Bedeutung zukommen kann (III.).

I. Juristische Persönlichkeit - Grundlage von Einzelrechten?

Die Begriffe „Person“ und „Persönlichkeit“ haben in der Vergangenheit vielfältige Beschreibungen erfahren.[346] Dabei sind diese Begriffe so offen, dass sich ihnen eine rechtliche Konsequenz nicht entnehmen läßt. *Kraft* hat zutreffend darauf hingewiesen, dass der Begriff der „Persönlichkeit“ ohnehin der Philosophie entstammt und als solcher für die Rechtswissenschaft nicht aussagekräftig ist.[347]

---

343 Siehe oben, siehe die Würdigung der ergangenen Entscheidungen, unten B.I.2.c), 25 ff ff.
344 Siehe oben, B.I.1.e), 9 ff.
345 Siehe oben B.II.3, 54 ff.
346 Vgl. die Darstellungen bei Klinger, Rechtsfähigkeit und allgemeines Persönlichkeitsrecht, § 2, 7 ff.
347 Siehe oben B.II.2.e), 37 ff.

Die Bezeichnung „juristische Person“ entstammt dagegen der Rechtswissenschaft. Im Laufe der Zeit hat sich über die juristischen Personen ein Grundverständnis herauskristallisiert: Juristische Personen sind soziale Gebilde, denen die Rechtsordnung volle Rechtsfähigkeit zugesteht.[348] Soweit ersichtlich äußerte zuerst 1807 *G. A. Heise* dieses Verständnis. Er definierte sie als alles außer dem einzelnen Menschen, „was im Staat als ein eigenes Subjekt von Rechten anerkannt ist.“[349] Im Zivilrecht sind dies derzeit der eingetragene Verein (e.V.), die Aktiengesellschaft (AG), die Kommanditgesellschaft auf Aktien (KGaA), die Gesellschaft mit beschränkter Haftung (GmbH), der Versicherungsverein auf Gegenseitigkeit (VVaG) und die Stiftung.[350]

Mittels ihrer Rechtsfähigkeit sind diese sozialen Gebilde Rechtssubjekt. Sie können als solches Rechte und Pflichten erwerben.[351] Zuordnungsobjekt sind nicht die einzelnen, die juristische Person gründenden oder konstituierenden Menschen, sondern die von den die juristischen Personen bildenden Menschen verschiedenen juristischen Personen selbst. Sie können vor Gericht klagen und verklagt werden.

Damit stellt sich die Frage, ob das Zugeständnis von Rechtsfähigkeit an soziale Gebilde deren allgemeines Persönlichkeitsrecht zwingend mit sich bringt.

Rechtsfähigkeit beschreibt die Möglichkeit, bestimmte Rechte zu erwerben.[352] Sie ist Voraussetzung der Rechtsträgerschaft. Rechte selbst gewährt sie grundsätzlich nicht.[353] Auch historisch betrachtet ergibt sich diese Differenzierung: Zunächst ging man davon aus, dass Rechte nur innegehabt werden könnten – mithin es auf die Möglichkeit dieser Innehabung nicht ankam. Erst seit der Erkenntnis der Rechtsfähigkeit konnte die Innehabung der Rechte von ihrer Mög-

---

348 Hadding, in: Soergel, BGB, Vor § 21, Rn. 6; Enneccerus/Nipperdey, Allgemeiner Teil des Bürgerlichen Rechts, Erster Halbband, § 103 II., 401; Reuter, in: MünchKomm, BGB, Vor § 21, Rn. 2.

349 Grundrisse eines Systems des gemeinen Civilrechts, §§ 98 ff.

350 Die früher den juristischen Personen zugeordnete bergrechtliche Gewerkschaft gilt - sofern sie nicht in eine andere Rechtsform transformiert wurde - gemäß § 163 BBergG seit dem 31.12.1993 als aufgelöst.

351 Zum herkömmlichen Verständnis der Rechtsfähigkeit vgl. Enneccerus/Nipperdey, a.a.O., Fn. 348, § 83, I.; Larenz/Wolf, a.a.O., Fn. 266, § 5, Rn. 2, 119; Brox, Allgemeiner Teil des BGB, Rn. 655 ff.; Etwas anderes ergibt sich auch dann nicht, wenn man mit Fabricius (Relativität der Rechtsfähigkeit, 31 ff.; 43 ff.) oder Heinze (Rechtsnachfolge in Unterlassen, 101) unter Rechtsfähigkeit jegliches juristisches Verhaltensvermögen versteht.

352 Larenz/Wolf, a.a.O., Fn. 266, § 5, Rn. 8, 122.

353 Larenz/Wolf, a.a.O., § 5, Rn. 8, 122.

lichkeit abstrahiert werden.[354] Damit konnten die Menschen einander gleichgestellt werden, ohne daß es auf die ihnen jeweils zuzuordnenden Güter ankam.

Diese Differenzierung soll aber gerade für die Menschenrechte und das allgemeine Persönlichkeitsrecht des Menschen nicht gelten. Als Ausfluss der Menschenwürde seien sie mit der Rechtsfähigkeit garantiert.[355] Es sei die Personenhaftigkeit des Menschen und mit ihr seine Rechtsfähigkeit dem positiven Recht als Ausfluss der Menschenwürde vorgegeben.[356]

Danach steht die Rechtsfähigkeit zwischen ihrer eigentlichen Grundlage, der Menschenwürde, und dem konkreten Recht. Letztlich gewährleistet dann aber nicht die Rechtsfähigkeit sondern die dieser zugrundeliegende Menschenwürde weitergehende Rechte. Eine konkrete Rechtsposition lässt sich als Folge der Rechtsfähigkeit auch hiernach nicht annehmen.

Bei den juristischen Personen ist darüber hinaus zu berücksichtigen, dass diese nicht würdefähig sind.[357] Damit verbietet sich eine direkte Übertragung dieser Sichtweise auf die juristischen Personen. Hiernach ist nicht von der Rechtsfähigkeit juristischer Personen auf deren allgemeines Persönlichkeitsrecht zu schließen.

Von einem grundlegend anderen Verständnis der Rechtsfähigkeit geht *Fritz Fabricius* aus.[358] Rechtsfähigkeit stelle einen lediglich relativen Wert dar. Deswegen sei der jeweilige Rechtsträger auf seine Fähigkeit hin, sich im Sinne einer Norm verhalten zu können, zu beleuchten. Liege diese vor, bestimmten sich danach Inhalt und Umfang der Rechtsfähigkeit. Für Fabricius ist Rechtsfähigkeit der Rahmen, der sich aus der Anwendbarkeit von Normen auf bestimmte Rechtsträger ergibt.

Dann ist aber die allgemeine Begründung von Rechten unter Berufung auf die Rechtsfähigkeit allenfalls ein Rückschluss auf die bereits beantwortete Frage nach der grundsätzlichen Anwendbarkeit der rechtsbegründenden Norm. Ursprünglich rechtsbegründend ist die Rechtsfähigkeit also auch nach diesem Ansatz nicht.

---

354 Klinger, Rechtsfähigkeit und allgemeines Persönlichkeitsrecht, § 3, 13.

355 Larenz/Wolf, a.a.O., Fn. 266, § 5, Rn. 8, 122.

356 Ähnlich schon Wächter, Pandekten, Band I, 172 ff.; Husserl, Rechtssubjekt und Rechtsperson, AcP 127 (1927), 129, 180 ff.; Ernst Wolf, in: Wolf/Naujoks, Anfang und Ende der Rechtsfähigkeit des Menschen, 50 ff.; Larenz/Wolf, a.a.O., Fn. 266, § 5, Rn. 5, 121.

357 Siehe oben B.II.3, 55.

358 Relativität der Rechtsfähigkeit, 238; dem folgend Heinze, Rechtsnachfolge in Unterlassen, 101.

Damit kommt Rechtsfähigkeit als eigenständige Grundlage eines allgemeinen Persönlichkeitsrechts juristischer Personen nicht in Betracht.

Im Folgenden geht es daher um die Frage, welche sozialen Gebilde den juristischen Personen zugrunde liegen und ob diesen ein allgemeines Persönlichkeitsrecht zuzugestehen ist. Da die juristischen Personen insgesamt sehr unterschiedlich sind – deutlich wird dies etwa an den Unterschieden von Stiftungen und AG –, kann eine Beschreibung dieser sozialen Gebilde nicht pauschal erfolgen. Es gilt vielmehr, die wesentlichen Eigenschaften der juristischen Personen herauszufiltern und festzustellen, ob diese eine Anerkennung des allgemeinen Persönlichkeitsrechts erfordern.

II. Eigenschaften und „Wesen" juristischer Personen

Eine umfassende Auseinandersetzung der Rechtswissenschaft mit den Eigenschaften juristischer Personen erfolgte im 19. Jahrhundert. Ihre Ergebnisse bilden den Ausgangspunkt der Diskussion bis heute. Dabei sollte die Feststellung „des Wesens" der juristischen Personen deren praktische Handhabung vorbereiten. Mit der „Wesens"-diskussion ging es um die Beschreibung der Quintessenz bzw. hervorgehobener Eigenschaften juristischer Personen.[359]

Heute wird der Wesensbetrachtung vorgehalten, die juristische Person sei als Rechtsfigur zu einer handhabbaren Kategorie geworden.[360] Die sich hinter ihr verbergenden Probleme seien nicht wieder und wieder zu reflektieren.[361] Vielmehr könne sich der Jurist heute ihrer bedienen[362].

---

359 Zum Wesensbegriff: Scheuerle, Das Wesen des Wesens, AcP 163 (1964), 429, 436; Westermann, Vertragsfreiheit und Typengesetzlichkeit im Recht der Personengesellschaften, § 3 I. 1., 57 ff.

360 Karsten Schmidt, Gesellschaftsrecht, § 8 II. 1., 193.

361 Larenz/Wolf, a.a.O., Fn. 266, § 9, Rn. 7, 168. Coing sieht schon den Streit des 19. Jahrhunderts wegen unterschiedlicher philosophisch - soziologischen Grundlagen als hoffnungslos an und betrachtet ihn für eine „Rechtsbetrachtung, die von Ordnungsgedanken und Interessenforschung ausgeht" als „ohne Bedeutung" (Coing, in: Staudinger, 12. Auflage, Einl zu §§ 21-89, Rn. 4). Flume legt dar, dass der Theorienstreit zwar noch seit Inkrafttreten des BGB weitergeführt wurde, die einzelnen Ansichten seitdem aber nicht mehr ernst genommen würden (Flume, a.a.O., Fn. 260, § 1 IV , 21). Jauernig bezeichnet die Gedanken zum Wesen der juristischen Personen als nutzlos, in: Jauernig/Schlechtriem, BGB, Vor § 21, Rn. 2.

362 Karsten Schmidt, a.a.O., Fn. 360, § 8 II. 1., 194.

Diese pragmatische Sicht klammert indes eine Grundfrage aus, auf die gerade in der Diskussion eines allgemeinen Persönlichkeitsrechtes juristischer Personen einzugehen ist: Was bedeutet juristische Person, was macht sie aus? Die Wesensbetrachtung gewinnt an Bedeutung, wenn der durch den Gesetzgeber und die Rechtsprechung gesetzte Rahmen näher zu bestimmen ist. Hier geht es konkret um die Frage, ob ein Recht, das allgemeine Persönlichkeitsrecht, den juristischen Personen zukommen kann. Nicht zuletzt die differierenden Ansätze der zivilrechtlichen und der verfassungsrechtlichen Rechtsprechung sowie die unterschiedlichen Positionen in der Literatur zeigen, dass es insoweit an einem gefestigten handhabbaren Rahmen fehlt. Damit gewinnt die Wesensbestimmung wieder an Bedeutung.[363]

Die Theorien des endenden 19. und beginnenden 20. Jahrhunderts um das Wesen der juristischen Personen betonen unterschiedliche Aspekte. Auch wenn die Autoren damaliger Zeit einander konträr gegenüberstanden, weil sie die jeweils gefundenen Merkmale juristischer Personen zu deren „Wesen“ erhoben, können sie heute zumindest zum Teil nebeneinander zum Entwurf eines umfassenden Bildes juristischer Personen herangezogen werden. Insoweit sind die Theorien bereits als komplementäre Modelle bezeichnet worden,[364] aus deren einzelnen Elementen sich das Gesamtbild der juristischen Personen ergibt.

1. Fiktionstheorie nach Savigny

Die Diskussion „neuerer Zeit“ nahm ihren Anfang mit den Darstellungen von *Friedrich Carl von Savigny*.[365] Dieser wird häufig als Begründer der Fiktionstheorie bezeichnet.[366] Dabei wird angenommen, Savigny habe die sozialen Gebilde, welche juristischen Personen zu Grunde liegen, als zu fingieren und damit als nicht existent angesehen. Ausgangspunkt ist eine Formulierung mit welcher er die Rechtsfähigkeit, die grundsätzlich nur auf den einzelnen Menschen zu

---

[363] Karsten Schmidt spricht davon, dass ein Hinterfragen der juristischen Person immer dann erforderlich sei, wenn es darum gehe, ein Loslösen der Rechtsfigur von ihren Wertungsgrundlagen zu verhindern oder Rechtsfortbildungen zu begründen (a.a.O., § 8 II. 1., 194).

[364] Wieacker, Zur Theorie der juristischen Person des Privatrechts, in: Festschrift für E. R. Huber, 339, 372.

[365] Flume, a.a.O., Fn. 260, § 1 I. 1., 1.

[366] Enneccerus/Nipperdey, Allgemeiner Teil des bürgerlichen Rechts, Erster Halbband, § 103 Fn. 2, 399; Rittner, Die werdende juristische Person (1973), 180; Hadding, in: Soergel, BGB, Vor § 21, Rn. 9; Klinger, Rechtsfähigkeit und allgemeines Persönlichkeitsrecht, § 4, 20.

beziehen sei, „jetzt als ausgedehnt auf künstliche, durch bloße Fiction angenommene Subjecte“ beschrieb.[367]

Savigny ging davon aus, dass alles Recht um der sittlichen und jedem einzelnen Menschen innewohnenden Freiheit willen vorhanden sei.[368] Dem Einzelmenschen sei Autonomie eigen, so dass die Privatrechte auf die Einzelperson beschränkt bleiben müssten.[369] Der einzelne Mensch trage seinen Anspruch auf Rechtsfähigkeit schon in seiner leiblichen Erscheinung mit sich.[370] Nur diesem wachse Rechtsfähigkeit zwingend zu.[371] Den „idealen Gebilden“ - worunter Savigny vor allem die juristischen Personen verstand - fehle eine „natürliche Beglaubigung“ gänzlich.[372] Letztere könne aber durch den Willen der höchsten Gewalt ersetzt werden.[373]

Die privatrechtliche Rechtsfähigkeit bedeute lediglich das Vorliegen von Vermögensfähigkeit,[374] denn die Fiktion des Gesetzgebers habe keine Macht über den vorrechtlichen materialethischen Grund der „anomalischen“, nämlich vom sittlichen Grunde unmittelbar abhängigen Rechtsverhältnisse des Personen- und Familienrechts.[375]

Auf dieser Grundlage musste Savigny in jeder Zuweisung subjektiver Rechte an andere soziale Gebilde als den Einzelmenschen eine gesetzliche Fiktion natürlicher Personen sehen.[376] Diese Fiktion ist aber eine andere als die Savigny nach-

---

367 Savigny, System, Band II, § 85, 236.

368 Ders., a.a.O., § 60, 2. Es bestehe eine Verwandtschaft zwischen Recht und Sittlichkeit, bei der das Recht der Sittlichkeit diene, aber nicht indem es ihr Gebot vollziehe, sondern indem es die freie Entfaltung ihrer, jedem einzelnen Willen innewohnenden, Kraft sichere (System, Band I, § 52, 332). Das Recht habe sein Dasein in dem gemeinsamen Volksgeist, also in dem Gesamtwillen, der insofern auch der Wille jedes einzelnen sei; System, Band I, § 9, 24.

369 Wieacker, a.a.O., Fn. 364, 339, 362.

370 Savigny, System, Band II, § 89, 277.

371 Ders., a.a.O., § 60, 2.

372 Ders., a.a.O., § 89, 278.

373 Ders., a.a.O., § 89, 278. Savigny spricht von einer Genehmigung durch den Staat, welche auch stillschweigend durch wissentliche Duldung und Anerkennung erteilt werden könne (a.a.O., § 89, 275).

374 Ders., a.a.O., § 85, 236 ff., § 90, 282; Wiedemann erkennt darin den Zeitgeist des 19. Jahrhunderts. Diesem entspreche es, wenn Rechtsfähigkeit nur derjenige erlange und behalte, welcher Vermögen besitze. Ferner käme das Misstrauen gegenüber den demokratisch organisierten Verbänden mit gesellschaftspolitischen Zielen zum Ausdruck; a.a.O., Fn. 260, § 4 I 1. a), 192.

375 Savigny, System, Band I, §§ 53, 54, 334 ff.; Band II, § 85, 238; Insbesondere das Familienrecht liege außerhalb des Gebietes für welches allein die Fiktion der juristischen Person gemacht sei; Ders., System, Band II, § 85, 236 ff., § 94, 314.

376 Wieacker, a.a.O., Fn. 364, 339, 362.

gesagte Fiktion der sozialen Gebilde an sich.[377] Vielmehr geht Savigny bei der Herleitung der Rechtsfähigkeit juristischer Personen keineswegs davon aus, „daß an den wirklich vorhandenen juristischen Personen nur allein diese Eigenschaft zu finden oder doch von Wichtigkeit wäre."[378] Er spricht vom „realen Dasein" juristischer Personen.[379] Für das System des Privatrechts seien die juristischen Personen allerdings nichts anderes als vermögensfähige Subjekte, jede andere Seite ihres Wesens liege völlig außer dessen Grenzen.[380]

Damit kann Savigny aber auch nichts über die „andere Seite" juristischer Personen entnommen werden. Er klammert die sozialen Gebilde hinter der Rechtsfähigkeit aus seiner Betrachtung aus.

2. Fiktionstheorie im engeren Sinne

Von der Position Savignys zu unterscheiden ist die Theorie, welche das Vorliegen eines Rechtssubjektes bei der juristischen Person gänzlich verneint (Fiktionstheorie im engeren Sinne). Deren wichtigster Vertreter war *Bernhard Windscheid.* Er beschrieb, dass Rechte und Verbindlichkeiten nicht dem Menschen als Rechtssubjekt zugeordnet werden müssen.[381] Vielmehr sei es möglich, „daß Rechte bestehen, welche die Bestimmung haben, einem gewissen Zwecke zu dienen" oder dass der Mensch als Subjekt der Rechte in diese noch nicht eingetreten sei.[382] Es könnten Rechte und Verbindlichkeiten „ohne Verknüpfung mit einem Subjekt überhaupt" bestehen.[383] Da dem aber „ein natürliches, auf dem tiefen Zuge zur Persönlichkeit, welcher durch die Menschennatur hindurchgeht, beruhendes Gefühl" entgegenstehe, suche man „für die Rechte und Verbindlichkeiten ein tragendes Subject und findet dasselbe (wenigstens regelmäßig) in einer künstlich, durch Gedankenoperation geschaffenen, einer vorgestellten Person".[384] Diese bezeichnet Windscheid als „fingierte Person".[385] Dies sei die bessere Bezeichnung für das, was andere als juristische Person bezeichneten: „Person nennen wir das mit Selbstbewußtsein und Willensfähigkeit begabte

377 Ders., a.a.O., Fn. 364, 339, 362.
378 Savigny, System, Band II, § 85, 240.
379 Ders., a.a.O., § 94, 312.
380 Ders., a.a.O., § 85, 240.
381 Windscheid, Lehrbuch des Pandektenrechts, Band I, § 49, 122.
382 Ders., a.a.O., § 49, 122.
383 Ders., a.a.O., § 49, 123.
384 Ders., a.a.O., § 49, 123 f.
385 Ders., a.a.O., § 49, 127.

Individuum. Die s. g. juristischen Personen sind persönlich gedachte Nichtpersonen."[386] Sie sind „nicht wirklich existierende, nur vorgestellte Personen, welche als Subject von Rechten und Verbindlichkeiten behandelt" werden.[387]

Windscheid leugnet mit anderen Worten die Existenz des Zuordnungsobjektes hinter der Rechtsfähigkeit. Die Frage nach dessen Eigenschaften stellt sich dann nicht mehr. Aussagen über die Eigenschaften der juristischen Personen lassen sich auch den Darstellungen Windscheids nicht entnehmen.

3. Theorie des Zweckvermögens

Alois Brinz sah bei den juristischen Personen den Zweck an der Stelle des Subjektes.[388] In diesem finde ein Vermögen seinen Stütz- und Mittelpunkt – „seinen Gehörpunkt".[389] Es gehöre das Vermögen nicht irgendwem, sondern für etwas.[390] Würde dem entgegengehalten, dass ein Dürfen und Können nur in Person denkbar wäre, so könne dieser Konflikt durch Vertreter des Zweckvermögens gelöst werden.[391]

Für Brinz erstreckt sich die Rechtsfähigkeit juristischer Personen lediglich auf einen Zweck. Er weist damit auf die besondere Bedeutung des Zweckes juristischer Personen hin. Wenngleich heute davon auszugehen ist, dass der Zweck zwar nicht an der Stelle des Rechtssubjekts juristischer Personen steht, so ist doch allen juristischen Personen gemeinsam, dass sie einem spezifischen Zweck dienen.

---

386 Ders., a.a.O., § 49 Anm. 6, 126.
387 Ders., a.a.O., § 57, 146.
388 Brinz, Lehrbuch der Pandekten, Erster Band, 2. Auflage (1873), § 60, 200; Dritter Band, 2. Auflage (1886), §§ 432 ff., 453 ff.
389 Ders., a.a.O., Erster Band, § 60, 200; Dritter Band, §§ 432, 456.
390 Ders., a.a.O., Erster Band, § 61, 201.
391 Ders., a.a.O., Erster Band, § 61, 206.

4. Theorie der realen Verbandspersönlichkeit

a) Otto von Gierke

Otto von Gierke begründete die „Theorie der realen Verbandspersönlichkeit“.[392] Diese sollte das Wesen der menschlichen Verbände erschließen und alle Zusammenschlüsse von der einfachen Gesellschaft bis zum Staat in einem einheitlichen Recht erfassen.[393] Gierke konzentrierte sich auf die Grundlagen der Rechtsfähigkeit juristischer Personen. Nicht das Rechtsphänomen, sondern die dem Phänomen zu Grunde liegende Wirklichkeit war für ihn von Interesse.[394] „Um den Teil des Rechts, der sich als Lebensordnung von Verbänden gibt, zu verstehen und zu würdigen, muss man zu erfahren suchen, was denn eigentlich das ist, was hier in das Recht hineintritt und von ihm seine Ordnung empfängt.“[395]

Das Recht wende sich „an den Menschen als vernunftbegabtes Wesen, das befähigt ist, sich selbst aus sich heraus zu bestimmen“.[396] Rechtssubjektivität setze „Persönlichkeit“ voraus, welche den Trägern freien Willens zugestanden werden könne.[397] Die Menschen könnten „entweder als einzelne oder als Verbände das Recht der Persönlichkeit haben.“[398] Das objektive Recht könne „kraft seiner formellen Allmacht an sich beliebige Dinge, jedoch seiner Idee gemäß und mit Aussicht auf wirklichen Erfolg nur Träger von freiem Willen, zu Personen stempeln“.[399] Würde den Verbänden Rechtssubjektivität zugesprochen, so seien diese „eine wirkliche und volle Person gleich der Einzelperson, jedoch im Gegensatz zu dieser eine zusammengesetzte Person“.[400]

---

392 Im Anschluss an die germanistische Genossenschaftstheorie von Beseler, System des gemeinen deutschen Privatrechts, erste Abteilung, §§ 66-72, 229 ff. und Bluntschli, Deutsches Privatrecht, Erster Band, §§ 33 ff., 66 ff.; siehe Gierke, Deutsches Privatrecht, Erster Band, § 30, 265 ff., § 58 ff., 456 ff.; Das Wesen der menschlichen Verbände, Rektoratsrede.

393 Gierke, Deutsches Privatrecht, Erster Band, §§ 59 ff.

394 Flume, a.a.O., Fn. 260, § 1 II., 17.

395 Gierke, Das Wesen der menschlichen Verbände, Rektoratsrede, 7.

396 Ders., Deutsches Privatrecht, Erster Band, § 15 II. 4., 115.

397 Ders., a.a.O., § 30 II. 265; Ähnlich schon Zitelmann, Begriff und Wesen der sogenannten juristischen Person, 53 ff.

398 Gierke, a.a.O., § 30 II., 267.

399 Ders., a.a.O., § 30 II., 265.

400 Ders., a.a.O., § 59 II., 470.

Ebenso wie die natürlichen Organismen hätten die sozialen Gemeinschaften Organe, denen spezifische Funktionen zugeordnet seien.[401] Es könne der natürliche mit dem sozialen Organismus verglichen werden.[402] Seit alter Zeit werde die zusammengesetzte Person um ihrer organischen Struktur willen als ein „Körper" mit „Haupt" und „Gliedern" und mit funktionierenden „Organen" vorgestellt und bezeichnet.[403] Bei der Körperschaft bilde ein einheitlicher Gemeinschaftswillen die Seele und der Vereinsorganismus den Körper.[404] Die Seele der Anstalt bestehe in dem einheitlichen Stiftungswillen und ihr Körper sei die organische Einrichtung vermöge derer „fort und fort Menschen diesem Willen dienstbar werden".[405]

Der Vergleich sei allerdings lediglich Hilfsmittel der Beschreibung beiderseitig erkannter Eigenschaften. Den Versuch, aufgrund bestehender Parallelen nur einseitig erkannte Eigenschaften auf das jeweils andere Vergleichsobjekt zu übertragen, sieht Gierke als Fehlerquelle.[406] Die innere Struktur eines Ganzen, dessen Teile Menschen sind, müsse von einer Beschaffenheit sein, für die das Naturganze kein Vorbild biete.[407] Während die inneren Lebensbeziehungen des Menschen schlechthin nicht in das Rechtsgebiet einzögen, seien die Bestandteile der gesellschaftlichen Organismen selbst Personen. Ihre Rechtsverhältnisse seien insbesondere durch die Verfassung der Verbandsperson rechtlich ausgestaltet. Mithin unterschieden sich soziale und natürliche Gebilde in ihrem innersten Wesen.[408]

Gleichwohl sei das soziale Ganze dem Einzelorganismus gleich als „Lebendiges" dem Gattungsbegriff des Lebewesens zu unterstellen.[409] Zwar ließe sich ein unmittelbarer Beweis für das Dasein sozialer Lebenseinheiten nicht führen, es sei aber aus den äußeren und inneren Wirkungen der sozialen Einheiten darauf zu schließen:[410] Völker und andere Gemeinschaften gestalteten handelnd die Welt.[411] Unmittelbar Handelnde seien die Individuen, denn die Gemeinschaft bestehe ja aus diesen. Die Individuen seien aber in ihrer Tätigkeit durch leibli-

---

401 Ders., a.a.O., Fn. 395, 16.
402 Ders., a.a.O., 15 f.
403 Ders., a.a.O., Fn. 393, § 59 II. 5., 473.
404 Ders., a.a.O., § 60, 474.
405 Ders., a.a.O., § 60, 474.
406 Ders., a.a.O., Fn. 395, 16.
407 Ders., a.a.O., 18.
408 Ders., a.a.O., Fn. 393, § 59 II. 5., 473.
409 Ders., a.a.O., Fn. 395, 18.
410 Ders., a.a.O., 22.
411 Ders., a.a.O., 23.

che und seelische Einwirkungen bestimmt, die aus ihrer Verbundenheit herrührten.[412]

Die Wirkungen der Gemeinschaft seien nicht Folge einer Gesamtleistung, welche sich durch Zusammensetzen der isolierten Teilleistungen einzelner Menschen ergebe.[413] Phänomene, die einer überindividuellen Entwicklung bedürften (z. B. Machtorganisation, Recht, Sitte, Volkswirtschaft und Sprache), zeigten, dass die wirkende Gemeinschaft eine Gemeinschaft mit überindividueller Lebenseinheit sei.[414]

Neben dieser äußeren Wirkung entfalteten soziale Lebenseinheiten als Teil unseres Bewusstseins auch eine innere Wirkung. Die Eingliederung unseres Ich in ein gesellschaftliches Sein höherer Ordnung sei für uns ein inneres Erlebnis.[415] Ohne die Zugehörigkeit zu Gemeinschaften[416] würden wir uns „in dem ärmlichen Rest" selbst nicht wiedererkennen.[417]

Die äußere und die innere Wirkung menschlicher Verbände zeigten, dass diese reale leiblich-geistige Einheiten seien.[418]

Für die Rechtswissenschaft ergäben sich daraus zwei Konsequenzen: Dort, wo sich eine Gemeinschaft als ein rechtlich geordnetes Ganzes darstelle, erhebe sich die Frage, ob und mit welcher Geltung die soziale Lebenseinheit als Verbandsperson anerkannt werden solle. Und dort, wo diese erscheine, müsse die Rechtswissenschaft Rechtssätze als Ausdruck einer leiblich-geistigen Lebenseinheit des gesellschaftlichen Organismus begreifen.[419]

b) Stellungnahme

Gierke setzt sich umfassend mit einzelnen Eigenschaften juristischer Personen auseinander. Dabei verwendet er zum Teil die heute ungewohnten bildhaften Begriffe. Zur genaueren Beschreibung der zu gewinnenden Merkmale bietet er sich an, diese im einzelnen näher zu behandeln:

---

[412] Ders., a.a.O., 23.
[413] Ders., a.a.O., 24.
[414] Ders., a.a.O., 24.
[415] Ders., a.a.O., 24.
[416] Gierke benennt die Zugehörigkeit zu Volk und Staat, zu einer Religionsgemeinschaft und Kirche, zu einer Berufsgemeinschaft, einer Familie und zu mancherlei Vereinen und Genossenschaften; a.a.O., 24.
[417] Ders., a.a.O., 24.
[418] Ders., a.a.O., 26.
[419] Ders., a.a.O., 27.

1) Wille

Für Gierke ist ein eigener Wille zur Erlangung von Rechten wesentlich. Der Wille juristischer Personen sei mit dem Gemeinschaftswillen des Verbandsorganismus und dem Stifterwillen gegeben.

Damit weist Gierke auf einen besonderen Willen juristischer Personen hin. Dieser kann indessen nicht – wie bei den natürlichen Personen - Folge eines autonomen Entscheidungsprozesses sein. Es fehlt an einem rein innermenschlichen Prozess. Die menschliche Willensbildung beschreibt die Sozialpsychologie als „kognitive Stufen sozialer Informationsverarbeitung".[420] Der Mensch nimmt durch seine Sinnesorgane Stimuli aus der Umwelt auf. Sie werden mit eigenem Wissen in Beziehung gesetzt. Die Reize werden einer sinnhaften Kategorie zugeordnet (Kategorisierung) und hinsichtlich des Zieles organisiert. Es werden relevante Informationen aus dem Gedächtnis abgerufen. Dem folgt die kreative Tätigkeit des Schließens, welche zur Entscheidung führt. Es geht um Wahrnehmen, Interpretieren, Suchen nach Alternativen, Bewerten der Alternativen und Entscheiden.

Anders läuft dagegen der Willensbildungsprozess juristischer Personen ab. Auch hier begründen zunächst äußere Reize die Notwendigkeit einer Willensbildung. Diese werden aber nicht mit dem Wissen eines einzelnen Menschen, sondern mit dem Wissen mehrerer Entscheidungsträger in Beziehung gesetzt. Informationen werden nicht nur aus einem Gedächtnis, sondern aus mehreren Gedächtnissen abgerufen und durch die Entscheidungsträger in einem kommunikativen Prozess ausgetauscht. Gemeinsam werden Alternativen gesucht und bewertet. In einem gesetzlich oder vertraglich festgelegten Verfahren wird die Entscheidung gefällt.[421] Der Zweck der juristischen Person spielt dabei regelmäßig als Zielvorgabe eine große Rolle.

Die Willensbildung erfolgt damit nicht autonom, sondern zwischenmenschlich. Etwas anderes gilt lediglich für die Einpersongesellschaften (z. B. Ein-Mann-GmbH). Bei diesen bedarf die Beschlussfassung jedoch besonderer formeller

---

[420] Fiedler, Die Verarbeitung sozialer Informationen für Urteilsbildung und Entscheidung, in: Stroebe/Hewstone/Stephensen (Hrsg.), Sozialpsychologie, 6.2, 146 ff.

[421] Hinsichtlich der einzelnen juristischen Personen finden sich detaillierte gesetzliche die Willensbildung bestimmende Regelungen, die nur zum Teil vertraglich abbedungen werden können. Die Willensbildung über die grundsätzlicheren Entscheidungen erfolgt regelmäßig durch Beschluß der Kollektivorgane (z. B. die Mitgliederversammlung des e.V. (§ 32 BGB), die Hauptversammlung bei der AG (§§ 118 ff. AktG) und KGaA (§§ 118 ff., 285 AktG), die Generalversammlung bei der eG (§ 43 GenG), die Gesamtheit der Gesellschafter bei der GmbH (§ 48 GmbHG) und die oberste Vertretung beim VVaG (§ 36 VAG)).

Anforderungen (§ 48 Abs. 3 GmbHG: Schriftform, § 130 AktG: notarielle Beurkundung). Auch deren Willensbildung ist also nicht mit derjenigen der Individuen identisch.

Ebenso wie den menschlichen Handlungen liegt damit den Handlungen juristischer Personen ein eigener Wille zugrunde. Dieser vom Individualwillen zu unterscheidende Gemeinwille ist eine wesentliche Eigenschaft juristischer Personen. Ohne ihn wären die juristischen Personen zu gesteuerten Handlungen und damit zur Ausübung ihrer Rechtsfähigkeit unfähig.

2) Organe

Ferner sieht Gierke als notwendigen Bestandteil der juristischen Personen deren Organe, „in deren Lebensthätigkeit sich die Lebenseinheit der Gesamtperson mit rechtlicher Wirkung offenbart."[422] Gierke spricht auch von „Körper", „Haupt" und „Gliedern" juristischer Personen.

Diese Formulierungen versuchen, die Verbände nach dem Muster des Menschen zu kennzeichnen. Der Sache nach geht es um die Erfassung derjenigen Personen oder Gruppen von Menschen, die für Verbände festgelegte Funktionen erfüllen.[423] Dies entspricht dem heutigen Verständnis von den Organen juristischer Personen.

Auch die Organe sind wesentliche Merkmale der juristischen Personen; sie sind für das Funktionieren der juristischen Person wesentlich. Dabei geht es zum einen um die interne Willensbildung. Diese erfolgt durch Organe, deren Handlung sich auf den Innenbereich der juristischen Personen konzentriert. Zum an-

---

[422] Gierke, a.a.O., Fn. 393, § 65 I., 497.

[423] Mit dieser Definition werden sowohl Organe nach dem Organbegriff der juristischen Person als auch nach dem Organbegriff des Verbandsrechts erfasst:
1. Nach dem Organbegriff der juristischen Person sind Organe diejenigen natürlichen Personen, deren Verhalten der juristischen Person als eigenes zugerechnet wird, sofern sie als Amtsträger tätig werden.
2. Nach dem Organbegriff des Verbandsrechts sind Organe die Personen oder Gruppen, die den für den Verband maßgeblichen Willen bilden, wobei deren Entscheidung am Verbandsinteresse orientiert sein muß.
Zu den Organbegriffen: Coing, Die Vertretungsordnung juristischer Personen und deren Haftung gemäß § 31 BGB, in: Festschrift für Robert Fischer, 65 f.; v. Thur, Der Allgemeine Teil des Deutschen Bürgerlichen Rechts, Erster Band, § 32 II., 459 ff.; Westermann, Vertragsfreiheit und Typengesetzlichkeit, 150 f.; Wiedemann, Verbandssouveränität und Außeneinfluss, in: Festschrift für Wolfgang Schilling, 105, 108; Wiedemann, a.a.O., Fn. 260, § 4, II. 3. a), 212 f.

deren müssen die juristischen Personen Organe für ihre Handlungen nach außen insbesondere für Vertragsabschlüsse haben.

3) Wirken

Ferner beschreibt Gierke, dass etwas, das wirkt, auch sein müsse. Die Wirkung an sich als wesentliche Eigenschaft zu sehen ist indessen problematisch. Schließlich hörte danach eine juristische Person, die sich Handlungen enthält, auf zu existieren. Eine Abgrenzung, ob eine juristische Person noch ist oder schon nicht mehr ist, wäre kaum möglich.

Dieses Problem stellt sich dagegen nicht, wenn man – entgegen Gierke – den juristischen Personen nur die Eigenschaft zuschreibt, die Möglichkeit zu einer ihnen eigenen Wirkung zu eröffnen. Dabei kann die Wirkung der juristischen Personen – wie Gierke aufzeigte – eine innere bei den einzelnen Menschen oder eine äußere sein.

4) Lebendige, leiblich-geistige Einheiten

Schließlich beschreibt Gierke die juristischen Personen als lebendige, leiblich-geistige Einheiten. Inwieweit er mit diesen Begriffen, die gleichfalls das Muster des Menschen bemühen, eine weitere Beschreibung der juristischen Personen abgibt, ist nicht unmittelbar ersichtlich. Mit Blick auf die Begrifflichkeiten seiner Zeit, lässt sich dieser Charakterisierung aber eine weitere Beschreibung der juristischen Personen entnehmen.

(a) Geist

Gierkes Verständnis von „Geist“ bleibt offen. Das aus dem 19. Jahrhundert stammende Deutsche Wörterbuch von Jacob und Wilhelm Grimm stellt dreißig Varianten dar, in deren Sinne „Geist“ zu verstehen sein kann.[424] Die Verbindung mit dem Begriff der Leiblichkeit legt nahe, dass es Gierke darum ging, etwas jenseits des materiell Wahrnehmbaren zu erfassen. Eine über das Sinnliche und Materielle hinausreichende Dimension ist bei den juristischen Personen jedoch nicht zu finden. Handlungen und Willensbildungen werden durch festgelegte Verfahren bestimmt. Deren Ablauf ist für jeden Menschen erkennbar. Die beschriebene „Geistigkeit“ führt also nicht weiter.

---

[424] Deutsches Wörterbuch von Jacob und Wilhelm Grimm, Band 5, Erstausgabe 1897, Stichwort: Geist, 2623 ff.

(b) Leiblichkeit

Der Begriff der „Leiblichkeit“ ist im Zusammenhang mit Gierkes weiteren Darstellungen zu sehen. Gierke zieht einen Vergleich zu natürlichen Organismen. Es ist daher davon auszugehen, dass er mit „Leiblichkeit“ den „Vereinsorganismus“ als Körper der juristischen Personen meint. Dieser „Organismus“ dient der inneren Willensbildung und ermöglicht ein Handeln der juristischen Person nach außen. Insoweit verweist der „leibliche Organismus“ erneut auf das Vorhandensein von Organen.[425]

(c) Leben

Zieht man indes die Beschreibung der sozialen Gebilde als „lebendige“ hinzu, so wird deutlich, dass es Gierke um mehr ging als die Gesamtheit der Organe. Dabei beschreibt Gierke seine Idee vom „Leben“ nicht ausdrücklich.

Die Idee „lebender Verbände“ wurde zu Gierkes Zeit aber auch in anderen wissenschaftlichen Disziplinen diskutiert. Bereits 1873 verglich der Soziologe *Paul Fromhold Ignatius v. Lilienfeld* die menschliche Gesellschaft mit den Vorbildern der Natur und verstand sie als „realen Organismus“.[426] Lilienfeld ging insbesondere auf das Leben dieses Organismus näher ein. Dessen Kennzeichen sei die Vervollkommnung gegenüber seinen Grundlagen.[427] So sei die Pflanze die höhere Organisation – die Vervollkommnung - der Zelle.[428] In der Gesellschaft könne der Mensch seine sozialen Kräfte zweckmäßig einsetzen.[429] Dies sei die Vervollkommnung der Gesellschaft gegenüber den einzelnen Menschen. Die Gesellschaft sei eine lebende.[430]

Gierke soll nicht unterstellt werden, er habe unter dem Begriff „Leben“ etwas identisches verstanden. Er zieht aber wie Lilienfeld in seinen Arbeiten Parallelen von natürlichen und sozialen Gebilden und kommt zur realen Existenz sozialer Organismen. Ferner weisen Gierkes am Menschen ausgerichtete Begrifflsbildungen der Verbände in die Richtung eines vergleichbaren Verständnisses von „Leben“ bei den natürlichen und sozialen Organismen.

---

425 Dazu oben C.II.4.b)2), 103 f.

426 Gedanken über die Sozialwissenschaft der Zukunft, Erster Teil: Die menschliche Gesellschaft als realer Organismus, Mitau 1873.

427 Lilienfeld, a.a.O., 70.

428 Ders., a.a.O., 71 f.

429 Ders., a.a.O., 71 f.

430 Ders., a.a.O., 79 f.

Das heutige Verständnis der Biologie[431] führt zu einem ähnlichen Ergebnis. Zwar wird das Leben durch eine Vielzahl von Grunderscheinungen definiert (Stoffwechsel, Wachstum, Vermehrung, Reizbarkeit, Regulationsfähigkeit, Angepasstheit, Wechselwirkung zwischen Organismen, Stoff- und Energieaustausch mit der Umgebung und (oft) Bewegung). Soweit es aber darum geht, das selbständige Leben der komplizierteren Organismen gegenüber ihren einzelnen Zellen auszumachen, kommt es auf die durch die Verknüpfung hinzutretende Eigenschaften an. „Das Ganze ist mehr als die Summe seiner Teile.“ Eben dies wurde durch Lilienfeld als Vervollkommnung bezeichnet und prägt den Lebensbegriff Gierkes. Diese These wird durch Gierkes Andeutung der äußeren und inneren Wirkungen juristischer Personen gestützt.

(1) Äußere Wirkungen

In ihren äußeren Wirkungen reichen die juristischen Personen über die Möglichkeiten der sie konstituierenden Menschen hinaus. Juristische Personen dienen der Verknüpfung von Menschen zu gemeinsamer Zweckverfolgung. Ausgangspunkt individueller Zweckverwirklichung sind geistige und körperliche Kraft. Juristische Personen bündeln diese Kräfte und ermöglichen das effektivere Erreichen bestimmter Ziele.

Hinsichtlich der physischen Kraft ist dies nicht zwangsläufig. Vielmehr wird in der Sozialpsychologie darauf hingewiesen, dass mit zunehmender Gruppengröße die Einzelleistung sinkt.[432] Ursache seien Koordinationsverluste – nicht alle Gruppenmitglieder arbeiten in dieselbe Richtung und zum selben Zeitpunkt – und Motivationsverluste.

Etwas anderes gilt hinsichtlich der geistigen Leistungen. In den juristischen Personen findet ein geistiger Austausch statt, der neue Ideen hervorbringen und Fehleinschätzungen vermeiden kann. Jedes Individuum geht von seinen eigenen Motiven, Einstellungen und Erwartungen sowie Kenntnissen aus und trägt mit diesen zu gemeinsamen Problemslösungen bei. Damit können Fehl- und Vorurteile verhindert werden.[433]

Die Interaktion kann bei der Entscheidungsfindung Ängste vermindern. Sie fördert Konkurrenz zwischen den Gruppenmitgliedern um die Anerkennung in der Gruppe sowie die Akzeptanz der durch das Gruppenmitglied mitgetragenen

---

431 Linder, Biologie, 9 ff.

432 Nach seinem Entdecker „Ringelmann-Effekt“ genannt; Henk Wilke/Ad van Knippenberg, Gruppenleistung, in: Stroebe/Hewstone/Stephenson (Hrsg.), Sozialpsychologie, 15.4.3, 469.

433 Hill/Fehlbaum/Ulrich, Organisationslehre 1, 3.2.2., 86.

Entscheidungen.[434] Dies führt zu Motivation und persönlicher Befriedigung bei den Menschen.

Diese Effekte werden in der Sozialpsychologie teilweise bestritten. Es komme auch bei der Entwicklung gemeinsamer Ideen zu einem Motivationsverlust. Kommunikation könne dazu führen, dass neue Ideen blockiert würden. In Verfahren, bei denen jeweils nur eine Person sprechen könne, würden Ideen wieder vergessen oder entstünden gar nicht erst.[435] Dabei steige die Innenblockade mit zunehmender Gruppengröße. Es bestehe lediglich die „Illusion von Effektivität in Gruppen."[436]

Diese Ergebnisse (über die in diesem Rahmen ohnehin nicht zu befinden ist) sind indes auf die juristischen Personen nicht unmittelbar übertragbar. Durch Funktionszuweisung und Aufgabenteilung innerhalb juristischer Personen sind die Arbeitsgruppen regelmäßig nicht sehr groß. Die Anzahl von Vorstands- oder Geschäftsführungsmitgliedern bleibt beispielsweise übersichtlich. Innerhalb von kleinen Gruppen lassen sich aus Kooperation und daraus resultierender Motivation aber gesteigerte Ergebnisse erzielen.[437] Bei größeren Zusammentreffen, etwa der Mitgliederversammlung des e.V. oder der Hauptversammlung der AG, ermöglichen formelle Verfahren, dass Ideen im Vorhinein formuliert und dadurch in der Diskussion nicht vergessen werden. Vorab erteilte Ablaufpläne ermöglichen den Teilnehmern, sich auf die Themen vorzubereiten und entgegen innerer Widerstände zu äußern. Die Probleme der Blockade wie des Motivationsverlustes treten in den Hintergrund.

Die juristischen Personen führen damit zu einer Leistungssteigerung der Individuen in der und durch die Gemeinschaft. Dies ist ein Aspekt, der die juristischen Personen als „Mehr" gegenüber der Summe von Individuen heraushebt.

Neben diesen, überwiegend dem Inneren der sozialen Gebilde entstammenden Vorteilen gibt es Wirkungssteigerungen, welche aus dem Auftreten der Organisationen gegenüber Dritten folgen: Soziale Organisationen werden bei der Verwirklichung ihrer Ziele häufig als Versinnbildlichung der dahinter stehenden natürlichen Personen verstanden. Damit erscheinen sie als machtvoll. Diese soziale Macht kommt den Individuen nicht zu. Sie bietet neben gesteigerter

---

434 Dieselben, a.a.O., 3.2.2., 86.

435 Henk Wilke/Ad van Knippenberg, a.a.O., Fn. 432, 15.4.3, 474.

436 Stroebe/Diehl, The illusion of group efficiency, Personality and Social Psychology Bulletin 1991, 18, 643 ff.

437 Henk Wilke/Ad van Knippenberg, a.a.O., Fn. 432, 15.4.7, 481.

Leistungsmöglichkeit den juristischen Personen die Befähigung der erfolgreicheren Interessenverwirklichung.[438]

Darüber hinaus sind die juristischen Personen von den natürlichen Lebenszyklen des Wachstums und Vergehens losgelöst. „Virtuell, unsterblich“[439] können sie ihre Zwecke unabhängig von ihren konkreten Mitgliedern über Generationen hinweg verfolgen. Insbesondere werden ideelle oder materielle Werte mit dem Tode ihres Inhabers weder zunichte gemacht noch fallen sie dem Staat zu.[440]

(2) Innere Wirkungen

Neben den äußeren Wirkungen, die in der gesteigerten Zweckverwirklichung durch juristische Personen bestehen, weist Gierke auf die inneren Wirkungen juristischer Personen hin.

Dies sind solche Wirkungen, die nicht mit den unmittelbaren Zwecken der juristischen Personen übereinstimmen müssen. Es kann der Prozess der Interaktion und Kommunikation in der juristischen Person an sich als Gewinn empfunden werden. Die Grillveranstaltung des „Dackelzüchter e. V.“ dient nicht der Zucht, gleichwohl vermag das Beisammensein bei den Mitgliedern zu persönlicher Zufriedenheit zu führen. Das Treffen des Vorstands einer AG kann unabhängig vom konkreten Inhalt auch als persönliche Herausforderung empfunden werden

---

438 Auch in der neueren Literatur wird immer wieder auf die Unterschiede von juristischen und natürlichen Personen hingewiesen. Isensee beschreibt die besondere Fähigkeit der juristischen Person, „die Kräfte der Individuen zusammenzufassen und rational einzusetzen, Effizienz auf das gemeinsame Ziel hin zu steigern oder überhaupt erst zu ermöglichen und kollektive Macht aufzubauen, die die Summe der individuellen Einflussmöglichkeiten übertrifft“, in: Handbuch des Staatsrechts, Band V, § 118, Rn. 10. Wiedemann weist im Zusammenhang mit der Vereinigungsfreiheit darauf hin, dass diese die durch jeden Zusammenschluss entstehende Machtkumulation gewähre, weil die Ausstrahlungs- und Wirkungskraft eines Verbandes größer sei als diejenige der einzelnen Mitglieder oder einer nichtorganisierten Gruppe; Gesellschaftsrecht, Band I, Grundlagen, § 12 I. 2. a), 665. Fikentscher spricht vom „Übersummenprinzip“, bei dem das Ganze mehr als die Summe seiner Teile sei (Methoden des Rechts, Band I, 107, 124), und Dürig beschreibt das „aliud“ der Gemeinschaftsleistung im Verhältnis zur Summe ihrer Teile (Dürig, in: Maunz/Dürig, GG, Band II, Art. 19 Abs. III, Rn. 3) – Formulierungen, die Gierke nahe kommen.

439 Isensee, Anwendung der Grundrechte auf juristische Personen, in: Handbuch des Staatsrechts, Band V, § 118, Rn. 11.

440 Rittner, Die werdende juristische Person, 212 f.; Isensee, a.a.O., § 118, Rn. 11.

und damit zur Selbstbestätigung der Mitglieder beitragen. Auch soweit die Kommunikationsprozesse nicht den juristischen Personen dienen, sie nicht von „instrumentaler Bedeutung“ sind, ist ihnen ein „sozio-emotionaler Charakter“ beizumessen.[441]

(d) Zusammenfassung

Gierke versteht die juristischen Personen als lebendige Einheiten. Damit verdeutlicht er, dass die zur Gemeinschaft verbundenen Einzelnen mehr sind, als die Summe ihrer Einzelteile. Dieses „Mehr“ deutet er mit der Bezeichnung der äußeren und inneren Wirkung juristischer Personen an. Dabei geht es zum einen um die erfolgreichere Zweckverfolgung und zum anderen um die Zufriedenheit der Menschen in ihrer Zweckverfolgung und hierdurch veranlassten Kommunikation.

5. Theorie der Zweckpersonifikation

Dem Verständnis Gierkes stellten sich *Ludwig Enneccerus* und *Hans Carl Nipperdey* entgegen. Organisationen seien weder Lebewesen noch hätten sie natürlichen Willen.[442] Es seien aber viele Interessen „einer größeren oder kleineren Masse von Menschen gemeinsam“, die nur „durch geordnetes, dauerndes Zusammenwirken einer Mehrheit von Menschen befriedigt werden“ können.[443] Dieses Bedürfnis habe zur „Organisation zur Erreichung derartiger gemeinsamer Zwecke geführt“.[444] In dieser Organisation wirke vereinter menschlicher Wille sowie vereinte menschliche Macht.[445] Daher sei es eine bildliche, aber der Sache gerecht werdende Anschauung, vom Willen der Organisation selbst zu sprechen.[446] Dabei könne die Organisation als Willenssubjekt gedacht werden - sie könne personifiziert werden (Theorie der Zweckpersonifikation).[447]

Mit der Zuerkennung der Rechtsfähigkeit trenne das Recht Vermögen und Schulden der juristischen Person von den sie konstituierenden natürlichen Personen.[448] Dies ergebe sich positivrechtlich aus den gesetzlich geregelten Haf-

---

441 Hill/Fehlbaum/Ulrich, a.a.O., Fn. 433, 3.2., 76.
442 Enneccerus/Nipperdey, Allgemeiner Teil, Erster Halbband, § 103 I. 1., 401.
443 Dieselben, a.a.O., § 103 I. 1., 398 f.
444 Dieselben, a.a.O., § 103 I. 1., 399.
445 Dieselben, a.a.O., § 103 I. 1., 401.
446 Dieselben, a.a.O., § 103 I. 1., 401.
447 Dieselben, a.a.O., § 103 I. 1., 401.
448 Dieselben, a.a.O., § 103 I. 1., 401.

tungsvorschriften[449] und entspreche einer sachgerechten Zuordnung der Verantwortlichkeit.[450] Ihre Handlungsfähigkeit erlange die juristische Person durch ihre Organe, deren Wille dieser als eigener zugerechnet werde.[451] Juristische Personen des bürgerlichen Rechts seien damit Organisationen, die als Rechts- und Willenssubjekte anerkannt sind.[452]

Diese Ausführungen von Enneccerus und Nipperdey enthalten jedoch gegenüber Gierke wenig Neues. Sie heben hervor, dass sich der Wille der juristischen Personen aus dem Willen der einzelnen Menschen – ihrer Organe - ergibt. Ein Unterschied dieser Willenszurechnung zu Gierkes Annahme eines Gesamtwillens ist nicht ersichtlich. Ferner betonen die Autoren das eigene Vermögen sowie die Haftung der juristischen Personen.

6. Rechtsträgerschaft juristischer Personen leugnende Theorien

Schließlich wurden solche Ansätze vertreten, welche die Bedeutung der Menschen betonen, die die Vorteile juristischer Personen ziehen (Genießertheorie) oder für diese handeln (Amtstheorie).

Rudolph von Jhering betonte mit der Genießertheorie zwei Momente, welche den Begriff des Rechts konstituieren: „ein substantielles, in dem der praktische Zweck desselben liegt, nämlich der Nutzen, Vorteil, Gewinn, der durch das Recht gewährleistet werden soll, und ein formales, welches sich zu jenem Zweck bloß als Mittel verhält, nämlich der Rechtsschutz, die Klage“.[453] Erstes sei der Kern, letzteres die schützende Schale des Rechts.[454] Dabei begründe jenes allein lediglich einen tatsächlichen Zustand des Nutzens oder Genusses, welcher seinen Charakter der Zufälligkeit und Hinfälligkeit erst durch gesetzlichen Schutz verliere.[455] Demgegenüber sei die juristische Person völlig genussunfähig.[456] Sie habe weder Interesse noch Zweck, somit könne sie auch kein Recht haben, denn Rechte seien nur möglich, wo sie ihre Bestimmung erreichten.[457] Damit seien nicht die juristische Person, sondern die einzelnen Mitglieder

---

449 Enneccerus führt hier die §§ 31, 86 und 89 BGB auf; dieselben, a.a.O., § 103 I. 1., 403.
450 Dieselben, a.a.O., § 103 I. 1., 404.
451 Dieselben, a.a.O., § 103 I. 1., 404.
452 Dieselben, a.a.O., § 103 I. 1., 404.
453 Jhering, Geist des römischen Rechts, Dritter Teil, Erste Abteilung, § 60, 339.
454 Ders., a.a.O., § 60, 339.
455 Ders., a.a.O., § 60, 339.
456 Ders., a.a.O., § 61, 356.
457 Ders., a.a.O., § 61, 356.

die wahren Rechtssubjekte.[458] Die juristische Person verbleibe „als die nach außen gekehrte eigentümliche Erscheinungs- und Vermittlungsform ihrer rechtlichen Beziehung zur Außenwelt."[459]

Eduard Hölder beschrieb mit der Amtstheorie, dass sowohl bei Handlungen über eigenes Vermögen als auch kraft Amtes über fremdes Vermögen letztlich der Wille des Handelnden entscheidend sei.[460] Im einen Fall als eines solchen, dem die Sorge für sich zukomme, im anderen als eines solchen, dem die Sorge für andere zukomme.[461] Soweit die rechtliche Macht um anderer willen bestehe, sei sie nicht Ausdruck von deren Persönlichkeit, sondern beruhe auf der Stellung des die Macht Erhaltenden innerhalb des Gemeinwesens.[462] Das Amt sei Zuordnungspunkt von Rechten und Pflichten.[463] Das durch das Amt zu verwaltende Vermögen sei „Amtsvermögen".[464] Dem ähnlich sei das privatrechtliche Gesellschaftsvermögen „Zweckvermögen".[465] Für Hölder ist die juristische Person weder selbständige Person, „wie der Mensch als Subjekt rechtswirksamer Betätigung seines Willens, noch eine unselbständige, wie der Mensch als Objekt rechtlicher ihm um seiner selbst willen zuteil werdenden Fürsorge. Sie ist ein Rechtsverhältnis und zwar teils ein Amtsverhältnis, teils ein Gemeinschaftsverhältnis."[466] Hölder erklärt im Gegensatz zu Jhering also nicht die Genießer, sondern die Verfügungsberechtigten zu den Rechtsträgern.[467]

Sowohl Jhering als auch Hölder sprechen den juristischen Personen eine eigene Rechtsträgerschaft ab. Dies entspricht nicht der heutigen Gesetzeslage, wonach juristische Personen selbständig Träger von Rechten sein können (vgl. z. B. §§ 13 Abs. 1 GmbHG, 17 Abs. 1 GenG). Auch erklärt dieser Ansatz nicht wie die juristischen Personen Träger eines eigenen Vermögens sein können, auf das sich ihre Haftung beschränkt. Soweit hier bedeutsam, verweisen die Autoren lediglich auf das Vorhandensein von Vertretungsorganen und Mitgliedern hin.

---

458 Ders., a.a.O., § 61, 357.
459 Ders., a.a.O., § 61, 357.
460 Natürliche und Juristische Personen, V. 1., 309, von diesen Darstellungen abweichend in: Pandekten. Allgemeine Lehren., § 26 ff., 114.
461 Hölder, Natürliche und Juristische Personen, V. 1., 309.
462 Ders., a.a.O., V. 1., 311.
463 Ders., a.a.O., V. 1., 315.
464 Ders., a.a.O., V. 2. a), 315.
465 Ders., a.a.O., V. 2. b), 326.
466 Ders., a.a.O., V. 3., 340.
467 Hölder, Das Problem der juristischen Persönlichkeit, Jherb 53 (1908), 40 ff.

7. Stellungnahme

Die Theorien des ausgehenden 19. und beginnenden 20. Jahrhunderts haben mit unterschiedlicher Betonung einzelne Eigenschaften juristischer Personen hervorgehoben.[468] Dabei lassen sich die gehaltvollsten Bestimmungen Gierke entnehmen, der versuchte, die hinter der Rechtsfähigkeit stehenden sozialen Gebilde zu erfassen. Es mag die Analogie zwischen natürlichen und sozialen Organismen aus heutiger Sicht ebenso erheiternd erscheinen wie die vermenschlichenden Bezeichnungen Gierkes. Damals versuchten aber auch andere Wissenschaftsdisziplinen gesellschaftliche Phänomene durch Anleihen der Natur zu erklären. Insoweit war der Ansatz Gierkes keineswegs ungewöhnlich. Ferner hat Gierke eine direkte Übertragung von Erkenntnissen über natürliche Lebewesen auf soziale Organismen stets abgelehnt. Sein Ansatz ist daher als Metapher zu verstehen.

Gierke wies auf den eigenen Willen sowie die Willensbildungs- und Handlungsorgane juristischer Personen hin. Er zeigte auf, dass die juristischen Personen in ihrem Sein über die sie konstituierenden natürlichen Personen hinausgehen („lebendige leiblich-geistige Einheiten“). Dabei schilderte er die inneren und äußeren Wirkungen juristischer Personen.

Im Gegensatz zu Gierke konzentrierten sich die weiteren Theorien auf andere Merkmale der juristischen Personen. Für die hier vorzunehmende Beschreibung der juristischen Personen können diese Ansätze teils ergänzend nutzbar gemacht werden. Die Theorie des Sondervermögens (Brinz) lenkt den Blick auf das Vermögen und den Zweck juristischer Personen. Letzter sowie der Hinweis auf die Existenz von Organen ist auch Gegenstand der Theorie der Zweckpersonifikation (Enneccerus/Nipperdey).

Die Amts- und Genießertheorie (Hölder und Ihering) vermögen dagegen nicht zu einem weiteren Verständnis der Grundlagen juristischer Persönlichkeit beizutragen. Sie leugnen die eigenständige Rechtsträgerschaft der juristischen Personen. Auch die Fiktionstheorie nach Windscheid, für den juristische Personen nicht sind, und die Theorie Savignys, der nicht fragt, was juristische Personen sind, zeigen keine weiteren Merkmale juristischer Personen auf.

Juristische Personen sind danach in der Nachfolge Otto von Gierkes vollrechtsfähige soziale Gebilde, die der erfolgreicheren Verwirklichung bestimmter Zwecke dienen. Dabei sind ihnen ihre inneren und äußeren Wirkungen dienlich. Sie bilden einen eigenen Willen und handeln durch ihre Organe.

---

[468] Wieacker beschreibt den Theorienstreit als sukzessive Entfaltung der konstituierenden Aspekte der körperschaftlichen juristischen Person des Privatrechts, a.a.O., Fn. 364, 371.

Damit sind die wesentlichen Eigenschaften der juristischen Personen ausgemacht. Im Folgenden muss es darum gehen festzustellen, ob eine oder mehrere dieser Eigenschaften die Annahme eines allgemeinen Persönlichkeitsrechts juristischer Personen erfordern.

III. Verfassungsrechtliche Grundlage des Rechts

Das Erfordernis eines allgemeinen Persönlichkeitsrechts juristischer Personen besteht ferner insbesondere dann, wenn eine oder mehrere der beschriebenen Eigenschaften juristischer Personen verfassungsrechtlichen Schutz genießen, der durch das einfache Recht zu gewähren und gewährleisten ist.

1. Grundrechtsschutz juristischer Personen: Art. 19 Abs. 3 GG

Den verfassungsrechtlichen Schutz juristischer Personen bestimmt Art. 19 Abs. 3 GG. Danach gelten die „Grundrechte ... auch für inländische juristische Personen, soweit sie ihrem Wesen nach auf diese anwendbar sind.“

Damit wird weder die Frage beantwortet, welche juristischen Personen konkret welchen Schutz genießen. Noch ergibt sich, warum – also um welcher Eigenschaften der juristischen Personen willen – dieser Schutz bestehen soll.[469] Die im Wortlaut offene Vorschrift ist daher auszulegen.

a) Entwicklung

Ein Blick in auf die Entwicklungsgeschichte des Art. 19 Abs. 3 GG zeigt, dass die offene Formulierung bewusst gewählt war. Schon damals wurde die Grundrechtsfähigkeit der juristischen Personen heftig diskutiert. Die Diskussion führte nicht zu einem abschließenden konkreteren Ergebnis.

Die historischen Wurzeln der Formulierung des Art. 19 Abs. 3 GG reichen bis zur Diskussion um die Grundrechtsberechtigten der Weimarer Reichsverfassung

---

[469] Verständlich daher die Aussagen, die Vorschrift sei holzschnittartig (Bethge, Die Grundrechtsberechtigung juristischer Personen nach Art. 19 Abs. 3 GG, 20), indifferent (Starck, Die Auskiesungsurteile des BGH vor dem Bundesverfassungsgericht, JuS 1977, 732, 734) und nichtssagend formuliert (Burmeister, Vom staatsbegrenzenden Grundrechtsverständnis zum Grundrechtsschutz für Staatsfunktionen, 84).

zurück.[470] Zwar nahm unter deren Geltung das Reichsgericht eine generelle Aussage über den personellen Geltungsbereich der Grundrechte nicht vor.[471] In der Literatur verfocht aber *Ludwig Fern Gebhard* die grundsätzliche Anwendbarkeit der Grundrechte auf juristische Personen. Er schrieb, man könne die Wirksamkeit grundrechtlicher Vorschriften für juristische Personen, die innerhalb Deutschlands ihren Sitz haben, im Zweifel nur dann ablehnen, wenn eine Freiheitsverbürgung oder ein sonstiges Grundrecht seinem Wesen nach nur für natürliche Personen in Betracht komme.[472] Diese Ansicht wurde wegen des individualistischen Charakters der Freiheitsrechte[473] abgelehnt. Im Herrenchiemseer Konvent war daher die Grundrechtsberechtigung juristischer Personen zunächst kein Thema. Erst die „Ergänzung der Bayerischen Leitgedanken für die Schaffung eines Grundgesetzes"[474] gestand den juristischen Personen in beschränktem Maße Grundrechte zu. Sie warf somit die Frage nach deren Grundrechtsberechtigung erneut auf.

In der 27. Sitzung des Grundsatzausschusses des Parlamentarischen Rates am 1. Dezember 1948 wurde schließlich *Hermann v. Mangoldt* beauftragt, die im einzelnen auf juristische Personen zu erstreckenden Grundrechte zu benennen.[475] Er schlug eine Regelung vor, nach welcher der Gleichheitssatz, das Grundrecht der ungestörten Religionsausübung, die Freizügigkeit, die Unverletzlichkeit der Wohnung und das Privateigentum auf „Körperschaften und Anstalten mit eigener Rechtspersönlichkeit entsprechend anzuwenden" seien.[476] Dem schloss sich der Hauptausschuss in der ersten Lesung an.[477] Dieser Vorschlag sollte jedoch nur kurzen Bestand haben. Der Allgemeine Redaktionsausschuss setzte an dessen Stelle einen neuen Art. 20a, welcher bestimmte: „Die Grundrechte gelten auch für inländische Körperschaften und sonstige Vereinigungen mit eigener Rechtspersönlichkeit, soweit sie ihrem Wesen nach auf diese anwendbar

---

470 Zur Entwicklung von Artikel 19 Abs. 3 GG und zu dessen Dogmengeschichte siehe Bethge, a.a.O., 21 ff.; Rüfner, Zur Bedeutung und Tragweite des Artikels 19 Abs. 3 des Grundgesetzes, AöR 89 (1964), 261, 262 ff.; Stern, Das Staatsrecht der Bundesrepublik Deutschland, Band III/1, § 71 II., 1089 ff.; H. Dreier, in: H. Dreier (Hrsg.), GG, Band. 1, Art. 19 II, Rn. 10 f.

471 Nur die Eigentumsgarantie wurde auf juristische Personen des Privatrechts angewandt; RGZ 136, 113, 124; 145, 369, 373 f.

472 Gebhard, Handkommentar zur Verfassung des Deutschen Reiches vom 11. August 1919, Zweiter Hauptteil, Grundrechte und Grundpflichten der Deutschen, Anm. 6 a), 444.

473 C. Schmitt, Verfassungslehre, 164 ff.

474 Siehe die Hinweise in: Stern, a.a.O., Fn. 470, § 71 II. 6., 1095.

475 Siehe zum ganzen Parl. Rat-GrdsA., Sten. Ber., 27. Sitzung vom 01.12.1948, 1 f.

476 Parl. Rat-GrdsA., Sten. Ber., 28. Sitzung vom 03.12.1948, 1.

477 Parl. Rat-HA, Sten. Ber., 18. Sitzung vom 04.12.1948, 218 f.

sind".[478] Damit wich die konkrete Nennung der Grundrechte der bereits von Gebhard angedeuteten abstrakten Anlehnung an das „Wesen" der Grundrechte. Auch die Beschränkung auf Körperschaften und rechtsfähige Anstalten entfiel.

Die neue Vorschrift gab Anlass zu einer Diskussion zwischen der Mehrheit des Grundsatzausschusses und dem Allgemeinen Redaktionsausschuss, an deren Ende sich letzter mit der leicht geänderten und heute geltenden Fassung des Art. 19 Abs. 3 GG durchsetzte.[479] Begründet wurde dies mit der Offenheit der Formulierung hinsichtlich der Rechtsträger sowie der anwendbaren Grundrechte. Es sei nicht einsichtig, warum sich etwa die allgemeine Handlungsfreiheit, die Meinungsfreiheit oder das Briefgeheimnis auf natürliche Personen beschränken sollte.[480] Auch die Bezugnahme auf Körperschaften und Anstalten verenge den Berechtigtenkreis ohne ersichtlichen Grund.[481]

Die Entstehungsgeschichte von Art. 19 Abs. 3 GG zeigt, dass die offene Formulierung gerade wegen ihrer Unbestimmtheit in das Grundgesetz aufgenommen wurde. Dieser zielgerichteten Offenheit würde es widersprechen, wenn man heute der Entstehungsgeschichte die Gewährleistung einzelner Grundrechtsgarantien entnähme. Der Entstehungsgeschichte lässt sich damit kein konkreterer Inhalt von Art. 19 Abs. 3 GG entnehmen.

b) Sinn und Zweck

Entscheidende Bedeutung erlangt damit die teleologische Auslegung der Vorschrift. Sinn und Zweck von Art. 19 Abs. 3 GG können Aufschluss über die Reichweite der Vorschrift geben.

1) Schutzbedürftigkeit

Ziel der Vorschrift ist es, grundrechtlichen Schutz juristischer Personen zu ermöglichen. Juristische Personen sind staatlichen Eingriffen in gleichem Maße ausgeliefert wie natürliche Personen. Grund ihrer Schutzbedürftigkeit ist - eben-

---

478 Drucks. Parl. Rat, PR 12.48-370, 12.

479 Zur Annahme, Parl. Rat-HA, Sten. Ber., 51. Sitzung vom 10.02.1949, 673; die Einbeziehung als Art. 19 Abs. 3 GG erfolgte in der 4. Lesung, Parl. Rat-HA, Sten. Ber., 57. Sitzung vom 05.05.1949, 748.

480 Drucks. Parl. Rat, PR 1.49-543, 20.

481 Drucks. Parl. Rat, a.a.O.

so wie bei den natürlichen Personen -[482] das Machtungleichgewicht zwischen dem Staat und den Privatrechtssubjekten.[483] Verfassungsrechtlichen Ausdruck findet dies in der Art. 19 Abs. 3 GG zu entnehmenden Beschränkung auf inländische juristische Personen sowie der zu deren Festlegung vornehmlich herangezogenen[484] Sitztheorie.[485] Danach bestimmt der regelmäßig durch den Handlungsort der Organe begründete effektive Verwaltungsmittelpunkt der juristischen Person die Landeszugehörigkeit.[486] Die juristischen Personen mit Leitungszentrum im Inland befinden sich in gesteigertem Maße im Unterordnungsverhältnis gegenüber dem Staat. Denn der Sitzstaat kann aufgrund seiner Gebietshoheit auf alle Handlungen juristischer Personen einwirken, die im Inland vorgenommen werden.[487] Art. 19 Abs. 3 GG entspricht damit einem bestehenden Schutzbedürfnis.

---

482 Zur vergleichbaren Interessenlage Stern, a.a.O., Fn. 470, Band III/2, § 71 VI. 4. d), 1142.

483 Der Schutzzweck legt nahe, auch juristischen Personen des öffentlichen Rechts Grundrechtsschutz zuzugestehen, soweit ihr Verhalten in den Schutzbereich des betreffenden Grundrechts fällt und sie dem Staat als rechtlich selbständiges Rechtssubjekt gegenüberstehen. Bettermann, NJW 1969, 1321, 1324 f.; Broß, VerwArch 77 (1986), 65, 72 ff.; Scholler, Grundrechtsschutz für juristische Personen des öffentlichen Rechts, DÖV 1978, 238 ff.; Ablehnend dagegen das Bundesverfassungsgericht; BVerfGE 21, 362, 369 ff; 23, 12, 24, 30; 23, 353, 372; 25, 198, 205; 26, 228, 244; 35, 263, 271; 39, 302, 312 ff.; 45, 63, 78 ff.; auf die Funktion, in der die juristische Person betroffen ist, abstellend BVerfGE 68, 193, 206 ff.; 70, 1, 15; mit Ausnahmen für Universitäten und Fakultäten, BVerfGE 15, 256, 262; für Rundfunkanstalten, BVerfGE 31, 314, 321 f.; 34, 160, 162; 35, 202, 223; 59, 231, 254 f.; für Kirchen und andere mit dem Status einer öffentlich rechtlichen Körperschaft versehene Religionsgesellschaften, BVerfGE 19, 1, 5; 19, 129, 132; 30, 112, 119 f.; 42, 312, 321 f.; 53, 366, 386. Außerdem gesteht es die Prozeßgrundrechte den juristischen Personen des öffentlichen Rechts zu, BVerfGE 6, 45, 49 f.; 61, 82, 104.

484 Vgl. BVerfGE 21, 207, 208 f.; BGHZ 76, 387, 395 f.; Ritter, Der Grundrechtsschutz ausländischer juristischer Personen, NJW 1964, 279, 280; v. Mutius, in: Kommentar zum Bonner Grundgesetz, Art. 19 Abs. 3, Rn. 54; Bethge, a.a.O., Fn. 469, 45; Pieroth/Schlinck, Grundrechte, Rn. 148; Rüffner, Grundrechtsträger, in: Handbuch des Staatsrechts der Bundesrepublik Deutschland V, § 116, Rn. 60; Isensee, Anwendung der Grundrechte auf juristische Personen, in: Handbuch des Staatsrechts der Bundesrepublik Deutschland V, § 118, Rn. 44; Quaritsch, Der grundrechtliche Status der Ausländer, in: Handbuch des Staatsrechts der Bundesrepublik Deutschland V, § 120, Rn. 38, 48 f.; Stern, a.a.O., Fn. 470, § 71 VI. 4. d), 1142 f.; Dürig, a.a.O., Fn. 438, Rn. 31; H. Dreier, a.a.O., Fn. 470, Art. 19 III, Rn. 31.

485 In Art. 37 Abs. 3 der SächsVerf vom 27.05.1992 (GVBl. 243) findet die Anknüpfung an den Sitz der juristischen Person landesverfassungsrechtlichen Niederschlag.

486 Meessen, Ausländische juristischer Personen als Träger von Grundrechten, JZ 1970, 602, 604; Dürig, a.a.O., Fn. 438, Rn. 31; v. Mutius, a.a.O., Fn. 484, Rn. 54; Stern, a.a.O., Fn. 470, Band III/1, 1144; Krebs, in: v. Münch, GG-Kommentar, Band 1, Art. 19, Rn. 32.

487 V. Mutius, a.a.O., Fn. 484, Rn. 54.

Andererseits ist diese Schutzbedürftigkeit lediglich Konsequenz der Existenz juristischer Personen. Diese existieren aber auch deswegen, weil Art. 19 Abs. 3 GG der Gesetzgebungsauftrag zu entnehmen ist, einen rechtlichen Rahmen für juristische Personen zu schaffen, der deren Gründungen ermöglicht.[488] Soll danach Art. 19 Abs. 3 GG nicht bloßer Selbstzweck sein, weil er die Existenz juristischer Personen fordert, um anschließend deren Schutz vor staatlicher Gewalt zu sichern, dann muss dieser Vorschrift ein darüber hinausgehendes Ziel zu entnehmen sein.

Dies führt zu der Frage, welchen Nutzen die juristischen Personen den Menschen bringen, um dessentwillen Art. 19 Abs. 3 GG besteht.

2) Überindividuelles „Kräfte- und Wirkungspotential"

Einen wesentlichen Hinweis über den Nutzen juristischer Personen lieferte Gierke. Seine Beschreibung sozialer Organismen als „lebendige, leiblich-geistige Organismen" mit innerer und äußerer Wirkung zeigte den besonderen Wert menschlich zielgerichteter Tätigkeit in Verbundenheit.[489] Gierke wies auf die herausragende Leistungsfähigkeit menschlicher Verbände hin. Entsprechende Unterscheidungen von Einzel- und Gemeinschaftshandlungen finden sich auch in der aktuellen Literatur. Dabei heißt es, Handeln in Gemeinschaft sei nicht bloß die addierte Summe isolierter Einzelhandlungen, Ganzheiten seien als „aliud" im Verhältnis zur Summe der Einzelteile zu sehen.[490] Art. 19 Abs. 3 GG ziele darauf „personales Kräfte- und Wirkungspotential", in welcher Form es auch auftrete, grundrechtlich nicht verloren gehen zu lassen.[491]

Indessen heben diese Formulierungen zu Unrecht ausschließlich die Leistungssteigerungen durch Wirken in Gemeinschaft hervor. Damit werden lediglich verbandlich organisierte juristische Personen erfasst. Die Entwicklung von Art. 19 Abs. 3 GG, in deren Verlauf die Einbeziehung von Stiftungen und Anstalten erwähnt wurde, zeigt aber, dass es nicht ausschließlich um das personale Substrat gehen sollte.[492] Der Grundrechtsschutz ist auf die sachwertbezogenen

---

488 Rupp-v. Brünneck, Zur Grundrechtsfähigkeit juristischer Personen, in: Festschrift für Arndt, 349, 356; Stern, a.a.O., Fn. 470, Band III/1, § 71, Grundrechtsberechtigung juristischer Personen, III. 4. a), 1104; Huber, in: v. Mangoldt/Klein/Starck, GG, Band I, Art. 19 Abs. 3, Rn. 223.

489 Siehe oben C.II.4, 99 ff.

490 Dürig, a.a.O., Fn. 438, Rn. 3; Stern, a.a.O., Fn. 470, Band III/1, § 71 III. 4. a), 1104; Huber, in: v. Mangoldt/Klein/Starck, Art. 19 Abs. 3, Rn. 238; Badura, DÖV 1990, 353, 359 ff.

491 G. Dürig, a.a.O., Fn. 438, Rn. 3; Stern, a.a.O., Fn. 470, Band III/1, § 71 III. 4. a) α), 1104.

492 Stern, a.a.O., Fn. 470, Band III/2, § 71 III. 4. a) β), 1104 f.

Stiftungen[493] und Anstalten[494] zu erstrecken, denen der verbandliche Charakter fehlt.[495] Gleiches gilt für die Ein-Person-Gesellschaften. Ein gegenüber individueller Kräfteverwirklichung herauszuhebendes personelles Substrat kann es bei diesen nicht geben.[496] Gleichwohl ist auch ihnen Schutz im Rahmen von Art. 19 Abs. 3 GG zu gewähren.

Das „überindividuelle Kräfte- und Wirkungspotential" erfasst damit das Regelungsziel des Art. 19 Abs. 3 GG unzureichend.

3) Individualgrundrechtliche Grundlage

Weiterer Nutzen der juristischen Personen kann sich aus der erfolgreicheren Grundrechtsverwirklichung der Menschen in den juristischen Personen ergeben. Die juristischen Personen bieten ihren Mitgliedern, Aktionären und Gesellschaftern die Möglichkeit, ihre Ziele in Gemeinschaft zu verwirklichen. Sie erweitern die menschliche Freiheit, indem sie die Grundrechtsausübung mittels grundrechtlich geschützter rechtlicher Organisationen ermöglichen. Indem Art. 19 Abs. 3 GG juristischen Personen Grundrechtsfähigkeit zugesteht, trägt er auch den Grundrechten der Menschen Rechnung. Diese Annahme soll nicht die in Art. 19 Abs. 3 GG vorausgesetzte Selbständigkeit juristischer Personen anzweifeln,[497] sondern der Begründung rechtlicher Selbständigkeit juristischer Personen dienen.

Im Folgenden ist daher festzustellen, inwieweit die einzelnen Typen juristischer Personen individuelle Grundrechtsausübung unterstützen.

---

493 Dies betonend die grundlegende Definition von Enneccerus/Nipperdey: „Die Stiftung ist daher eine nicht in einem Personenverband bestehende, mit juristischer Persönlichkeit ausgestattete Einrichtung zur Verwirklichung bestimmter Zwecke."; a.a.O., Fn. 366, § 117, I., 468.

494 Insoweit vgl. die maßgebliche Bestimmung durch Otto Meyer: „Die öffentliche Anstalt ist ein Bestand von Mitteln, sächlichen wie persönlichen, welche in der Hand des Trägers öffentlicher Verwaltung einem besonderen öffentlichen Zweck dauernd zu dienen bestimmt sind."; Deutsches Verwaltungsrecht, II. Band, § 51, 268.

495 Mißverständlich Scholz, der einerseits beschreibt, der Begriff juristische Person (Art. 19 Abs. 3 GG) sei mit dem der Vereinigung (Art. 9 Abs. 1 GG) identisch, die Stiftungen und Einperson-Gesellschaften von den Vereinigungen trennt, diesen dann aber über Art. 19 Abs. 3 GG Grundrechte zugesteht; in: Maunz/Dürig, GG, Band I, Art. 12, Rn. 98 und Art. 9, Rn. 61 f.

496 Dies gilt für die Einperson-AG und Einperson-GmbH zumindest dann, wenn der Einmann-Aktionär bzw. der Einmanngesellschafter nicht ein soziales Gebilde mit Verbandsstruktur (Muttergesellschaft, Staat oder Gemeinde) sondern eine natürliche Person ist.

497 Das der „Durchgriffslehre" vorwerfend; Gröschner, Unternehmensverantwortung und Grundgesetz, 60, 68.

Dabei verbietet sich eine Erklärung mit Blick auf die jeweiligen Zwecke der juristischen Personen. Zwar begründen diese oftmals gesondert Schutz. So genießt die Errichtung einer religiösen oder kirchlichen Stiftung den Schutz aus Art. 4 Abs. 1 und 2 GG, wenn dieser Vorgang für den Stifter Bekenntnisqualität hat.[498] Die Errichtung eines Vereines, welcher sich Forschungsaufgaben und wissenschaftlicher Lehre widmet, unterfällt dem Schutz der Wissenschaftsfreiheit (Art. 5 Abs. 3 GG). Durch die den Schutz der Familie gewährenden Garantie des Art. 6 Abs. 1 GG ist die Errichtung einer Familienstiftung gesichert, sofern diese auf Erhalt und Verstärkung der familiären Bande und nicht auf bloßen Vermögenserhalt zielt.[499] Diese nur im Einzelfall betroffenen Schutzbereiche lassen sich aber nicht als Grund des Schutzes aller juristischer Personen annehmen. Sie können die grundsätzliche Erstreckung des Grundrechtsschutzes auf juristischen Personen nicht erklären.

Die Art. 19 Abs. 3 GG zu Grunde liegenden Individualgrundrechte sind daher nicht unter Bezugnahme auf die konkreten Zwecke der juristischen Personen, sondern unter Berücksichtigung der Typen der juristischen Personen zu bestimmen.

Ihren wesentlichen Merkmalen nach lassen sich die nichtkapitalistischen Körperschaften (a)), die Kapitalgesellschaften (b)) und die Stiftungen (c)) als Typen juristischer Personen unterscheiden.

(a) Nichtkapitalistische Körperschaften

Nichtkapitalistische Körperschaften sind die eG und der e.V. Die Menschen nutzen deren rechtliche Verselbständigung zur gemeinsamen Verfolgung wirtschaftlicher Tätigkeit (eG), zur privaten Lebensgestaltung oder zur politischen Interessenverfolgung (e.V.). Dabei kommt den Menschen die bereits beschriebene Wirkungssteigerung durch die juristischen Personen zugute.[500] Das Ziel der gemeinsamen Interessenverfolgung in und durch organisierte Gruppen entspricht dem Schutzzweck des Art. 9 Abs. 1 GG. Der Einzelne wird vor Isolation geschützt und ihm wird die Möglichkeit gewährt, seinen Aktionsradius zu erweitern.[501]

Ferner dient diese gemeinsame Interessenverfolgung der individuellen Selbstverwirklichung und unterfällt damit der allgemeinen Handlungsfreiheit (Art. 2

---

[498] Hof, in: Handbuch des Stiftungsrechts, § 4 Verfassungsrechtliche Grundlagen, Rn. 78; a. A. Schulte, Staat und Stiftung, III. 1. b) aa), 54 f.

[499] Hof, a.a.O., § 4, Rnrn. 83, 179 f.

[500] Siehe oben C.II.4.b)4)(c), 105 ff.

[501] Wiedemann, a.a.O., Fn. 260, § 12 I. 2. a), 665.

Abs. 1 GG). Zwar können die Individuen auch in Vereinen und Genossenschaften nicht tun und lassen, was sie wollen. Die Verbände dienen aber weitgehend einer willensgemäßen Interessenverfolgung.

Gesetzliche Regelungen sichern, dass der Zweck der Körperschaften und die Interessen der einzelnen Mitglieder in der Regel nicht auseinanderfallen. § 33 BGB bestimmt für die Änderung des Vereinszweckes das Erfordernis der Einstimmigkeit.[502] § 16 GenG sieht zumindest eine dreiviertel Mehrheit vor. Sofern satzungs- oder statutenmäßige Abweichungen bestehen, haben sich die Mitglieder diesen freiwillig untergeordnet. Erzwungene Mitgliedschaften, etwa durch Erbschaft, gibt es bei Vereinen nicht (§ 38 BGB). Bei den Genossenschaften ist die Mitgliedschaft zwar zunächst vererblich. Sie endet aber mit dem Geschäftsjahr des Erbfalles (§ 77 GenG).

Die nichtkapitalistischen Körperschaften dienen damit der freien Entfaltung in Gemeinschaft und so der Grundrechtsausübung aus den Artt. 2 Abs. 1 und 9 Abs. 1 GG.

(b) Kapitalgesellschaften

Bei den Kapitalgesellschaften (AG, GmbH) spielen dagegen die Verwirklichung der allgemeinen Handlungsfreiheit (Art. 2 Abs. 1 GG) und der Vereinigungsfreiheit (Art. 9 Abs. 1 GG) eine nur untergeordnete Rolle.

Den Aktionären und Gesellschaftern geht es regelmäßig nicht um Selbstverwirklichung in Gemeinschaft. Vielmehr steht die Vermögensmehrung im Vordergrund. Dies findet in den gesetzlichen Regelungen zu den Kapitalgesellschaften Ausdruck: Die Anteilseigner sind nicht nach Köpfen,[503] sondern nach Gesellschaftsanteilen stimmberechtigt.[504] Änderung des Gesellschaftszwecks verlangen zwar qualifizierte Mehrheiten, nicht aber Einstimmigkeit.[505] Schließ-

---

502 Von diesen Regelungen kann durch die Satzung abgewichen werden, dies steht der grundsätzlich getroffenen gesetzlichen Regelung indes nicht entgegen.

503 So ist aber das Mitgliederstimmrecht in den nichtkapitalistischen Körperschaften ausgestaltet (§ 43 Abs. 3 1 GenG, § 32 BGB).

504 §§ 134 Abs. 1 AktG, 47 Abs. 2 GmbHG.

505 § 179 Abs. 2 AktG, auch i. V. m. § 278 Abs. 3 AktG, 53 Abs. 2 GmbHG bestimmen das Erfordernis der dreiviertel Mehrheit. Die geringere Bedeutung der Interessenverwirklichung der Anteilseigner findet auch in der „Höchststimmrechts"-Entscheidung des BGH Ausdruck. Danach ist der Aktionär „gegen eine Beeinträchtigung von Mitgliedschaftsrechten wie des Stimmrechts nicht unbedingt geschützt ..., wenn eine starke Mehrheit ü-

lich sind Ein-Person-Gesellschaften möglich, bei denen eine Vereinigung nicht existiert.

Zwar fehlt Art. 9 Abs. 1 GG eine Beschränkung auf nichtkapitalistische Vereinigungen,[506] mithin kann Art. 9 Abs. 1 GG auch Kapitalgesellschaften dienen. Gleichwohl ist die Vereinigungsfreiheit der Menschen nicht der wesentliche Aspekt ihrer Grundrechtsausübung in Kapitalgesellschaften.

Art. 2 Abs. 1 GG erlangt mit Sicherung der Privatautonomie Bedeutung. Der die Gesellschafterstellung vermittelnde Akt des Anteilserwerbs ist in der Regel privatautonome Gestaltung. Art. 2 Abs. 1 GG ist gleichwohl von geringem Gewicht. Im Ergebnis ist nämlich nicht der Erwerb, sondern die Eigentümerstellung des Anteilseigners erheblich – unabhängig davon, ob die Stellung privatautonom oder etwa durch Erbschaft erworben wurde. Das Eigentum am Anteilsschein vermittelt den Gesellschafterstatus. Es ist Grundlage der Mitwirkung in der Gesellschaft sowie der Teilhabe am Ertrag.

Das Anteilseigentum ist eine durch Art. 14 Abs. 1 GG geschützte Grundrechtsposition.[507] Die Kapitalgesellschaften erweitern mithin die Möglichkeiten einer Grundrechtsausübung durch die Anteilseigner.

Die Kapitalgesellschaften dienen damit vornehmlich der individuellen Ausübung des Grundrechts am Eigentum (Art. 14 Abs. 1 GG).[508]

(c) Stiftungen

Stiftungen beruhen nicht auf korporativen Zusammenschlüssen. Mitglieder oder Gesellschafter einer Stiftung gibt es nicht. Während bei den Kapitalgesellschaften eine Subsumtion unter Art. 9 Abs. 1 GG nicht als sachgerecht erscheint,

---

bergeordnete Unternehmensziele verfolgt und der Gesetzgeber diese auch bei Berücksichtigung des Gemeinwohls als gerechtfertigt betrachtet"; BGHZ 70, 117, 125.

506 Bauer, in: H. Dreier (Hrsg.), GG, Band. 1, Art. 9, Rn. 18; Badura, Mitbestimmung und Gesellschaftsrecht, in: Festschrift für Fritz Rittner, 1, 14; Wiedemann, a.a.O., Fn. 260, § 12 I. 2. a), 665.

507 BVerfGE 14, 263, 276 ff.; 25, 371, 407; 50, 290, 341 ff.; Papier, in: Maunz/Dürig, GG, Band II, Art. 14, Rn. 193; Wieland, in: H. Dreier (Hrsg.), GG, Band. 1, Art. 14, Rn. 41.

508 Zur AG: BVerfGE 14, 263, 277 f.; 25, 371, 407; 50, 290, 341 f.; Vgl. auch D. Suhr, Eigentumsinstitut und Aktieneigentum, 83 ff.

verbietet sich diese bei den Stiftungen gänzlich. Grundrechtsschutz vermittelnde Person kann nur der Stifter sein.[509]

Der Stifter begründet die Stiftung durch das Stiftungsgeschäft, in welchem er Regelungen über den Stiftungszweck, die Organisation der Stiftung sowie deren Vermögen trifft.[510] Damit genießt das Stiftungsgeschäft als privatautonomer Akt durch Art. 2 Abs. 1 GG Schutz. Dieser erfasst einen durch den Stifter getroffenen Organisationsakt ebenso[511] wie die ideellen Gehalte der Stiftungserrichtung.[512] Einfachgesetzlich findet die Anerkennung des Stifterwillens in § 87 Abs. 1 BGB Ausdruck, wonach die Änderung oder Ergänzung der Satzung der Stiftung nur im Interesse des Stifters zulässig ist.

Der Stifter nimmt folglich das Stiftungsgeschäft vor, um Eigentum zu einem bestimmten Zweck zur Verfügung zu stellen. Das der Stiftung zuzuwendende Vermögen und die Verfügungsmöglichkeit unterfallen dem Schutz aus Art. 14 Abs. 1 GG. Die Regelungen über das Erlöschen von Stiftungen, welche dem Stifter die Möglichkeit einräumen, den Vermögensanfall zu bestimmen, spiegeln diese Eigentumssicherung wieder.[513] Die Stiftungen dienen damit der effektiveren Verwirklichung der Grundrechte aus Art. 14 Abs. 1 und Art. 2 Abs. 1 GG.

Während bei Körperschaften eine stete Verknüpfung zwischen den Mitgliedern, Genossen bzw. Gesellschaftern und der juristischen Person besteht, löst sich die Stiftung dagegen vollständig von der Person des Stifters. Besonders deutlich wird dies bei der Stiftung von Todes wegen. Für diese ist der Tod des Stifters notwendige Voraussetzung für deren Entstehen. Aber nicht nur in diesen Fällen ergibt sich die Frage, ob eine juristische Person ihre Schutzwürdigkeit aus dem Grundrechtsschutz natürlicher Personen erlangen kann, welche im fraglichen Zeitpunkt bereits gestorben sind.

Erfolgt die Stiftung von Todes wegen, wird man auf den Schutz des gleichfalls durch Art. 14 Abs. 1 GG gesicherten Erbrechts verweisen können.[514] Dieser Schutz besteht indes nicht, wenn es nicht um den durch Art. 14 GG geschützten

---

509 Dies ist auch dann der Fall, wenn der Stifter selbst juristische Person ist. Der Grundrechtsschutz beruht dann auf den Grundrechten der dieser juristischen Person zu Grunde liegenden natürlichen Personen. Zur Gründung der Stiftung durch juristische Personen siehe Reuter, in: MünchKomm, BGB, § 80, Rn. 3; Hof, a.a.O., Fn. 498, § 4, Rn. 3.

510 Flume, a.a.O., Fn. 260, § 4 V. 3., 139.

511 Rawert, in: Staudinger, 13. Bearbeitung, Vorbem. zu §§ 80 ff., Rn. 43 ff.

512 Hof, a.a.O., Fn. 498, § 4, Rn. 14.

513 Hof, a.a.O., Fn. 498, § 4, Rn. 65, Landesgesetzliche Regelungen sowie § 88 BGB gelten nur subsidiär.

514 Schulte, Staat und Stiftung, III. 1. a) aa), 42; Rawert, a.a.O., Fn. 511, Vorbem. Zu §§ 80 ff., Rn. 44; Hof, a.a.O., Fn. 498, § 4, Rn. 86.

vermögensrechtlichen Gehalt, sondern um den durch Art. 2 Abs. 1 GG gesicherten ideellen Gehalt der Stiftung geht oder es sich nicht um eine Stiftung von Todes wegen handelt, der Stifter aber gleichwohl gestorben ist. Auch in diesen Fällen ist aber vom Grundrechtsschutz durch Art. 14 Abs. 1 GG auszugehen. Dabei kommt es auf einen möglicherweise bestehenden postmortalen Persönlichkeitsschutz[515] des Stifters nicht an.[516] Greift der Staat in die Rechte der Stiftung in dem Maße ein, dass etwa das Eigentumsrecht des Stifters verletzt würde, wenn dieser den Vermögenswert noch innehätte, dann verweigert der Staat zugleich die Anerkennung des privatautonom ergangenen Stiftungsgeschäftes sowie der Eigentumsdisposition. Mithin läge ein rückwirkender Eingriff in die grundrechtlich geschützten Transaktionen vor. Zur Verdeutlichung sei auf das gleichfalls durch Artt. 14 Abs. 1 Satz 1 sowie 2 Abs. 1 GG geschützte Erbrecht verwiesen. Hier ist der Schutz des erbrechtlichen Erwerbs als Reflex der Rechte des Erblassers anerkannt,[517] ohne dass es der Annahme eines postmortalen Schutzes der Rechte des Erblassers bedarf. Dieser Gedanke lässt sich auf die Stiftung und ihren Stifter übertragen. Zur Begründung der Grundrechtsfähigkeit der Stiftung sind die Grundrechte des Stifters also geeignet.

Die Stiftungen finden ihren individuellen grundrechtlichen Gehalt in der Eigentumsgarantie (Art. 14 Abs. 1 GG) sowie der Privatautonomie (Art. 2 Abs. 1 GG) des Stifters.[518]

4) Stellungnahme

Neben den hier beschriebenen individualgrundrechtlichen Grundlagen der einzelnen juristischen Personen kommen auch noch weitere in Betracht. So entstehen beispielsweise auch Körperschaften aufgrund eines privatautonomen Gründungsaktes, der Schutz durch Art. 2 Abs. 1 GG genießt. Bei den Genossenschaften kann insbesondere Art. 14 Abs. 1 GG Bedeutung gewinnen. Indessen stehen diese Grundlagen regelmäßig nicht im Vordergrund. Sie können hier daher außer Betracht bleiben.

---

515 BVerfGE 30, 173, 194 und BGHZ 50, 133, 136 ff. - Mephisto; Rüfner, Die Subjekte der Freiheitsrechte, Handbuch des Staatsrechts der Bundesrepublik Deutschland, Band V, § 116, Rn. 18, 494; H. Dreier, a.a.O., Fn. 470, Vorb. Rn. 72; Heldrich, Der Persönlichkeitsschutz Verstorbener, in: Festschrift für Heinrich Lange, 163 ff.

516 So aber Hof, a.a.O., Fn. 498, § 4, Rn. 24.

517 BVerfG, ZIP 1995, 1352, 1354; Lange/Kuchinke, Erbrecht, § 2 IV. 2. b), 26.

518 Isensee, a.a.O., Fn. 220, § 118, Rn. 41, 591.

Es lässt sich zusammenfassen: Die Grundrechtserstreckung trägt bei den einzelnen juristischen Personen unterschiedlichen Individualgrundrechten Rechnung: Während es bei den Kapitalgesellschaften vornehmlich um Art. 14 Abs. 1 GG geht, steht bei der Stiftung auch Art. 2 Abs. 1 GG und beim Verein und der Genossenschaft daneben Art. 9 Abs. 1 GG im Vordergrund. Alle existierenden Typen juristischer Personen des Privatrechts dienen also Individualgrundrechten natürlicher Personen.[519] Indem Art. 19 Abs. 3 GG den juristischen Personen ihrerseits Grundrechte zugesteht, ergänzt und erweitert er mithin die Möglichkeit menschlicher Grundrechtsausübung.

c) Zusammenfassung

Art. 19 Abs. 3 GG gibt dem Gesetzgeber auf, einen rechtlichen Rahmen für juristische Personen zu schaffen. Dieser soll deren Gründung im Einzelfall ermöglichen. Die danach existierenden juristischen Personen dienen der Sicherung eines „überindividuellen Kräfte- und Wirkungspotentials“ sowie der Erweiterung der individuellen Grundrechtsausübung.

In ihrer Existenz sind juristische Personen staatlichen Eingriffen ebenso ausgesetzt wie die Menschen. Deswegen bestimmt Art. 19 Abs. 3 GG die grundsätzliche Anwendbarkeit der Grundrechte auf juristische Personen, „soweit sie ihrem Wesen nach auf diese anwendbar sind“. Dem Sinn und Zweck von Art. 19 Abs. 3 GG entsprechend sind die anwendbaren Grundrechte so zu bestimmen, dass die individuelle Grundrechtsausübung erweitert und das überindividuelle Kräfte- und Wirkungspotential gesichert wird.

Ein allgemeines Persönlichkeitsrecht juristischer Personen ist damit anzunehmen, wenn diese Ziele von Art. 19 Abs. 3 GG einen Schutz juristischer Personen erfordern, der durch ein allgemeines Persönlichkeitsrecht gewährt werden kann. Auf die eingangs gestellte Frage[520] bezogen lässt sich also formulieren: Die Verfassung verlangt die Anerkennung eines allgemeinen Persönlichkeitsrechts juristischer Personen, wenn dieses notwendig ist, um das überindividuelle Kräfte- und Wirkungspotential juristischer Personen und die Erweiterung individueller Grundrechtsausübung durch juristische Personen zu sichern.

Deshalb kommt es darauf an, ob ein allgemeines Persönlichkeitsrecht juristischen Personen diesen Schutz bieten kann. Es ist der mögliche Inhalt des Rechts zu bestimmen. Dabei muss es zunächst um die Bestimmung des verfas-

---

[519] Einen dienenden oder derivativen Charakter der Grundrechte annehmend BVerfGE 21, 362, 369; 75, 192, 195 f.

[520] Siehe oben C.III, 113.

sungsrechtlichen Inhalts gehen. Dieser kann dann in einem weiteren Schritt Grundlage für ein zivilrechtliches allgemeines Persönlichkeitsrecht sein.[521]

2. Inhalt und Verortung des allgemeinen Persönlichkeitsrechtes

Praxistaugliche Inhaltsbeschreibungen eines allgemeinen Persönlichkeitsrechts juristischer Personen gibt es bisher nicht. Das BVerfG äußerte sich – wie gezeigt[522] - nicht abschließend. Die pauschale Formulierung des BGH, den juristischen Personen stehe das Recht zu, soweit sie in ihrem sozialen Geltungsanspruch als Arbeitgeber oder als Wirtschaftsunternehmen betroffen seien,[523] ist wenig konturiert. Sie passt lediglich auf die Fälle der Rufbeeinträchtigungen. Auch die Ansätze der Literatur vermögen nicht zu überzeugen.[524]

Der mögliche Inhalt des Rechts kann aber im Vergleich mit dem allgemeinen Persönlichkeitsrecht der Menschen gewonnen werden. Dieses Recht ist in Rechtsprechung und Literatur einhellig anerkannt und durch Fallgruppen konkretisiert. Gerade das Bestehen eines vergleichbaren Schutzes des Rechts für die Menschen und die juristischen Personen rechtfertigt es, in beiden Fällen vom allgemeinen Persönlichkeitsrecht zu sprechen. Damit ist der Inhalt des allgemeinen Persönlichkeitsrechts der Menschen zu umreißen.

Dabei ist auf das verfassungsrechtliche Persönlichkeitsrecht der Menschen abzustellen. Dies gilt zum einen, weil hier auch der verfassungsrechtliche Inhalt eines allgemeinen Persönlichkeitsrechts juristischer Personen festzustellen ist. Aus diesem kann sich dann das Erfordernis der zivilrechtlichen Anerkennung ergeben. Zum anderen hat das zivilrechtliche Persönlichkeitsrecht der Menschen seine Grundlage im Verfassungsrecht. Diesem ist sein ursprünglicher Gehalt zu entnehmen. Zwar hat sich das allgemeine Persönlichkeitsrecht im Zivil- und Verfassungsrecht unterschiedlich entwickelt. Insbesondere gab es schon in der reichsgerichtlichen Rechtsprechung – lange vor Erlass des Grundgesetzes – Tendenzen, dieses Recht anzuerkennen.[525] Der BGH etablierte das

---

[521] Zu den zivilrechtlichen Auswirkungen sowie zur Anwendung im Zivilrecht siehe C.IV, 137 ff.

[522] Siehe die Würdigung der ergangenen Entscheidungen, oben B.I.1.e), 9 ff.

[523] Z. B. BGH, WM 1994, 641-Herberger Bau; ferner siehe oben B.I.2.a)1), 11 f.

[524] Siehe oben B.II.3, 54 ff.

[525] Am 02.02.1933 führte das RG aus, dass es - selbst wenn man das allgemeine Persönlichkeitsrecht anerkennen wolle - einer „erheblichen Einschränkung und Begrenzung des Wesens dieses Rechts und Schutzes“ bedürfe, RG, HRR, JR 1933, Nr. 1319; Vgl. auch mit weiteren Nachweisen Gottwald, Das allgemeine Persönlichkeitsrecht, 1. Kapitel II. 3. b., 44.

Recht aber mit Blick auf die Verfassung. In dem „Leserbrief-" bzw. „Schacht-Urteil" vom 25. Mai 1954 führte er aus:

„Nachdem nunmehr das Grundgesetz das Recht des Menschen auf Achtung seiner Würde (Art 1 GrundG) und das Recht auf freie Entfaltung seiner Persönlichkeit auch als privates, von jedermann zu achtendes Recht anerkennt ..., muß das allgemeine Persönlichkeitsrecht als ein verfassungsmäßig gewährleistetes Grundrecht angesehen werden."[526]

Von der Verankerung des Rechts in den Artt. 1 Abs. 1 und 2 Abs. 1 GG hat der BGH bisher nicht abgesehen. Die Literatur hingegen stimmt dieser Grundlage weitgehend zu, wenn auch zunehmend die inhaltlichen Unterschiede der rechtlichen Ausprägungen im Zivil- und Verfassungsrecht betont werden.[527]

a) Das Recht der natürlichen Personen

Der Inhalt des verfassungsrechtlichen allgemeinen Persönlichkeitsrechts der Menschen wurde nicht abschließend festgelegt, sondern dynamisch - an neuen Bedrohungen der Persönlichkeit orientiert - weiterentwickelt. Der Inhalt des Rechts hat sich in dieser Entwicklung (1)) zunehmend konturiert und ist heute mit zwei wesentlichen Schutzgegenständen zu beschreiben (2) und 3)).

1) Entwicklung des Rechtes

Eine ausdrückliche Bestimmung über ein allgemeines Persönlichkeitsrecht der Menschen enthielt das Grundgesetz nie. Die Entwicklung des Rechts durch das BVerfG erfolgte schleppend und verglichen zur zivilrechtlichen Anwendung zögerlich. Zunächst erkannte das BVerfG einen letzten unantastbaren Bereich menschlicher Freiheit an, der der Einwirkung öffentlicher Gewalt entzogen

---

526 BGHZ 13, 334, 338 – Leserbriefe, Bezug nehmend auf Enneccerus/Nipperdey, Allgemeiner Teil des Bürgerlichen Rechts, 14. Auflage, § 78 I. 2.; Enneccerus/Lehmann, Schuldrecht, 14. Auflage, § 233 2. c); Coing, Das Grundrecht der Menschenwürde, der strafrechtliche Schutz der Menschlichkeit und das Persönlichkeitsrecht des bürgerlichen Rechts, SJZ 1947, 642 ff.

527 Grimm, Persönlichkeitsschutz im Verfassungsrecht, in: Schutz der Persönlichkeit, 3, 22; Ehmann, in Erman, BGB, Band 1, Anh § 12, Rn. 91 ff.

sei.[528] 1960 benannte es ein „Persönlichkeitsrecht“, welches aber im konkreten Fall hinter Art. 5 GG zurücktrat.[529] Als erste anerkennende Entscheidung wird regelmäßig das Mikrozensus-Urteil[530] vom 16.07.1969 genannt.[531] Dies erstaunt, da die Entscheidung inhaltlich nicht über vorhergehende Grundsätze hinausging. Mit Blick auf Artt. 2 Abs. 1 und 1 Abs. 1 GG führte das BVerfG aus, dem Einzelnen müsse um der freien und selbstverantwortlichen Entfaltung seiner Persönlichkeit willen ein „Innenraum“ verbleiben, in dem er „sich selbst besitzt“ und in den er sich zurückziehen könne, zu dem die Umwelt keinen Zutritt habe, in dem er in Ruhe gelassen werde und ein Recht auf Einsamkeit genieße.[532] Eine ausdrückliche Benennung eines allgemeinen Persönlichkeitsrechts erfolgte nicht.

1972 sah das BVerfG den Schutz eines unantastbaren Bereichs privater Lebensgestaltung gleichwohl schon als „ständige Rechtsprechung“.[533] In der Folgezeit zog das BVerfG entweder die Artt. 2 Abs. 1 i. V. m. 1 Abs. 1 GG heran, oder es benannte das Persönlichkeitsrecht, stellte aber nur einen Zusammenhang mit Art. 2 Abs. 1 GG her.[534] Erst in der „Eppler“-Entscheidung vom 23.05.1980[535] ging das BVerfG ausdrücklich von einem „allgemeinen Persönlichkeitsrecht“ aus, das den Artt. 2 Abs. 1 i. V. m. 1 Abs. 1 GG zu entnehmen sei. Als „unbenanntes“ Freiheitsrecht schütze es die „konstituierenden Elemente der Persönlichkeit“. Seine Aufgabe sei, die engere persönliche Lebenssphäre zu erhalten und ihre Grundbedingungen zu gewährleisten.[536] Damit ist es gerechtfertigt, erst in diesem Urteil die endgültige Begründung des allgemeinen Persönlichkeitsrechts durch das BVerfG unter Anknüpfung an die Artt. 2 Abs. 1 und 1 Abs. 1 GG zu sehen.

Es wurde bereits angedeutet, dass dieses Recht seinem Inhalt nach stets offengehalten wurde. Damit soll das Recht neue Bedrohungen persönlichkeitsrechtli-

---

528 BVerfGE 6, 32, 41 – Ausreisefreiheit; erstmalig mit Nennung der Artt. 2 Abs. 1 und 1 Abs. 1 GG siehe BVerfGE 6, 389, 432 ff. – über die Strafvorschriften gegen die männliche Homosexualität.

529 BVerfGE 11, 234, 238 - JGefSchrG

530 BVerfGE 27, 1 ff.- Mikrozensus.

531 So auch später BVerfGE 54, 148, 154 - Eppler.

532 BVerfGE 27, 1, 6 - Mikrozensus.

533 BVerfGE 32, 373, 379 - Arztkartei.

534 BVerfGE 34, 238 ff. - heimliche Tonbandaufnahmen; BVerfGE 35, 202 ff. – Soldatenmord von Lebach; BVerfGE 47, 73 f. – Sexualkundeunterricht; BVerfGE 49, 286, 301 - Transsexuelle.

535 BVerfGE 54, 148, 153 – Eppler.

536 BVerfGE 54, 148, 153 - Eppler.

cher Belange erfassen können. Gefahren ergeben sich derzeit vornehmlich aus einer fortschreitenden technischen Entwicklung, bei der die vereinfachte Aufnahme, Speicherung und Verarbeitung personenbezogener Daten einhergeht mit der unproblematischen Weitergabe dieser Informationen – beispielsweise durch das Internet. Jeder abschließend festgelegte Inhalt des allgemeinen Persönlichkeitsrechts würde die notwendige Dynamik seines Schutzes verhindern und die lückenfüllende Funktion vereiteln.

Gleichwohl lassen sich zwei Schutzgegenstände des Rechts ausmachen, die eine Konkretisierung des Rechts ermöglichen, ohne dessen Anwendbarkeit in zukünftigen Gefahrenlagen zu verhindern. Das allgemeine Persönlichkeitsrecht sichert zum einen die autonome Selbstentfaltung innerhalb einer abgeschirmten Sphäre (2)). Zum andern schützt es die nach außen gerichtete Entfaltungsfreiheit (3)).[537]

2) Schutz einer abgeschirmten Sphäre privater Lebensgestaltung

Der erste Bereich des allgemeinen Persönlichkeitsrechts dient der Sicherung einer letzten unantastbaren Sphäre privater Lebensgestaltung. Obwohl die Menschen zunehmend freiwillig – etwa durch Talkshows, Interviews und Autobiographien – ihr Innerstes nach außen tragen, besteht erhebliche Sensibilität gegenüber dem unfreiwilligen staatlichen Eindringen in die Privatheit.[538] Das BVerfG spricht vom Schutz der Privat-, Geheim-, und Intimsphäre.[539] Jedem soll der Rückzug in das Private ermöglicht werden. Man soll unbeobachtet sich selbst überlassen oder in Gesellschaft ohne Rücksicht auf gesellschaftliche Verhaltenserwartungen verkehren können.[540] Es geht um das Recht des Menschen auf Selbstfindung im Alleinsein und in enger Beziehung zu ausgewählten Vertrauten.[541] Geschützt wird der einzelne vor der Einsichtnahme privater Sphären,[542] vor Weiterverwendung diesen entstammender Informationen[543] und vor

---

[537] H. Dreier, a.a.O., Fn. 470, Art. 2 Abs. 1 Rn. 50.

[538] Schmitt Glaeser, Schutz der Privatsphäre, in: Handbuch des Staatsrechts, Band VI, § 129 II. 1. a), Rn. 12 f.

[539] BVerfGE 27, 1, 6 - Mikrozensus; 27, 344, 350 f. - Ehescheidungsakten; 32, 373, 379 - Arztkartei; 34, 238, 245 f. - heimliche Tonbandaufnahmen; 47, 46, 73 - Sexualkundeunterricht; 49, 286, 298 - Transsexuelle.

[540] BVerfGE 57, 170, 177 – Kontrolle des Briefverkehrs in Untersuchungshaft; 90, 255, 261 f. – Briefverkehr in Haftanstalt.

[541] Steindorf, Persönlichkeitsrecht im Zivilrecht, 23.

[542] Zur staatlichen Überwachung: BVerwG, NJW 1986, 2329, 2330; zu heimlichen Tonbandaufnahmen: BVerfGE 34, 238, 246 und BayObLG, NJW 1990, 197 f.; NJW 1994, 1671;

aktiven Einwirkungen auf diese. Letztlich soll der Grundrechtsträger innerhalb dieses Raumes weitestgehend in Ruhe gelassen werden.[544]

3) Schutz nach außen gerichteter Entfaltung

Andererseits sichert das allgemeine Persönlichkeitsrecht den Grundrechtsinhaber vor Beeinträchtigungen seiner Entfaltungsfreiheit in Beziehung zu Dritten.[545] Hierbei geht es vor allem um den Schutz vor Darstellungen seiner Person in der Öffentlichkeit. Jeder soll selbst darüber befinden dürfen, wie er sich Dritten oder der Öffentlichkeit gegenüber darstellen will, was seinen sozialen Geltungsanspruch ausmachen soll und ob oder inwieweit Dritte über seine Persönlichkeit verfügen können, indem sie diese zum Gegenstand öffentlicher Erörterung machen.[546] Geschützt sind die Ehre,[547] das Recht am eigenen Bild,[548] am eigenen Wort,[549] der Geburtsname[550] sowie das Führen akademischer Grade.[551] Dabei erfasst der Schutz die Freiheit vor wahren ebenso wie vor unwahren oder verfälschten Darstellungen.[552] Ferner werden das Recht auf informationelle Selbstbestimmung[553] sowie auf gleiche Startchancen gewährt. Dabei geht es um

---

aber auch BGH, NJW 1994, 596, 598 f. (Zulässigkeit des Telefonmithörens durch die Polizei); BGHSt 14, 358, 359 (Tonband).

543 Vgl. hierzu die Tagebuchentscheidungen (BVerfGE 18, 146, 147; 80, 367, 373 ff.), zu Ehescheidungsakten (BVerfGE 27, 344, 352) sowie die Entscheidungen zum Schutz vor Weitergabe von Befunden über den Gesundheitszustand, die seelische Verfassung und den Charakter (BVerfGE 32, 373, 379 f. – Arztkartei; 44, 353, 372 f. – Suchtberatungsstelle; 78, 77, 84 – öffentliche Bekanntmachung der Entmündigung; 84, 192, 194 f. – Offenbarung der Entmündigung bei Abschluß eines Mietvertrages).

544 BVerfGE 6, 32, 41 – Ausreisefreiheit; 27, 1, 6 - Mikrozensus; 44, 197, 203 – politische Betätigung in der Bundeswehr.

545 Schmitt Glaeser, a.a.O., Fn. 538, § 129 II. 1. a), Rn. 11.

546 BVerfGE 63, 131, 142 – Hamburgisches Gesetz zum Staatsvertrag zum NDR; 35, 202, 220 – Soldatenmord von Lebach; 54, 148, 155 – Eppler.

547 BVerfGE 54, 208, 217 – Böll.

548 BVerfGE 34, 238, 246 - heimliche Tonbandaufzeichnungen; 35, 202, 224 – Soldatenmord von Lebach; 87, 334, 340 – Fernsehaufnahmen in der Hauptverhandlung gegen Erich Honecker.

549 BVerfGE 34, 238, 246 - heimliche Tonbandaufzeichnungen; 54, 208, 217 ff. - Böll; 82, 236, 269 Demonstrationsaufruf.

550 BVerfGE 78, 38, 49 – gemeinsamer Familienname.

551 BVerwG, NVwZ 1988, 365.

552 BVerfGE 34, 269, 280 ff. - Soraya; 54, 208, 217 - Böll; 82, 236, 269 - Demonstrationsaufruf.

553 BVerfGE 65, 1, 41 ff. - Volkszählungsurteil; 78, 77, 84 ff. – Bekanntmachung einer Entmündigung wegen Trunksucht oder Verschwendung.

den Anspruch auf Kenntnis der eigenen Abstammung,[554] um die Begrenzung der Verschuldung minderjähriger Kinder durch ihre Eltern[555] sowie um den Anspruch auf Resozialisierung.[556]

b) Das Recht der juristischen Personen

Die vorstehenden zwei Schutzgegenstände können zumindest teilweise auf ein allgemeines Persönlichkeitsrecht juristischer Personen übertragen werden. Zwar fehlt den juristischen Personen eine Intimsphäre, ein Geburtsname oder ein akademischer Grad. Die Kenntnis der eigenen Abstammung oder Resozialisierung sind bedeutungslos.

Der Schutz einer nach außen abgeschirmten Tätigkeitssphäre (1)) sowie die Sicherung der Entfaltungsfreiheit in Beziehung zu Dritten (2)) ist aber auch bei ihnen grundsätzlich möglich.

1) Schutz einer abgeschirmten Sphäre eigener Tätigkeitsgestaltung

Die „private Lebensgestaltung" kann es bei juristischen Personen zwar allenfalls im Sinne der vermenschlichenden Darstellungen Gierkes geben. Gleichwohl ist auch bei den juristischen Personen eine der Öffentlichkeit entzogene Tätigkeit möglich. Für die juristischen Personen ist dieser Schutzgegenstand von erheblicher Bedeutung. Ein Naturschutzverein, der über Maßnahmen zur Verhinderung eines Autobahnausbaus diskutiert, wird sich gegenüber staatlicher Einsichtnahme ebenso verwehren wie eine GmbH bei der internen Kalkulation für ein Angebot auf eine öffentliche Ausschreibung. Eine Studienstiftung wird das Gespräch über die Stipendienvergabe genauso wenig öffentlich machen wollen wie eine Einkaufsgenossenschaft, in welcher über Möglichkeiten der Verringerung der Einkaufspreise beraten wird.

Wie bei den Menschen dient diese nach außen abgeschirmte Sphäre der Selbstfindung. Dabei geht es allerdings nicht um „Selbst-Sein" im philosophischen Sinne – hieran kann das Recht wegen der Unbestimmtheit des Begriffs ohnehin

---

554 BVerfGE 90, 263, 270 - Abstammung.

555 BVerfGE 72, 155, 170 ff. – finanzielle Verpflichtung Minderjähriger durch Erbengemeinschaft.

556 BVerfGE 35, 202, 235 f. – Soladatenmord von Lebach; 45, 187, 238 f. lebenslange Freiheitsstrafe; 64, 261, 276 f. – Gewährung von Hafturlaub; 72, 105, 115 f. – Aussetzung lebenslanger Freiheitsstrafe.

nicht anknüpfen[557] –, sondern um das Selbstsein als Voraussetzung eigener organisatorischer Tätigkeit. Bei den Menschen dient die nach außen abgeschirmte private Lebensgestaltung der Wahrung personaler Identität. Sie ist Basis unverfälschter innerpersonaler Willensbildung.[558]

Ähnlich verhält es sich bei den juristischen Personen. „Selbst-Sein" heißt im Prozess eigener interpersoneller Willensbildung ungestört zu sein.[559] Die ungestörte Vorbereitung eigener Tätigkeit im Rahmen der festgelegten Willensbildungsverfahren dient der effektiven Zweckverwirklichung durch die juristische Person.

Verglichen mit den Menschen sind die juristischen Personen im Verfahren der Willensbildung sogar in gesteigertem Maße gefährdet. Als zwischenmenschliches Verfahren setzt die Willensbildung regelmäßig Kommunikation und Abstimmungen voraus. Abschirmung und Geheimhaltung dieser Willensbildungsprozesse sind wesentlich schwieriger als das bloße Für-Sich-Sein der Menschen.

Ein allgemeines Persönlichkeitsrecht juristischer Personen könnte also diese in ihren internen Willensbildungsprozessen vor fremder Einsicht und Einflussnahme schützen.

2) Schutz nach außen gerichteter Entfaltung

Auch der zweite Schutzbereich des allgemeinen Persönlichkeitsrechts – der Schutz der Entfaltungsfreiheit in Beziehung zu Dritten – findet bei juristischen Personen seine Entsprechung. Auch für sie ist es von erheblicher Bedeutung, dass die eigene Person in der öffentlichen Darstellung nicht verunglimpft wird. Ein Unternehmen, dem zu Unrecht Kooperation mit rechtsextremen Gruppen nachgesagt wird, muss Umsatzeinbußen befürchten. Ein Jugendverein, dem die Organisation krimineller Machenschaften unterstellt wird, muss mit Mitgliederschwund rechnen. Die Zweckverfolgung durch die juristische Person wird so erheblich erschwert.

Auch die anderen Ansatzpunkte des Schutzes der nach außen gerichteten Entfaltungsfreiheit (die Ehre, das eigene Bild oder der Name) lassen sich sinngemäß auf juristische Personen übertragen. Zwar kann es nicht um die Ehre – verstanden als die in den Menschen hineinreichende Dimension eines Achtungsanspruches – gehen. Juristische Personen haben aber einen Achtungs-

---

[557] Vgl. hierzu schon die Kritik durch Kraft an einem philosophischen Ansatz B.II.2.e), 37 ff.

[558] Siehe hierzu oben C.II.4.b)1), 102 f.

[559] Siehe oben C.II.4.b)1), 102 f.

anspruch nach außen, ihren Ruf. Dieser wird beeinträchtigt, sofern die Identitätsmerkmale der juristischen Personen verunglimpft oder zum Gegenstand grundloser öffentlicher Kritik gemacht werden. Während das allgemeine Persönlichkeitsrecht des Menschen das Recht am eigenen Bild erfasst, entspricht dem bei den juristischen Personen das Recht an den eigenen Symbolen. Dem Namensschutz entspricht der Namens- und Firmenschutz juristischer Personen.

Auch bei den juristischen Personen kann eine allgemeines Persönlichkeitsrecht damit deren unbeeinträchtigte Entfaltung nach außen sichern.

c) Grundrechtliche Verortung

Nachdem die grundsätzliche Übertragbarkeit der grundrechtlichen Schutzbereiche eines allgemeinen Persönlichkeitsrechts festgestellt ist, stellt sich die Frage, ob das Recht auch für die juristischen Personen eine grundrechtliche Basis findet.

Es wurde bereits darauf hingewiesen, dass das allgemeine Persönlichkeitsrecht der Menschen den Artt. 1 Abs. 1 und 2 Abs. 1 GG entnommen wird.[560] Die Anwendung von Art. 1 Abs. 1 GG auf juristische Personen ist indessen nicht möglich.[561] Gleichwohl kann ein allgemeines Persönlichkeitsrecht juristischer Personen angenommen werden. Dieses ist aber allein Art. 2 Abs. 1 GG zu entnehmen.

Zwar beruhen die beiden beschriebenen Schutzbereiche des allgemeinen Persönlichkeitsrechts auf Art. 1 Abs. 1 und Art. 2 Abs. 1 GG in je unterschiedlicher Intensität. Während beim Schutz einer abgeschirmten Sphäre privater Lebensgestaltung die Menschenwürde ausschlaggebend ist, steht bei der Entfaltungsfreiheit Art. 2 Abs. 1 GG im Vordergrund. Mithin kennzeichnen sie eine mehr statische und eine mehr dynamische Seite des allgemeinen Persönlichkeitsrechts.[562]

Andererseits lässt sich dieses Recht nicht dergestalt aufbrechen, dass der Bereich des „Tuns“ ausschließlich durch Art. 2 Abs. 1 GG und der des „Seins“ ausschließlich durch Art. 1 Abs. 1 GG geschützt wäre. Zu Recht hat *Robert Alexy* darauf hingewiesen, dass Eingriffe in Zustände und Rechtspositionen eines Grundrechtsträgers stets auch mittelbar seine Handlungsfreiheit betref-

---

560 Siehe oben C.III.2, 125 ff.

561 Siehe oben B.II.1.a), 55.

562 Im Ergebnis so schon Klinger, Rechtsfähigkeit und allgemeines Persönlichkeitsrecht, § 7, 42.

fen.[563] So beeinträchtigt die Störung von Willensbildungsprozessen juristischer Personen etwa durch Erspähung und Veröffentlichung interner Verfahrensabläufe auch deren Handlungsmöglichkeiten nach außen. Es ist daher davon auszugehen, dass Art. 2 Abs. 1 GG die Gesamtpersönlichkeit in allen Lebenslagen schützt – menschliches „Tun“ ebenso wie menschliches „Sein“.[564] Lediglich die in den Menschen hineinreichende Dimension eines Achtungsanspruches vor sich selbst wird nicht erfasst. Diese kommt den juristischen Personen aber ohnehin nicht zu.

Der Schutz des allgemeinen Persönlichkeitsrechts juristischer Personen kann sich damit aus Art. 2 Abs. 1 GG ergeben.

3. Inhalt des Rechts und Sinn und Zweck von Art. 19 Abs. 3 GG

Vorstehend wurde darauf hingewiesen, dass Sinn und Zweck von Art. 19 Abs. 3 GG die Grundrechtserstreckung auf juristische Personen bestimmen. Es wurde aufgezeigt, dass ein allgemeines Persönlichkeitsrecht juristischer Personen anzunehmen ist, soweit dessen Schutz der Sicherung eines überindividuellen Kräfte- und Wirkungspotentials juristischer Personen sowie der Erweiterung individueller Grundrechtsausübung dient.[565] Mit Blick auf das allgemeine Persönlichkeitsrecht der natürlichen Personen wurden zwei mögliche Schutzgegenstände aufgezeigt,[566] die allerdings bei den juristischen Personen ausschließlich über Art. 2 Abs. 1 GG geschützt werden können.[567]

Zur abschließenden Bejahung der Grundrechtserstreckung und damit des Rechts ist zu untersuchen, ob die hier gezeichneten möglichen Schutzgegenstände des Rechts den Zielen von Art. 19 Abs. 3 GG dienen.

Juristische Personen sind solche durch ihre Vollrechtsfähigkeit. Diese ist Grundlage ihrer zweckverfolgenden Tätigkeit. Mit der Tätigkeit wird das überindividuelle Kräfte- und Wirkungspotential juristischer Personen genutzt und die erweiterte individuelle Grundrechtsausübung ermöglicht.

Den Zielen von Art. 19 Abs. 3 GG dient damit jeder Schutz, der die Möglichkeit der Ausübung von Vollrechtsfähigkeit sichert. Sinn und Zweck von Art. 19 Abs. 3 GG setzen sogar voraus, dass die juristischen Personen zur Ausübung ihrer Rechtsfähigkeit geschützt sind. Warum sollten juristischen Personen spe-

---

563 Alexy, Theorie der Grundrechte, 311 f.
564 Schmitt Glaeser, a.a.O., Fn. 538, § 129 I. 2. b), Rn. 19.
565 Siehe oben C.III.1.c), 124.
566 Siehe oben C.III.2.b), 130 ff.
567 Siehe oben C.III.2.c), 132 ff.

zifische Grundrechte zukommen, wenn nicht die Voraussetzungen ihres Handelns überhaupt gesichert sind?

Art. 19 Abs. 3 GG fordert damit eine Grundrechtserstreckung auf juristische Personen, welche die Voraussetzungen der Ausübung von Rechtsfähigkeit sichert.[568]

Mit den notwendigen Vorbedingungen der Ausübung von Rechtsfähigkeit setzte sich *Uwe John* auseinander.[569] Inhalt und Natur der juristischen Person sei, was ein Rechtssystem zur Zuerkennung von Rechtssubjektivität fordert. Dies seien die Handlungsorganisation, der Haftungsverband und die Identitätsausstattung.[570]

Die Handlungsorganisation sei der Handlungsapparat, der die juristische Person zum Tätigwerden befähige. Je nachdem, ob die Tätigkeit der Handlungsorganisation nach Innen (Mitgliederversammlung des e. V., Hauptversammlung der AG, Generalversammlung der eG, Gesamtheit der Gesellschafter bei der GmbH, oberste Vertretung bei dem VVaG) oder nach Außen (Vorstand des e.V., der AG, der eG, des VVaG und der Stiftung, Geschäftsführer der GmbH) gerichtet sei, ließen sich die Handlungsorganisationen in „interne" und „externe" unterteilen.[571]

Der Haftungsverband juristischer Personen sichere deren Haftung für eigene Verbindlichkeiten.[572] Er sei Konsequenz der Vollrechtsfähigkeit, wodurch die juristischen Personen Träger von Rechten und Pflichten sein könne.

Die Identitätsausstattung sei schließlich nötig, um die Zuordnung rechtserheblicher Handlungen zu einem Rechtsträger zu ermöglichen. Identitätsmerkmale sind bei den juristischen Personen insbesondere deren Name, die Firma und anderweitige Identitätssymbole.

Vergleicht man diese durch John beschriebenen Voraussetzungen der Ausübung von Rechtsfähigkeit mit den dargelegten Schutzgegenständen eines möglichen allgemeinen Persönlichkeitsrechts juristischer Personen[573] so fällt auf, dass es inhaltlich weitgehend dasselbe geht: um den Schutz der Handlungsorganisatio-

---

568 Grundrechtsgewährende Vorschrift ist insoweit Art. 2 Abs. 1 GG.

569 John, Die organisierte Rechtsperson, 72 ff., 115 ff.

570 Ders., a.a.O., 74 ff., 115 ff.

571 Ders., a.a.O., 74 ff.; ähnlich die Unterteilung v. Thurs in die Gebiete der inneren Verwaltung und der nach außen gerichteten Tätigkeit (Der allgemeine Teil des Deutschen Bürgerlichen Rechts, Erster Band, § 32 II., 461).

572 John, a.a.O., 128.

573 Siehe oben C.III.2.b), 130 ff.

nen in ihrem Tätigwerden (Schutz einer abgeschirmten Sphäre eigener Tätigkeit)[574] sowie der Identitätsmerkmale (Schutz nach außen gerichteter Entfaltung).[575] Lediglich für das Vorhandensein des Haftungsverbandes lässt sich keine Entsprechung finden. Der Haftungsverband findet aber Schutz durch Art. 14 Abs. 1 GG, so dass es auf das allgemeine Persönlichkeitsrecht nicht ankommt.

Damit dienen die beschriebenen möglichen Schutzgegenstände eines allgemeinen Persönlichkeitsrechts juristischer Personen den Zielen von Art. 19 Abs. 3 GG. Dieser Vorschrift ist daher die umfassende Erstreckung des allgemeinen Persönlichkeitsrechts auf alle juristischen Personen anzunehmen. Das Recht beruht allerdings – anders als bei den natürlichen Personen – bei den juristischen Personen lediglich auf Art. 2 Abs. 1 GG.

4. Zusammenfassung

Sinn und Zweck von Art. 19 Abs. 3 GG fordern die Zuerkennung eines Grundrechtes juristischer Personen, das die Grundlagen zur Ausübung der Vollrechtsfähigkeit sichert.[576] Dieser Schutz ist durch Übertragung des allgemeinen Persönlichkeitsrechts auf die juristische Personen[577] zu gewähren. Das Recht sichert den juristischen Personen den Schutz einer nach außen abgeschirmten Sphäre eigener Tätigkeit sowie der unbeeinträchtigten Tätigkeit nach außen. Konkret geht es um den Schutz der Handlungsorganisation und der Identitätsausstattung juristischer Personen. Grundlage des Schutzes sind allerdings nicht die Artt. 1 Abs. 1 und 2 Abs. 1 GG, sondern Art. 2 Abs. 1 GG und Art. 19 Abs. 3 GG.[578]

Überträgt man den vorstehenden Ansatz auf die durch das BVerfG entschiedenen Fälle, dann ergibt sich Folgendes: Im Fall der „Deutschland-Stiftung“,[579] in dem deren Publikation als „rechtsradikal“ und „Hetzblatt“ beschrieben worden war, hatte das BVerfG die Ehre der Stiftung als verletzt angesehen. Der Ursprung und nähere Inhalt dieser „Ehre“ wurde nicht erörtert. Nach dem hier vertretenen Ansatz ging es nicht um die Ehre – verstanden als dem inneren Ach-

---

[574] C.III.2.b)1), 130 f.
[575] C.III.2.b)2), 131 f.
[576] C.III.3, 133 ff.
[577] C.III.2.b), 130 ff.
[578] C.III.2.c), 132 f.
[579] B.I.1.a), 5 f.

tungsanspruch -, sondern um den Ruf der Stiftung. Dieser ist als Teil ihrer Identitätsausstattung und damit ihres allgemeinen Persönlichkeitsrechtes geschützt. Ebenso verhält es sich im Fall der „kritischen Bayer-Aktionäre".[580] Entgegen dem BVerfG war auch hier nicht die Ehre, sondern der Ruf als Bestandteil des allgemeinen Persönlichkeitsrechtes heranzuziehen.

Auch in der „Herberger-Bau"-Entscheidung[581] ging es um das allgemeine Persönlichkeitsrecht. Das BVerfG hatte wegen der Verwendung des veröffentlichten Jahresabschlusses der Herberger Bau GmbH in Seminarunterlagen die Verletzung der wirtschaftlichen Handlungsfreiheit (Art. 2 Abs. 1 GG) angenommen. Dieser Ansatz hätte indessen wegen der Subsidiarität der wirtschaftlichen Handlungsfreiheit gegenüber speziellen Freiheitsrechten zu einer Verneinung des Schutzes geführt, wenn ein spezielles Freiheitsrecht betroffen, aber nicht verletzt worden wäre. Dieser bloß subsidiäre Schutz der Voraussetzungen der Ausübung von Rechtsfähigkeit durch die juristischen Personen überzeugt nicht. Er widerspricht der besonderen Bedeutung der Handlungsvoraussetzungen zur Ausübung der Rechtsfähigkeit und der grundsätzlichen Anerkennung der juristischen Personen in Art. 19 Abs. 3 GG. Es ist vielmehr davon auszugehen, dass durch die hervorhebende kritische Darstellung der GmbH deren Ruf geschädigt wurde. Es geht damit um den – nicht subsidiär zu gewährenden – Schutz des allgemeinen Persönlichkeitsrechtes der GmbH durch Art. 2 Abs. 1 GG. Der Geheimnisschutz erlangt in dem Fall dagegen als selbständiger Teil des allgemeinen Persönlichkeitsrechts keine eigenständige Bedeutung. Die bereits veröffentlichten Unterlagen sind dem Geheimbereich des Unternehmens nicht zuzuordnen.

In der Entscheidung über die Pflicht der Rundfunkveranstalter, Sendezeitmitschnitte zu fertigen,[582] hat das BVerfG zu Recht das allgemeine Persönlichkeitsrecht nicht herangezogen. Der Schutz vor der Pflicht zur Selbstbezichtigung sichert die menschliche Würde, die den juristischen Personen nicht zukommt.[583]

Es zeigt sich, dass der hier vertretenen Ansatz zwar nicht zu einer grundsätzlichen Neubewertung der Fälle führt, sich die Fälle aber den beschriebenen Schutzgegenständen des allgemeinen Persönlichkeitsrechtes zuordnen lassen. Die hier beschriebenen Schutzgegenstände bieten eine anwendbare Inhaltsbeschreibung des Rechtes. Dies dürfte zumindest zu mehr Rechtssicherheit beitra-

---

580 B.I.1.b), 6.
581 B.I.1.c), 7.
582 B.I.1.d), 8 f.
583 Siehe oben B.II.3, 55.

gen. Das BVerfG hat sich ja bisher einer abschließenden Stellungnahme und damit auch einer näheren Beschreibung des Rechtes enthalten.[584]

Mit dem Schutz der Handlungsorganisation – also der handelnden Organe und Willensbildungsprozesse – und der Identitätsausstattung – also des Rufs, des Namens und der Symbole – wird das allgemeine Persönlichkeitsrecht konkretisiert. Es wird der Schutz einer abgeschirmten Sphäre eigener Tätigkeitsentfaltung und der unbeeinträchtigten Tätigkeit nach außen erreicht. Mit der Anknüpfung des Schutzes an ein auf Art. 2 Abs. 1 GG beruhendes allgemeines Persönlichkeitsrecht werden Probleme, die sich aus der Subsidiarität der allgemeinen Handlungsfreiheit und damit der wirtschaftlichen Handlungsfreiheit ergeben können, von vornherein vermieden.

IV. Zivilrechtliche Anwendung des Rechts

Nachdem die verfassungsrechtliche Existenz des allgemeinen Persönlichkeitsrechts juristischer Personen beschrieben ist, sind nunmehr die zivilrechtlichen Konsequenzen zu bestimmen. Dabei geht es um die Auswirkung des verfassungsrechtlichen allgemeinen Persönlichkeitsrechts auf das Zivilrecht (1.), die Konkretisierung des Rechts für die praktische zivilrechtliche Anwendung (2.) sowie die sich ergebenden Ansprüche (3.).

1. Auswirkungen des verfassungsrechtlichen Rechts auf das Zivilrecht

Zwischen dem zivilrechtlichen und dem verfassungsrechtlichen allgemeinen Persönlichkeitsrecht besteht keine Identität, sondern lediglich ein Ableitungszusammenhang.[585] Dies gilt für das allgemeine Persönlichkeitsrecht der juristischer Personen ebenso wie für das entsprechende Recht der natürlichen Personen.

Das BVerfG deutete einen Zusammenhang bereits in dem „Soraya“-Urteil an:[586] Die Richtigkeit der zivilrechtlichen Rechtsprechung zum allgemeinen Persönlichkeitsrecht zu beurteilen, sei nicht Aufgabe des Bundesverfassungsgerichtes.[587] Es genüge die Feststellung, dass das allgemeine Persönlichkeitsrecht Bestandteil der Privatrechtsordnung geworden sei. Es finde das Wertesystem der

---

584 Siehe oben B.I.1.e), 9 ff.

585 Grimm, a.a.O., Fn. 527, 3, 22.

586 BVerfGE 34, 269 ff. – Soraya.

587 BVerfGE 34, 269, 280 f. – Soraya.

Grundrechte „seinen Mittelpunkt in der innerhalb der sozialen Gemeinschaft sich frei entfaltenden menschlichen Persönlichkeit und ihrer Würde.“ Aus Artt. 1 und 2 Abs. 1 GG gebühre ihr Schutz und Achtung von Seiten aller staatlichen Gewalt. Diesem Schutzzweck diene im Privatrecht das allgemeine Persönlichkeitsrecht.[588]

Diese Beurteilung gilt auch für das allgemeine Persönlichkeitsrecht juristischer Personen. Die Herleitung aus den Artt. 2 Abs. 1 und 19 Abs. 3 GG steht dem nicht entgegen. Es wurde bereits darauf hingewiesen, dass dieses Grundrecht der juristischen Personen der Werthaltigkeit von Verbänden sowie den individuellen Grundrechten der Menschen Rechnung trägt.[589] Auch insoweit steht der Mensch im Mittelpunkt des Wertesystems des Grundgesetzes. Diese Wertbestimmung hat Einfluss auf die Privatrechtsordnung.

Den Grundrechten sind generell Prinzipien zu entnehmen, die nicht nur das Verhältnis von Staat und Bürger bestimmen, sondern ferner die Regelungen privater Beziehungen anleiten und durchdringen.[590] Die Grundrechte gewährleisten auch horizontal zwischen den Parteien Schutz, der vom Gesetzgeber wie vom Rechtsanwender zu gewähren ist.[591] Insbesondere die offen formulierten Generalklauseln bieten als „Einbruchstellen“ [592] Raum für die Berücksichtigung der Grundrechte. Neben diesen können tatbestandlich präzise Normen unmittelbar oder als Basis von Analogien grundrechtlichen Prinzipien Rechnung tragen.[593]

Diese Grundsätze gelten auch für den Persönlichkeitsschutz. Das verfassungsrechtliche allgemeine Persönlichkeitsrecht juristischer Personen ist ein den Artt. 2 Abs. 1 und 19 Abs. 3 GG zu entnehmendes Recht. Es sichert die grundsätzliche Akzeptanz der juristischen Personen durch den Staat, indem es deren Voraussetzungen für rechtsrelevantes Handeln schützt. Den juristischen Personen gebührt die Achtung ihrer Existenz und damit ihrer Rechtsfähigkeit durch die staatliche Gewalt. Diese Garantien hat die zivilrechtliche Rechtsprechung zu berücksichtigen. Bei der Auslegung und Anwendung zivilrechtlicher Normen hat sie dem Erfordernis des Schutzes der Handlungsvoraussetzungen juristischer Personen Rechnung zu tragen. In zivilrechtlichen Streitigkeiten hat sie

---

588 BVerfGE 34, 269, 281 f. – Soraya.

589 Siehe oben C.III.1.b)2), 117 f. und C.III.1.b)3), 118 ff.

590 Grimm, a.a.O., Fn. 527, 3, 22.

591 Ders., a.a.O., Fn. 527, 3, 22.

592 Dürig, Freizügigkeit, in: Neumann/Nipperdey/Scheuner, Die Grundrechte, Band II, V., 525.

593 Canaris, AcP 184 (1984), 201, 223; ders., JuS 1989, 161, 163 ff.; a. A. Mikat, in: Festschrift für Nipperdey I, 1965, 581, 589 f.; Achterberg, JZ, 1975, 713, 718.

den Schutz der Handlungsorganisation sowie der Identitätsausstattung als gewichtige Güter zu beachten.

Wegen der Lückenhaftigkeit der besonderen Persönlichkeitsrechte[594] finden zum Schutz vor allem zivilrechtliche Generalklauseln Anwendung.

2. Konkretisierung des Rechts für die zivilrechtliche Anwendung

Mit der Beschreibung des Ziels eines allgemeinen Persönlichkeitsrechts juristischer Personen, dem Schutz der Voraussetzungen rechtsrelevanten Handelns, ist der Inhalt des Rechts bereits umrissen. Ferner ist ein wesentlicher Anhaltspunkt für die zivilrechtliche Rechtsanwendung gegeben. Ausübung der Rechtsfähigkeit bedeutet bei juristischen Personen Nutzung der eigenen Handlungsorganisation und der Identitätsausstattung. Diese beiden Begriffe lassen sich im Hinblick auf mögliche Verletzungshandlungen weiter konkretisieren:

Die Handlungsorganisation wird durch jegliches Verhalten betroffen, das die unbeeinträchtigte Willensbildung oder das Auftreten der Organe nach außen beeinträchtigt. Dies ist beispielsweise der Fall, wenn die Zusammenkunft eines Vereinsvorstandes durch eine Blockade des Vereinsheims oder durch Festhalten einzelner Vorstandsmitglieder verhindert wird. Die Handlungsorganisation kann auch indirekt betroffen sein, etwa wenn vertrauliche Gespräche von Vorständen ausgespäht und veröffentlicht werden. Zwar zeigt die Veröffentlichung nicht unmittelbar Auswirkung auf das konkrete Gespräch. Die Gefahr der Veröffentlichung senkt aber bei zukünftigen Gesprächen die Bereitschaft, vertrauliche Informationen preiszugeben. Zu gewähren ist der Geheimnisschutz generell, weil die mögliche Existenz von Geheimnissen wesentliche Voraussetzung des effektiven Auftretens der juristischen Person nach außen ist. Dies gilt für die wirtschaftlich tätigen juristischen Personen - bei denen Schutz schon durch das Recht am Gewerbebetrieb besteht -[595] ebenso, wie für Vereine und Stiftungen. So kann für einen Sportverein existentiell sein, Leistungsträger durch besondere – geheime - Förderung zu binden und mit deren Leistungen für sich zu werben.

Aber nicht nur der Informationsfluss aus, sondern auch der Informationsfluss in Handlungsorganisationen, also gesteuerte Falschinformationen, kann zu Beeinträchtigungen führen. Werden gezielt falsche Auskünfte in die Willensbildungsorgane eingebracht, dann kann die auf diesen Informationen beruhende Willensbildung fehlerhaft sein. Auch hier liegt eine Verletzung der Handlungsorganisation vor.

---

594 Vgl. oben B.III.5, 86 ff.

595 Siehe oben B.III.4.b)6), 83.

Die Identitätsausstattung ist betroffen, wenn eine Handlung die Identifizierbarkeit oder das äußere Bild der juristischen Person beeinträchtigt. Die ist beispielsweise der Fall, wenn der Name, die Firma oder Symbole der juristischen Person durch Dritte verwendet werden. Dabei kann der Eindruck entstehen, dass die Verwendung durch die juristische Person selbst erfolgt. Ferner kann ein falsches Bild von dieser entstehen. Hierher gehören aber auch die Fälle in denen Identitätsmerkmale verunglimpft oder verfremdet werden.[596] Die Identitätsmerkmale werden als Voraussetzungen des Auftretens im Rechtsverkehr regelmäßig unter Kosten eingeführt und gepflegt. Jegliche Verballhornung verschlechtert das Bild der juristischen Person in der Öffentlichkeit und entwertet diese Aufwendungen.

Selbst wenn aber eine unmittelbare wirtschaftliche Auswirkung mangels Werbeaufwendungen nicht eintritt, kann eine Schädigung vorliegen. Werden Vereinssymbol und Name eines Fußballvereins zur Lachnummer gemacht, dann erschwert dies die Werbung des Vereins um junge Mitglieder.

Ferner beeinträchtigen rufschädigende Äußerungen regelmäßig die Identitätsausstattung der juristischen Personen. Mit der Beeinträchtigung des Rufes, werden zugleich der Wert des Namens, der Firma sowie der Symbole der juristischen Person verringert. Einer Stiftung, der die Förderung rechtsextremen Gedankengutes nachgesagt wird, wird ein Auftreten unter dem eigenen Namen im Rechtsverkehr – jenseits rechter Kreise – künftig schwer fallen. Auch das Theaterstückes, das allgemeine Missstände an einer willkürlich gewählten AG darstellt und anprangert, führt zur Verletzung der Identitätsausstattung.[597]

Überträgt man diesen Ansatz auf die bereits entschiedenen Fälle, dann ergibt sich folgendes Bild: Mit den Gerichten ist in der „Studiobühne"-Entscheidung,[598] der „Scientology"-Entscheidung,[599] der „Mordoro"-Entscheidung,[600] der „Herberger-Bau"-Entscheidung,[601] und der „Lusthansa"-Entscheidung[602] von der Betroffenheit des Rechtes auszugehen. In diesen Fällen war jeweils der Ruf als Teil der Identitätsausstattung beeinträchtigt.

---

596 Siehe schon zur verfassungsrechtlichen Rechtsprechung C.III.4, 135 ff.
597 Siehe auch die „Studiobühne"-Entscheidung des BGH B.I.2.a)1), 11 f.
598 B.I.2.a)1), 11 f.
599 B.I.2.a)3), 13.
600 B.I.2.a)5), 15 ff.; hier verneinte allerdings der BGH die Rechtsverletzung im Ergebnis.
601 B.I.2.a)9), 21 f.
602 B.I.2.b)1), 22 ff.

Außerdem hätte der BGH in der „BMW"-Entscheidung,[603] in der das BMW-Logo durch den Satz „Bumms mal wieder" in Aufkleberform verfremdet worden war, eine Verletzung des allgemeinen Persönlichkeitsrechtes annehmen müssen. Die Verfremdung bewirkte eine Beeinträchtigung der Firmensymbole und damit der Identitätsausstattung. Bei Heranziehung des allgemeinen Persönlichkeitsrechtes bestünden auch die erörterten Wertungswidersprüche zur späteren „MARS"-Entscheidung[604] nicht. Ebenso wie bei der fremden Namensnutzung in dem „Carrera"-Fall[605] hätte die Heranziehung des Rechtes zu bereicherungsrechtlichen Ansprüchen geführt.

Auch in der „KSB"-Entscheidung,[606] in der es um die Verwendung des gleichen Namens durch ein Unternehmen und eine Partei ging, war wegen der Verletzung der Identitätsausstattung – des Namens – das allgemeine Persönlichkeitsrecht anzuwenden.

Demgegenüber ist der BGH zu Recht in dem „Nivea"-Urteil[607] nicht auf das allgemeine Persönlichkeitsrecht eingegangen. Gegenstand war nicht ein Unternehmenskennzeichen und damit die Identitätsausstattung, sondern eine Marke. Diese ist nicht durch das allgemeine Persönlichkeitsrecht geschützt. Eine Marken- und Produktpersönlichkeit ist nicht anzunehmen.[608]

Um den zweiten Schutzgegenstand des allgemeinen Persönlichkeitsrechtes, den Schutz interner Informationen und damit der Handlungsorganisation, ging es in den Fällen der „Herberger Bau GmbH"[609] und der „Auskunftei".[610] Es wurde aber bereits darauf hingewiesen, dass es in den Fällen um bereits veröffentlichte Informationen ging. Diesen fehlte damit der Charakter interner Informationen. Von einer Beeinträchtigung der Handlungsorganisation ist nicht auszugehen. Zu Recht haben sich die gerichtlichen Erörterungen auf die Frage von Rufbeeinträchtigungen konzentriert.

Ähnlich dem Verfassungsrecht führt der hier vertretene Ansatz nicht zu einer grundsätzlich vom BGH abweichenden Bewertung der Fälle. Nur in der „BMW"-Entscheidung hätte der BGH das Recht nach dem hier vertretenen Ansatz heranziehen müssen. Insoweit war das Gericht aber zur späteren „MARS"-

---

603 B.I.2.a)6), 17 f.
604 Zu den Widersprüchen am Ende von B.I.2.a)7), 17 ff.
605 B.I.2.a)4), 14 f.
606 B.I.2.a)2), 12.
607 B.I.2.a)8), 19 ff.
608 So aber Meissner B.II.2.h), 49 ff.; siehe auch die dortige Kritik an Meissners Ansatz.
609 B.I.2.a)9), 21 f.
610 B.I.2.b)2), 24 f.

Entscheidung ohnehin nicht konsequent. Im Gegensatz zu der zivilrechtlichen Rechtsprechung, die das allgemeine Persönlichkeitsrecht juristischer Personen nie begründet hat, verweist der hier vertretene Ansatz auf eine verfassungsrechtliche Grundlage des Rechtes. Ferner bietet er mit dem Hinweis auf die Identitätsausstattung und die Handlungsorganisation zwei wesentliche Begriffe, an deren Verletzung sich die Beeinträchtigung des allgemeinen Persönlichkeitsrechtes juristischer Personen messen lässt. Diese Begriffe sind hinreichend konkret, die Beeinträchtigung im Einzelfall zu untersuchen, und abstrakt genug, auch bei neuen Gefährdungslagen Anwendung finden zu können. Die notwendige Dynamik des Rechtes bleibt gewahrt.

Die Beeinträchtigung der Identitätsausstattung oder der Handlungsorganisation führen indessen nicht stets zu Ansprüchen des Betroffenen. Vielmehr müssen zur Bejahung von Ansprüchen – ebenso wie bei der Verletzung des allgemeinen Persönlichkeitsrechts der natürlichen Personen – die weiteren Voraussetzungen der jeweiligen Anspruchsgrundlagen erfüllt sein.

3. Zivilrechtliche Ansprüche bei Verletzung des Rechtes

Das allgemeine Persönlichkeitsrecht kann zivilrechtliche Ansprüche begründen, soweit sich diese nicht bereits aus den Vorschriften über die besonderen Persönlichkeitsrechte ergeben. Ausdrückliche zivilrechtliche Regelung über das allgemeine Persönlichkeitsrecht gibt es nicht, so dass zu dessen Schutz vor allem die offen formulierten Anspruchsgrundlagen zur Anwendung kommen. Dabei könnte die Verletzung des allgemeinen Persönlichkeitsrechts zu Schadensersatz- (a)), zu „Schmerzensgeld-“ (b)), Unterlassungs- (c)), Beseitigungs- und Widerrufs- (d)), Gegendarstellungs- (e)) sowie bereicherungsrechtlichen Ansprüchen (f)) führen.

a) Schadensersatzansprüche, § 823 Abs. 1 BGB

Grundlegende Schadensersatzvorschrift bei Verletzung des allgemeinen Persönlichkeitsrechts ist § 823 Abs. 1 BGB.[611] Dies ist indessen keinesfalls selbstverständlich, da diese Vorschrift das Recht nicht benennt.

---

[611] Zur aktuelleren Frage der Deliktshaftung bei Persönlichkeitsrechtsverletzungen durch Content-Provider siehe auch Schmoll, Die deliktische Haftung der Internet-Service-Provider, 40 ff.

1) Schutz durch § 823 Abs. 1 BGB

Das allgemeine Persönlichkeitsrecht kann lediglich als „sonstiges Recht“[612] oder mit Blick auf die benannten Rechtsgüter Leben, Körper, Gesundheit und Freiheit geschützt werden.[613]

Die letztgenannte Möglichkeit erscheint vorzugswürdig. Wegen der Erwähnung der „sonstigen Rechte“ im Anschluss an das Eigentum ist Ähnlichkeit zum Eigentum erforderlich.[614] Unabhängig davon, worin diese bestehen soll,[615] wird man sie beim allgemeinen Persönlichkeitsrecht nicht finden können. Während das Eigentum vom Rechtssubjekt trennbar ist, ist eine Trennung des allgemeinen Persönlichkeitsrechts vom Rechtssubjekt nicht möglich. Gleich den Rechtsgütern Leben, Körper, Gesundheit und Freiheit ist es mit diesem fest verbunden.[616] Dies gilt für die juristischen Personen ebenso, wie für die Menschen. Es wurde darauf hingewiesen, dass die juristischen Personen solche durch ihre Vollrechtsfähigkeit sind. Das allgemeine Persönlichkeitsrecht schützt ihre Voraussetzungen zur Nutzung der Rechtsfähigkeit. Das Recht an der eigenen Handlungsorganisation oder der Identitätsausstattung lässt sich aber nicht losgelöst von der juristischen Person übertragen. Zurück bliebe eine Hülle, die unfähig ist auszuüben, was sie ausmacht. Im Firmenrecht stellt § 23 HGB diese Verbundenheit klar, indem er auf die Unveräußerbarkeit der Firma ohne das Handelsgeschäft hinweist.

Das allgemeine Persönlichkeitsrecht steht den benannten Rechtsgütern Leben, Leib, Körper, Gesundheit und Freiheit also näher als dem Eigentum. Während § 823 Abs. 1 BGB den Menschen in Analogie zu den benannten Rechtsgütern unmittelbar Schutz des allgemeinen Persönlichkeitsrechtes gewähren kann, ist diese Analogie bei den juristischen Personen nicht unmittelbar möglich. Weder Leben noch Leib, Körper, Gesundheit oder Freiheit kommen den juristischen Personen zu. Das Leben wird durch die Tötung, der Leib, der Körper und die Gesundheit werden durch Störung der körperlichen Befindlichkeit verletzt. Freiheitsverletzung ist die Entziehung der körperlichen Bewegungsfreiheit – nicht die der allgemeinen Handlungsfreiheit. In diesem Sinne können die juris-

---

612 So die Rechtsprechung: BGHZ 24, 72, 77 – Spätheimkehrer; 26, 349, 354 – Herrenreiter; 50, 133, 143 - Mephisto.

613 So Medicus, a.a.O., Fn. 239, Rn. 615.

614 Esser/Weyers, Schuldrecht, Band II, Besonderer Teil, § 55 I. 2. b), 550; Fabricius, Zur Dogmatik des „sonstigen Rechts“ gemäß § 823 Abs. 1 BGB, AcP 160 (1961), 273, 278 ff.

615 Auf die „sozialtypische Offenkundigkeit“ abstellend Esser/Weyers, a.a.O., Fn. 614, § 55 I. 2. b), 550; vgl. aber auch Medicus, der eine Ausschluß- und eine Nutzungsfunktion des jeweiligen Rechts fordert; a.a.O., Fn. 239, Rn. 607.

616 Medicus, a.a.O., Fn. 239, Rn. 615.

tischen Personen nicht beeinträchtigt werden. Jedes andere Verständnis wäre ein Rückschritt zu den Vermenschlichungen Gierkes.

Andererseits sind die benannten Rechtsgüter Ausdruck des Rechtsgedankens eines allgemeinen Persönlichkeitsschutzes – Ausdruck des Schutzes der Handlungs- und Wirkungsvoraussetzungen von Personen. Der Schutz kann auch den juristischen Personen zukommen, wenngleich die benannten Rechtsgüter nicht auf diese zu beziehen sind. Dieser Schutz ist durch die verfassungsrechtliche Grundlage des allgemeinen Persönlichkeitsrechts juristischer Personen sogar gefordert. Die Aussicht auf eine mögliche Schadensersatzverpflichtung ist in besonderem Maße geeignet, Dritte von Beeinträchtigungen des zu schützenden Persönlichkeitsrechts abzuhalten. Die Lückenhaftigkeit der geregelten Anspruchsgrundlagen zum Schadensersatz bei Verletzung besonderer Persönlichkeitsrechte[617] macht die ergänzende Anwendung von § 823 Abs. 1 BGB erforderlich. § 823 Abs. 1 BGB ist daher seinem Rechtsgedanken nach zum Schutz des allgemeinen Persönlichkeitsrechtes juristischer Personen heranzuziehen.

2) Rechtswidrigkeit von Beeinträchtigungen

Ansprüche gemäß § 823 Abs. 1 BGB bestehen grundsätzlich nur bei Rechtswidrigkeit, d. h. Normwidrigkeit des Eingriffs. Dabei ist umstritten, ob die Rechtswidrigkeit handlungs- oder erfolgsbezogen zu bestimmen ist.[618] Während der erfolgsbezogene Ansatz davon ausgeht, dass die Rechtsverletzung die Rechtswidrigkeit indiziert, besteht nach der handlungsbezogenen Auffassung die Notwendigkeit der positiven Feststellung der Rechtswidrigkeit des Verhaltens. Auf diese unterschiedlichen Positionen kommt es hier aber nicht an. Auch die Lehre vom Erfolgsunrecht fordert im Fall von Persönlichkeitsrechtsverletzungen eine positive Feststellung der Rechtswidrigkeit. Der Grundsatz der Rechtswidrigkeitsindikation durch die Tatbestandsverwirklichung gilt beim allgemeinen Persönlichkeitsrecht nicht.[619] Die rechtswidrige Verletzung des Rechts ist im Einzelfall durch eine Güter- und Interessenabwägung der einander konkurrierenden Rechte festzustellen.[620] Für die Abwägung sind Art, Anlass und Beweggrund des Eingriffs sowie das Verhältnis zwischen dem verfolgten Zweck und der Schwere des Eingriffs bedeutend. Insbesondere berechtigte Interessen, wie sie

---

617 Siehe oben B.III, 58 ff.

618 Thomas, in: Palandt, BGB, § 823, Rn. 33.

619 BGHZ 13, 334, 338 - Leserbrief; Esser/Weyers, a.a.O., Fn. 614, § 55 I. 1. d), 547; Medicus, a.a.O., Fn. 239, Rn. 615; Zeuner, in: Soergel, BGB, § 823, Rn. 73; Kötz, Deliktsrecht, Rn. 631.

620 BGHZ 13, 334, 338 - Leserbrief; Esser/Weyers, a.a.O., Fn. 614, § 55 I. 1. d), 547; Medicus, a.a.O., Fn. 239, Rn. 615; Zeuner, a.a.O., Rn. 73; Kötz, a.a.O., Rn. 631.

sich aus den verfassungsmäßigen Freiheitsrechten ergeben, sind angemessen zu würdigen.[621]

Heinrich Hubmann hat indessen eine Schutzbereichsbestimmung mittels formaler Prinzipien vorgeschlagen, die eine einzelfallbezogene Güter- und Interessenabwägung entbehrlich machen soll.[622] Es seien die Prinzipien des öffentlichrechtlichen allgemeinen Persönlichkeitsrechts auf das Zivilrecht zu übertragen.[623] Zunächst gelte das Ausweichprinzip. Wegen des Grundsatzes der Achtung der Persönlichkeit des anderen, müsse sich jeder bemühen einen Interessenkonflikt zu vermeiden.[624] Werde trotz Ausweichmöglichkeit die Persönlichkeit des anderen verletzt, so sei von der Rechtswidrigkeit des Handelns auszugehen. In Fällen des unausweichlichen Konfliktes gelte das Ausgleichsprinzip. Danach müssten sich die kollidierenden Interessen eine verhältnismäßige Zurücksetzung oder Beschränkung gefallen lassen, bis ein Bestehen nebeneinander möglich sei.[625] Sei der Ausgleich ebenfalls unmöglich, müsse nach Präferenzregeln geprüft werden, welchem Interesse der Vorrang gebühre. Dabei könne sich der Vorzug aus dem Additionsprinzip bzw. der Interessenhäufung ergeben: Stünden im Grundsatz gleichberechtigte Interessen einander gegenüber, würden aber die Interessen der einen Seite durch ein entsprechendes öffentliches Interesse verstärkt, dann müsse das andere Interesse wegen dieser Interessenhäufung zurückstehen. Ferner könne sich die Vorzugswürdigkeit aus der Interessenintensität einerseits bzw. Verletzungsintensität andererseits ergeben. Danach steige der Rechtfertigungsdruck mit steigender Verletzungsintensität.[626] Auch die Frage nach einer bereits erfolgten Befriedigung des Interesses könne gegen die Vorzugswürdigkeit eines Interesses sprechen. Im Einzelfall helfe das Prioritätsprinzip, dies insbesondere, wenn es um die Nutzung eines Namens oder von anderen Bezeichnungen gehe. Schließlich sei das Gefährdungs- und Veranlassungsprinzip von Bedeutung. Wer fremde Interessen gefährde oder einen Interessenkonflikt veranlasse, könne sich nicht im gleichen Maße auf

---

621 Vgl. die Formulierungsvorschläge von Stürner, Empfiehlt es sich, die Rechte und Pflichten der Medien präziser zu regeln und dabei den Rechtsschutz des Einzelnen zu verbessern?, 58. DJT, Band I, Gutachten A, A68; v. Bar, Gutachten und Vorschläge zur Überarbeitung des Schuldrechts, Band II, 1761, § 825.

622 Hubmann, Inhalt und Abgrenzung des Zivilrechtlichen Allgemeinen Persönlichkeitsrechts, in: Festschrift für Karl Heinz Schwab, 14 ff.; ders., Das Persönlichkeitsrecht, 159 ff.

623 Ders., a.a.O., Fn. 622, 19.

624 Ders., a.a.O., Fn. 622, 15.

625 Ders., a.a.O., Fn. 622, 16.

626 Hubmann verweist insoweit auf die Kernbereichslehre des BVerfG; ders., a.a.O., Fn. 622, 17.

Maße auf seine Interessen berufen wie der mit seinen Interessen entgegenstehende.[627]

Steht nach diesen Grundsätzen das überwiegende Interesse fest, so könne zu dessen Gunsten in das andere Interesse eingegriffen werden. Dabei müsse das schonendste Mittel gewählt werden. Nur bei Herausforderungen dürfe ein lediglich angemessenes Mittel gewählt werden.[628]

Die von Hubmann dargelegten Prinzipien vermögen eine einzelfallbezogene Güter- und Interessenabwägung nicht zu vermeiden. Schon die Begriffe der „verhältnismäßigen Zurücksetzung von Interessen" (Ausgleichsprinzip), der „vorrangigen Interessen" (Präferenzregel), des zusätzlichen öffentlichen Interesses (Additionsprinzip), aber auch des „schonendsten Mittels" zeigen, dass im Ergebnis eine Abwägung anhand der Kriterien des konkreten Einzelfalls vorzunehmen ist. Dennoch sind die Darlegungen Hubmanns hilfreich. Sie zeigen die maßgeblichen Kriterien für die Feststellung von Persönlichkeitsrechtsverletzungen auf. Sie abstrahieren die für die Bestimmung der Rechtswidrigkeit des Eingriffs relevanten Umstände. Damit tragen sie zur Rechtssicherheit bei.

Claus-Wilhelm Canaris beschreibt demgegenüber, die Rechtswidrigkeitsindikation könne in einzelnen Fallgruppen von vornherein angenommen werden, wenn die Fallgruppenbildung die Art der Eingriffshandlung verstärkt berücksichtige.[629]

Entstellungen oder unwahre Behauptungen, welche das Persönlichkeitsrecht betreffen (erste Fallgruppe)[630] sowie Herabsetzungen (zweite Fallgruppe)[631] seien stets rechtswidrig. Gleiches gelte für die wirtschaftliche Nutzung fremder Persönlichkeitsaspekte (dritte Fallgruppe)[632]. Dies ergäbe sich schon daraus, dass es ein untragbarer Wertungswiderspruch sei, das allgemeine Persönlichkeitsrecht in dieser Hinsicht schwächer zu schützen als das Eigentum oder ein Immaterialgüterrecht.[633] Bei dem Eindringen in den privaten Bereich (vierte

---

627 Ders., a.a.O., Fn. 622, 18.
628 Ders., a.a.O., Fn. 622, 18.
629 So der Vorschlag von Larenz/Canaris, a.a.O., Fn. 56, § 80 II., 498 f.; ders., JuS 1989, 170 f.
630 Dieselben, a.a.O., Fn. 56, § 80 II. 1. b), 500 ff.
631 Dieselben, a.a.O., Fn. 56, § 80 II. 2. b), 501.
632 Dieselben, a.a.O., Fn. 56, § 80 II. 3. b), 502.
633 Dieselben, a.a.O., Fn. 56, § 80 II. 3. b), 502.

Fallgruppe) sei je nach Art der Informationsbeschaffung zu differenzieren.[634] Erfolge diese auf Grundlage einer Täuschung,[635] so sei die Rechtswidrigkeit jedenfalls, sei das Handeln durch Heimlichkeit charakterisiert,[636] dann sei sie in der Regel indiziert. Führten Zwang oder Drohungen zu einer Beeinträchtigung oder werde eine Zwangslage ausgenutzt, so zeigten die §§ 123 Abs. 1 BGB und 240 Abs. 2 StGB, dass die Rechtswidrigkeit durch eine Zweck-Mittel-Abwägung festzustellen sei.[637] Dagegen sei die Verbreitung von Persönlichkeitsäußerungen und wahren Tatsachen (fünfte Fallgruppe) in der Regel rechtmäßig. Dem Recht auf informationelle Selbstbestimmung stünden die Rechte aus Artt. 5 Abs. 1 und 2 Abs. 1 GG entgegen. Es bedürfe besonderer Gründe, aus denen sich die Rechtswidrigkeit ergebe.[638] Gleiches gelte für Beeinträchtigungen der Entscheidungsfreiheit (sechste Fallgruppe) und Belästigungen (siebte Gruppe). Die Beeinträchtigung der Entscheidungsfreiheit könne schon deshalb nicht generell rechtswidrig sein, weil Entscheidungen erst durch umzusetzende Handlungen in Erscheinung träten. Die allgemeine Handlungsfreiheit sei aber gerade nicht durch § 823 Abs. 1 BGB geschützt.[639] Ein umfassender Schutz vor Belästigungen sei dagegen mit der Kommunikations- und Interaktionsbezogenheit des allgemeinen Persönlichkeitsrechts nicht verein-

---

634 Der in diesem Bereich üblicherweise herangezogenen Sphärentheorie (vgl. Hubmann, Das Persönlichkeitsrecht, 320 ff. und 325 ff.; Geis, JZ 1991, 112 ff.; Degenhart, JuS 1992, 361, 363 f.; Zeuner, in: Soergel, BGB, § 823, Rn. 86, 73; Schwerdtner, a.a.O., Fn. 620, § 12, Rn. 215) könne lediglich der absolute Schutz der Intimsphäre entnommen werden. Eine Aussage über die Rechtswidrigkeit von Eingriffen in die anderen Sphären könne auf Grundlage dieser Theorie nicht gemacht werden; Larenz/Canaris, a.a.O., Fn. 56, § 80 II. 3. b), 503.

635 Larenz/Canaris mit dem Beispiel des Falls „Wallraff" (BGHZ 80, 25); a.a.O., Fn. 56, § 80 II. 4. b), 504.

636 Canaris führt hier die Fälle der heimlichen technischen Fixierung des fremden Wortes (Abhören, Aufzeichnen auf Tonträger) an und weist auf das gleichfalls in der Regel unzulässige heimliche Hinzuziehen eines Zeugen hin; a.a.O., Fn. 56, § 80 II. 4. c), 504; vgl. auch BGH, NJW 1988, 1016 ff.; 1991, 1180; OLG Köln, NJW 1979, 661. Weitere Beispiele sind heimliche Photo- und Videoaufnahmen (BGHZ 24, 200, 208; BGH, NJW 1966, 2353, 2354; Zeuner, a.a.O., Fn. 620, Rn. 79; Schwerdtner, a.a.O., Fn. 620, § 12, Rn. 164 f.). Dabei sei insbesondere an eine Rechtfertigung gemäß §§ 32, 34 StGB zu denken, sofern es um die Aufdeckung von Rechtsbrüchen gehe; Larenz/Canaris, a.a.O., Fn. 56, § 80 II. 4. d), 506.

637 Larenz/Canaris, a.a.O., Fn. 56, § 80 II. 4. f), 507.

638 Dies könne sich z. B. aus der Ausnutzung eines fremden Rechtsbruchs oder aus dem Verstoß gegen eine Verschwiegenheitspflicht nach dem Anvertrauen persönlicher Informationen ergeben. Außerdem sei die Wirkung auf seiten des Betroffenen von Bedeutung (Prangerwirkung, Peinlichkeit etc.); Larenz/Canaris, a.a.O., Fn. 56, § 80 II. 5. b) - d), g), 509 ff.

639 Larenz/Canaris, a.a.O., Fn. 56, § 75 I. 3. b), 356 f. und § 80 II. 6. a), 513.

bar.[640] Damit bedürfe es in beiden Fällen einer gesonderten Rechtswidrigkeitsbegründung.

Die von Canaris für das allgemeine Persönlichkeitsrecht der natürlichen Personen entwickelte Fallgruppenbildung ließe sich auch auf die juristischen Personen übertragen. Andererseits entfernt sie sich weitgehend von der verfassungsrechtlichen Grundlage des Rechtes. Bei den juristischen Personen wurden als wesentliche Schutzgegenstände der Schutz der Handlungsorganisation sowie der Identitätsausstattung ausgemacht. Eine weitere abschließende Konkretisierung durch Fallgruppen birgt die Gefahr, dass das Recht die in diesen Begriffen begründete Offenheit und Dynamik verliert. Dieses Risiko folgt der Fallgruppenbildung an sich ebenso wie der Rechtswidrigkeitsindikation in bestimmten Fallgruppen. Ferner steigert eine Aufteilung in sieben (!) Fallgruppen nicht die Übersichtlichkeit. Es ist vorzugswürdig, allgemein auf die Frage der Beeinträchtigung der Handlungsorganisation und der Identitätsausstattung abzustellen und die Rechtswidrigkeit im Einzelfall festzustellen. In der Abwägung gewinnen die von Canaris beschriebenen Wertungen aber Bedeutung.

Während Hubmann den Gang der Interessenabwägung anleitet, sind den Ausführungen von Canaris wesentliche Anhaltspunkte für die Wertungen zu entnehmen.

Die Beeinträchtigung des allgemeinen Persönlichkeitsrechts juristischer Personen ist somit nicht rechtswidrig, wenn eine Güter- und Interessenabwägung ergibt, dass dem Störer weder ein Ausweichen noch eine verhältnismäßige Zurücksetzung oder Beschränkung seiner Interessen möglich war und seinen Interessen gegenüber dem Persönlichkeitsrecht der juristischen Person der Vorrang gebührte. Ferner muss der Störer den schonendsten Eingriff gewählt haben. In der Abwägung sind die Bedeutung des verfassungsrechtlich verankerten Persönlichkeitsschutzes sowie die Art und Schwere des Eingriffs zu berücksichtigen.

Auf das Beispiel des eingangs geschilderten Theaterstückes[641] bezogen bedeutet dies: Grundsätzlich verletzt die Darstellung negativer innerer Umstände einer AG in einem Theaterstück deren allgemeines Persönlichkeitsrecht. Die Preisgabe von Unternehmensgeheimnissen beeinträchtigt die eine Seite des Persönlichkeitsrechts (die Handlungsorganisation), die Verletzung des Rufes die andere (die Identitätsausstattung). Schadensersatzansprüche ergeben sich indessen nur,

---

[640] Larenz/Canaris, a.a.O., Fn. 56, § 80 II. 7. a), 516.
[641] Siehe oben am Ende der Einleitung A, 1 ff.

soweit der Eingriff auch rechtswidrig ist. Dabei ist zu berücksichtigen, dass es um die Information über allgemeine Missstände ging und damit ein öffentliches Interesse an der Darstellung bestand. Ferner war das Stück eine künstlerische Verarbeitung des Themas. Insoweit ist die verfassungsrechtliche Entscheidung für die Kunstfreiheit (Art. 5 Abs. 3 GG) zu beachten. Indessen wäre hier auch ein anonymisiertes Stück denkbar gewesen. Die Störer hätten dem Eingriff ausweichen können, ohne dass der Informationsvorgang Schaden genommen hätte. Von der Rechtswidrigkeit des Eingriffs war daher auszugehen.

3) Weitere Voraussetzungen

Der Anspruch gemäß § 823 Abs. 1 BGB setzt ferner Verschulden, d. h. Vorsatz oder Fahrlässigkeit, des Schädigers voraus. Gerade im Fall fahrlässiger Rufbeeinträchtigungen werden durch § 823 Abs. 1 BGB Fälle erfasst, in denen ein Anspruch nach den §§ 823 Abs. 2, 824 BGB und 14 UWG nicht besteht.

4) Rechtsfolge

Für den Schadensersatz bei Persönlichkeitsrechtsverletzungen gelten die allgemeinen Bestimmungen der §§ 249 ff. BGB. Es gilt der Grundsatz der Naturalrestitution (§ 249 BGB). Soweit Vermögensschäden eingetreten sind, sind diese auszugleichen. Insbesondere bei den wirtschaftlich tätigen juristischen Personen kann entgangener Gewinn zu ersetzen sein (§ 252 BGB). Dies ist etwa der Fall, wenn Rufschädigungen gewinnbringende Vertragsabschlüsse vereiteln.

b) Anspruch auf Schmerzensgeld

Neben dem Schadensersatzanspruch spielt bei den Persönlichkeitsrechtsverletzungen der natürlichen Personen der Schmerzensgeldanspruch eine erhebliche Bedeutung. Dies liegt daran, dass der Schwerpunkt der Persönlichkeitsrechtsverletzungen häufig im Immateriellen liegt. Wird etwa in einer Werbung unbefugt das Bild, der Name oder die Unterschrift eines Prominenten eingesetzt und dessen Ehre verletzt, dann kann dies durch einen materiellen Schadensersatzanspruch nur unzureichend ausgeglichen werden. Insbesondere verursachter Kummer, Kränkungen oder entgangene Lebensfreude werden nicht erfasst. Der

Schmerzensgeldanspruch kann hier Ausgleich schaffen und als besonders effektives Mittel[642] die Persönlichkeit schützen.

Als anspruchsbegründende Norm wurde bisher regelmäßig § 847 BGB herangezogen.[643] Dies war zumindest problematisch, wenn das allgemeine Persönlichkeitsrecht bei § 823 Abs. 1 BGB als „sonstiges Recht“ geschützt gesehen wurde. § 847 BGB sicherte lediglich Ansprüche bei Körper- und Gesundheitsverletzungen oder Freiheitsentziehungen. Ein „sonstiges Recht“ wurde dagegen nicht genannt. Nach dem hier vertretenen Standpunkt des Schutzes des allgemeinen Persönlichkeitsrechts im Hinblick auf den Rechtsgedanken des Persönlichkeitsschutzes aus § 823 Abs. 1 BGB[644] war eine erweiternde Auslegung von § 847 BGB indessen konsequent.

An der bisher vertretenen Sichtweise hat sich durch die Verlagerung und Ausweitung der Schmerzensgeldregelung in den neuen § 253 Abs. 2 BGB nichts geändert. Zwar ist auch jetzt ein „sonstiges Recht“ nicht ausdrücklich als Rechtsgut benannt, dessen Verletzung unmittelbar Schmerzensgeldansprüche begründet. Die Neufassung der Schmerzensgeldbestimmung sollte aber nicht anerkannte Schmerzensgeldansprüche einschränken, sondern den Kreis der Anspruchstatbestände erweitern. Persönlichkeitsrechtsverletzungen können daher - wie bisher - Schmerzensgeldansprüche begründen. Anspruchsbegründende Norm ist nunmehr aber § 823 Abs. 1 BGB in Verbindung mit § 253 Abs. 2 BGB.

Die Anerkennung des Schmerzensgeldanspruches natürlicher Personen lässt sich allerdings nicht ohne weiteres auf die juristischen Personen übertragen. § 847 BGB wurden regelmäßig zwei Funktionen zugesprochen,[645] die ggf. auch § 253 Abs. 2 BGB zugrunde lägen. Zum einen gehe es darum, dem Verletzten für erlittene Schmerzen, Verunstaltungen und Beeinträchtigungen des körperlichen und seelischen Wohlbefindens einen angemessenen Ausgleich zuzugeste-

---

642 Ähnlich Larenz/Canaris, a.a.O., Fn. 56, § 80 I. 4. a), 494. In der „Ginseng-Wurzel“-Entscheidung führte der BGH hierzu aus, eine der Wertordnung des GG gerecht werdende Zivilrechtsordnung könne nicht „auf das wirksamste und oft einzige Mittel verzichten ..., das geeignet ist, die Respektierung des Personenwertes des einzelnen zu sichern“, BGHZ 35, 363, 368 f. Das BVerfG führte im „Soraya“-Urteil aus, dass trotz § 253 BGB keine Bedenken gegen die Rechtsprechung zum Schmerzensgeld bei Persönlichkeitsrechtsverletzungen bestünden, BVerfGE 34, 269; vorausgehend BGH, NJW 1965, 685.

643 Der BGH erkannte diesen erstmals mit der „Herrenreiter“-Entscheidung an, BGHZ 26, 349, 356.

644 Siehe oben C.IV.3.a)1), 143 ff.

645 Grundlegend BGHZ 18, 149; seitdem ständige Rechtsprechung siehe BGH NJW 1976, 1147 f.; 1981, 1836 f; BGH, VersR 1966, 144 f; 1967, 256; 1978, 36, 38.

hen.[646] Zum anderen schulde der Schädiger dem Geschädigten Genugtuung für die Verletzung.

Insbesondere die Annahme der Genugtuungsfunktion ist problematisch. Der „Sühnegedanke“ gehört nicht in das Zivilrecht, sondern in das Strafrecht.[647] Die „punitive damages“ amerikanischen Rechts sind dem deutschen Zivilrecht fremd. Hier kann die Frage, ob § 253 Abs. 2 BGB eine Genugtuungs- und eine Ausgleichsfunktion hat, aber dahinstehen. Juristische Personen sind weder in der Lage eine Genugtuung für erlittene Rechtsbeeinträchtigungen zu empfinden, noch können sie ausgleichsbegründende Schäden im Sinne einer Minderung ihres körperlichen oder seelischen Wohlbefindens erfahren. Juristische Personen sind nicht leidensfähig. § 253 Abs. 2 BGB ist seinem Sinn und Zweck nach damit nicht auf die juristischen Personen anzuwenden.[648]

Juristische Personen haben keinen Anspruch auf Ersatz immaterieller Beeinträchtigungen bei Verletzung ihres allgemeinen Persönlichkeitsrechtes.

c) Anspruch auf Unterlassung

Mitunter sind mögliche Beeinträchtigungen des allgemeinen Persönlichkeitsrechts juristischer Personen im Vorhinein erkennbar. Dies ist beispielsweise der Fall, wenn die beabsichtigte Veröffentlichung eines rufschädigenden Presseartikels bekannt wird oder ein Vorstandsmitglied mit der Veröffentlichung von Vereins- oder Unternehmensgeheimnissen droht. In diesen Fällen stellt sich die Frage nach Unterlassungsansprüchen der juristischen Person.

Ausdrückliche Regelungen über den vorbeugenden Schutz durch Unterlassungsansprüche gibt es für das allgemeine Persönlichkeitsrecht ebenso wenig wie für die anderen Rechtsgüter des § 823 Abs. 1 BGB. Das Reichsgericht begründete aber in Analogie zu den §§ 1004 Abs. 1 S. 2, 862 S. 2 und 12 S. 2 BGB eine negatorische Abwehrklage, welche die in § 823 Abs. 1 BGB ausdrücklich benannten Rechtsgüter schützt.[649] Dieser Anspruch wurde später

---

646 Auf diese Funktion den § 847 BGB noch beschränkend BGHZ 7, 223.

647 Kern, Die Genugtuungsfunktion des Schmerzensgeldes – ein pönales Element im Schadensrecht?, AcP 191 (1991), 247, 251 ff.; Bötticher, Die Einschränkung des Ersatzes immateriellen Schadens und der Genugtuungsanspruch wegen Persönlichkeitsminderung, MDR 1963, 353, 359; Stein, in: MünchKomm, BGB, § 847, Rn. 3.

648 Dies übersieht Rixecker, wenn er davon ausgeht, dem Persönlichkeitsrecht juristischer Personen folge ein Anspruch auf Geldentschädigung auch bei materiell nicht messbaren Schäden; Rixecker, in: MünchKomm, BGB, § 12 Anh., Rn. 221.

649 RGZ 60, 6 f.

auf alle durch § 823 BGB geschützten Güter und damit das allgemeine Persönlichkeitsrecht ausgedehnt.

Voraussetzung für einen Anspruch ist, dass ein objektiv rechtswidriger Eingriff zu befürchten ist.[650] Hierfür muss eine erste Beeinträchtigung hinreichend nahe bevorstehen.[651] Dies wäre bei einer geplanten Veröffentlichung eines rufschädigenden Artikels der Fall. Ferner ist die Rechtswidrigkeit der bevorstehenden Beeinträchtigung positiv zu begründen.[652] Im Rahmen eines rufschädigenden Presseerzeugnisses ist hier wiederum die Pressefreiheit (Art. 5 Abs. 1 S. 2 GG) zu berücksichtigen. Von einem rechtswidrigen Eingriff ist etwa auszugehen, wenn Diffamierung und nicht Information der Zweck der Veröffentlichung ist. Gleiches gilt, wenn die betroffene juristische Person willkürlich zum Gegenstand einer Berichterstattung wird, die auf allgemeine Missstände aufmerksam machen soll.[653]

Der Unterlassungsanspruch richtet sich gegen den Störer, d. h. gegen denjenigen, dessen Verhalten eine Beeinträchtigung befürchten lässt.[654] Dabei soll der Anspruch grundsätzlich nur die konkrete rechtswidrige Verletzungshandlung verhindern. Ist diese aber mit einer Gesamtdarstellung eng verbunden,[655] so kommt ein Gesamtverbot in Betracht, wenn dadurch nicht übermäßig in die Rechte des Störers eingegriffen wird, insbesondere Korrekturen der Gesamtdarstellung möglich sind.[656] Über die bloße Unterlassung hinaus kann im Fall unzulässiger ansehensmindernder öffentlicher Meinungsäußerungen die Veröffentlichung der strafbewehrten Unterlassungsverpflichtung verlangt werden.[657]

Bei Persönlichkeitsrechtsverletzungen wird damit der rückbezogenen Schadensersatzanspruch durch den in die Zukunft gerichteten Unterlassungsanspruch ergänzt.

---

650 RGZ 156, 372, 374; 166, 150, 156; BGHZ 30, 7, 14 - Caterina Valente.

651 Schwerdtner, a.a.O., Fn. 620, § 12, Rn. 310.

652 Hefermehl, in: Erman, BGB, § 1004, Rn. 4, 32.

653 Vgl. den eingangs geschilderten Fall sowie die „Studiobühne"-Entscheidung des BGH, oben B.I.2.a)1), 11 f.

654 BGH, NJW 1976, 799 f.; DB 1986, 2535.

655 Etwa in Büchern (BGH 50, 133 – Mephisto) oder Theaterstücken (BGH, NJW 1975, 1882 ff. – Studiobühne, B.I.2.a)1), 11 f.).

656 Vgl. BGH, GRUR 1968, 200, 203; BGH, NJW 1981, 1366 ff.- Wallraff.

657 BGHZ 99, 133.

d) Anspruch auf Beseitigung und Widerruf

Vielfach gewähren Unterlassungs- und Schadensersatzansprüche nur unzureichend persönlichkeitsrechtlichen Schutz. Bei Fortwirkung schuldlos veröffentlichter unwahrer Tatsachenbehauptungen besteht kein Schadensersatzanspruch. Der Unterlassungsanspruch kann die Fortwirkung selbst durch Veröffentlichung einer strafbewehrten Unterlassungsverpflichtung nicht beseitigen. Um die bestehende Schutzlücke zu schließen, hat das RG einen „quasi-negatorischen" Anspruch begründet, welcher auf Beseitigung der Beeinträchtigung zielt.[658] Grundlage dieses Anspruches sind die §§ 12 S. 1, 862 Abs. 1 S. 1 und 1004 Abs. 1 S. 1 BGB. Damit ist der Beseitigungsanspruch verschuldensunabhängig. Voraussetzung sind die Widerrechtlichkeit der Störung und das Fortwirken der Beeinträchtigung.[659]

Außerdem wird teilweise in Anlehnung an den ursprünglichen Anwendungsbereich von § 1004 BGB verlangt, dass ein gegenwärtiger Angriff vorliegt.[660] Dieses zusätzliche Erfordernis ist indessen abzulehnen. Es führt zu der schwierigen Abgrenzung, ob ein Angriff noch gegenwärtig ist oder ob er lediglich eine fortwirkend beeinträchtigende Quelle begründet hat.[661] Aus der Sicht des Betroffenen ist dies unbedeutend. Eine fortwährende Quelle gegenwärtiger Beeinträchtigung muss daher zur Anspruchsbegründung ausreichen.

Bei Persönlichkeitsrechtsverletzungen erlangt der Beseitigungsanspruch regelmäßig als Widerrufsanspruch Bedeutung.[662] Dabei geht es um die Beseitigung von rufschädigenden Äußerungen. Wird beispielsweise unrichtig dargestellt, eine juristische Person habe mit den Nationalsozialisten kooperiert und Gewinne aus Zwangsarbeit gezogen, dann kann die betroffene juristische Person Widerruf verlangen. Der Widerrufsanspruch zielt auf die Richtigstellung der Äußerungen.[663] Genugtuung kann der Betroffene nicht verlangen.[664] Diese ist bei den juristischen Personen aber auch nicht möglich.[665] Aus dem Erfordernis der Richtigstellung ergibt sich, dass ausschließlich der Widerruf von Tatsachenbehaup-

---

[658] RGZ 148, 114, 123 ff.; BGH, NJW 1958, 1043 anders noch RGZ 97, 343, 345.

[659] Thomas, in: Palandt, BGB, Einf. v. § 823, Rn. 33 f.

[660] So Picker, Der negatorische Beseitigungsanspruch, 89 f.

[661] Schwerdtner, a.a.O., Fn. 620, § 12, Rn. 324a.

[662] BGH, NJW 1983, 2572; BGH, VersR 1974, 1024, 1025.

[663] BGHZ 10, 104, 105; BGH, NJW 1961, 1913; BGH, NJW 1965, 294 f.

[664] BGH, NJW 1977, 1681, 1682.

[665] Siehe oben C.IV.3.b), 149 ff.

tungen in Betracht kommt. Nur deren Richtigkeit ist einem Beweis zugänglich.[666] Der Widerruf veröffentlichter Meinungen kann nicht verlangt werden.

e) Gegendarstellungsanspruch

Neben oder an die Stelle eines Widerrufsanspruches kann bei Persönlichkeitsrechtsverletzungen in den Medien ein Gegendarstellungsanspruch treten. Grundlage sind die Landespresse- und Rundfunkgesetze sowie Rundfunk- und Fernsehstaatsverträge.[667]

Der Gegendarstellungsanspruch begegnet der Gefahr, die sich aus der besonderen Reichweite von Presse, Funk und Fernsehen ergibt. Der Einzelne soll sich durch eine vergleichbare Verbreitung seiner Sicht der Dinge gegenüber Darstellungen in Massenkommunikationsmitteln wehren können. Andernfalls könnte er zum „bloßen Objekt öffentlicher Erörterung herabgewürdigt" werden.[668]

Die Gegendarstellungsansprüche sind auch für juristische Personen bedeutend. Wird beispielsweise der Ruf einer eingetragenen Genossenschaft durch Fernsehberichterstattung verletzt, dann muss ihr ebenso Gelegenheit zur Darstellung der eigenen Position eingeräumt werden wie dem Menschen bei seiner Rufverletzung. Der Gegendarstellungsanspruch dient dem Recht auf rechtliches Gehör[669] sowie dem Prinzip der Waffengleichheit in den Medien.[670]

---

666 Zur Abgrenzung von Meinungsäußerungen BGH, GRUR 1988, 402 f.; OLG Frankfurt a. M., GRUR 1991, 687 f. - Plagiarius; zum Ausschluß des Widerrufes von Werturteilen vgl. BGHZ 10, 104; BGH, NJW 1982, 2246 ff.; BGH, LM GG Art. 5, Nr. 15 - Volkbacher Madonna; BGH, LM GG Art. 5, Nr. 7; BGH, LM § 1004, Nr. 58, 75; Helle, Muß der Beleidiger den Widerruf seiner ehrenrührigen Behauptung eigenhändig unterzeichnen?, DRiZ 1970, 157 f.

667 Siehe die Darstellung der Regelungen bei Seitz/Schmidt, Der Gegendarstellungsanspruch in Presse, Funk und Fernsehen, Anhang III, 412 ff.; Stürner, 58. DJT (1990), Band I, A 65, Fn. 36-38; in den neuen Bundesländern gilt - soweit es an neueren landesrechtlichen Regelungen fehlt - über Artt. 123 ff. GG und 8 EinigungsV die Bestimmung des § 11 ReichspresseG (1874) fort. Nach a. A. ist davon auszugehen, dass sich aus § 327 Abs. 1 i. V. m. § 7 ZGB der DDR und dem Beschluss der Volkskammer vom 09.02.1990 (GBl. DDR 1990 I, 39), welcher nach Art. 9 EinigungsV weitergelte, ein eigenständiges Gegendarstellungsrecht ergebe; LG Berlin, NJW 1991, 2495; Schultz, Fortgeltendes DDR-Gegendarstellungsrecht als Landesrecht, NJW 1991, 2468.

668 BVerfGE 63, 131, 142 f.

669 BGH, NJW 1963, 1155; BGH, NJW 1964, 1132.

670 Reumann, Waffengleichheit in der Gegendarstellung, 32 f.; Rixecker, in: MünchKomm, BGB, § 12 Anh., Rn. 230.

Voraussetzung des Anspruches ist ein berechtigtes Interesse des Betroffenen an der Gegendarstellung.[671] Dieses ist bei nicht ganz unbedeutenden Persönlichkeitsrechtsverletzungen anzunehmen.[672]

Die Frage, ob ausschließlich gegenüber Tatsachenbehauptungen oder auch gegenüber Meinungsäußerungen Gegendarstellung verlangt werden kann, wird unterschiedlich beantwortet.[673] Zur Erhaltung der Waffengleichheit ist aber auch bei Meinungsäußerungen eine Gegendarstellungsanspruch zuzulassen.[674] Anders als beim Widerrufsanspruch darf es beim Gegendarstellungsanspruch auf die Unwahrheit der Erstveröffentlichung nicht ankommen. Nur so kann die Aktualität der Gegendarstellung gegenüber der Erstveröffentlichung gewahrt bleiben. Jede gerichtliche Überprüfung des Wahrheitsgehaltes der Veröffentlichung würde eine zeitnahe Reaktion vereiteln und der Verfestigung des geschaffenen Eindrucks dienen. Schutzgegenstand ist nicht das öffentliche Interesse an richtiger Information, sondern der Persönlichkeitsschutz des Betroffenen.[675]

Adressat des Gegendarstellungsanspruches sind bei Presseerzeugnissen regelmäßig die Verleger und verantwortlichen Redakteure, bei Veranstaltungen ist es der Veranstalter. Die Gegendarstellung soll an gleichwertiger Stelle und in gleicher Schrift wie die Erstveröffentlichung sowie ohne redaktionelle Zusätze erfolgen.[676] Auch dies ist Ausdruck der beabsichtigten Waffengleichheit.

f) Bereicherungsrechtliche Ansprüche

Nicht ohne weiteres ist die Frage zu beantworten, ob im Falle von Persönlichkeitsrechtsverletzungen auch bereicherungsrechtliche Ansprüche bestehen können. Kann beispielsweise ein Kraftfahrzeughersteller erfolgreich vom Spielzeugproduzenten eine fiktive Lizenzgebühr verlangen, wenn dieser damit wirbt, dass sich seine Spielbausteine zu Modellfahrzeugen des Kraftfahrzeugherstellers zusammenfügen lassen? Macht sich ein Pharmakonzern gegenüber einem

---

671 Zu den unterschiedlichen, teils umstrittenen Anforderungen der einzelnen Bestimmungen vgl. Stürner, 58. DJT (1990), Band I, A 96 f.

672 BGH, NJW 1964, 1132; BGH, NJW 1965, 1230; Kreuzer, Persönlichkeitsschutz und Entgegnungsanspruch, in: Festschrift für Geiger, 61, 93.

673 Dagegen Seitz/Schmidt, Aktuelle Probleme des Gegendarstellungsrechts, NJW 1991, 1009 f.

674 Reumann, a.a.O., Fn. 670, 32 f.

675 BGH, NJW 1964, 1132; BGH, NJW 1965, 1230; Kreuzer, a.a.O., Fn. 672, 61, 93; Schwerdtner, a.a.O., Fn. 620, § 12, Rn. 356.

676 OLG Karlsruhe, NJW 1993, 1476.

Sportverein zahlungspflichtig, wenn er damit wirbt, seine Produkte förderten die Gesundheit wie eben dieser Verein?

Als Anspruchsgrundlage kommt die Eingriffskondiktion (§ 812 Abs. 1 S. 1 2. Alt. BGB) in Betracht. Danach ist derjenige, der einen vermögenswerten Vorteil auf Kosten eines anderen erlangt, diesem herausgabepflichtig. Es müsste also die Verwendung fremder persönlichkeitsrechtlich geschützter Güter – des fremden Namens, fremder Symbole – auf Kosten des jeweiligen Rechtsinhabers erfolgen. Die Frage, ob ein Vermögenszuwachs „auf Kosten" eines anderen erfolgt, ob er noch legitim oder schon illegitim im Sinne des Bereicherungsrechtes ist,[677] wird unterschiedlich beantwortet: Während ein Ansatz Illegitimität bei Rechtswidrigkeit des Eingriffs annimmt,[678] verlangt ein anderer Ansatz, dass das Recht einen spezifischen „Zuweisungsgehalt" zum Betroffenen hat.[679]

Die „Widerrechtlichkeitstheorie" ist problematisch, weil sie lediglich die Rechtswidrigkeit der Eingriffshandlung untersucht. Die Ahndung rechtswidriger Eingriffe ist aber Ziel des Deliktsrechts und nicht des Bereicherungsrechtes.[680] Wesentlicher Gegenstand des Bereicherungsrechtes ist die Abschöpfung unberechtigter Vermögensvorteile. Außerdem weicht die „Widerrechtlichkeitstheorie" vom Merkmal „auf Kosten" weitgehend ab.[681] Widerrechtlichkeit und Betroffenheit eines anderen können auseinanderfallen. Die „Widerrechtlichkeitstheorie" entspricht damit weder dem Sinn und Zweck des Bereicherungsrechtes, noch dem Wortlaut des § 812 Abs. 1 S. 1 2. Alt. BGB.

Die Frage nach der rechtswidrigen Bereicherung gemäß § 812 Abs. 1 S. 1 2. Alt. BGB ist mit der „Zuweisungstheorie" zu beantworten. Bereicherungsausgleich kann sich damit ergeben, wenn das allgemeine Persönlichkeitsrecht dem Betroffenen zugewiesen ist, wenn ihm also die fremdgenutzten Persönlichkeitsgüter zukommen. Von dieser Zuweisung ist grundsätzlich auszugehen. Dies ergibt sich aus der gesetzlichen Zuweisung besonderer Persönlichkeitsgüter, etwa des Bildnisses oder des Namens, ebenso wie aus den beschriebenen Grundlagen des allgemeinen Persönlichkeitsrechtes.

---

677 Zur Sonderung von legitimen und illegitimen Vermögenszuwächsen im Bereicherungsrecht vgl. Esser/Weyers, a.a.O., Fn. 614, § 50 I. 1. a), 462.

678 F. Schulz, System der Rechte auf den Eingriffserwerb, AcP 105 (1909), 1, 431 ff.; Jakobs, Eingriffserwerb und Vermögensverschiebung, 1964, 50 ff.

679 Wilburg, Die Lehre von der ungerechtfertigten Bereicherung nach österreichischem und deutschem Recht, 28; v. Caemmerer, Bereicherung und unerlaubte Handlung, Gesammelte Schriften, Band I, 209, 228.

680 Larenz/Canaris, a.a.O., Fn. 56, § 67 I. 1. a), 128.

681 Schlechtriem, Bereicherungsrecht aus fremdem Persönlichkeitsrecht, in: Festschrift für Hefermehl, 445, 448.

Problematisch ist aber, ob das Recht eine kommerziell verwertbare Komponente enthält, die bereicherungsrechtlich liquidiert werden kann. In der „Caroline von Monaco"-Entscheidung vom 15.12.1999[682] hat das BVerfG ausgeführt, das allgemeine Persönlichkeitsrecht sei nicht im Interesse der Kommerzialisierung der eigenen Person gewährleistet. Einer derartigen Kommerzialisierung würde aber ein Bereicherungsausgleich entsprechen, weil mit Blick auf das Persönlichkeitsrecht einzelnen Gütern der Persönlichkeit ein auszugleichender Wert beigemessen würde. In der Literatur wurde daher bereits ein Bereicherungsausgleich bei Persönlichkeitsverletzungen generell abgelehnt.[683]

Andererseits ist das Persönlichkeitsrecht im Verfassungs- und Zivilrecht nicht identisch, sondern es besteht lediglich ein Ableitungszusammenhang.[684] Der zivilrechtlichen Weiterentwicklung des Rechts steht seine verfassungsrechtliche Grundlage also nicht entgegen. Die Zivilgerichte sollen zwar die grundsätzlichen Wertentscheidungen der Verfassung bei ihrer Rechtsanwendung berücksichtigen. Der verfassungsrechtliche Schutzanspruch des allgemeinen Persönlichkeitsrechts lässt sich aber durch die bestehenden Vorschriften des Schadensersatz-, Beseitigungs-, Gegendarstellungs- und Unterlassungsrechtes nur unzureichend verwirklichen. Diese Ansprüche vermögen nicht den besonderen wirtschaftlichen Anreiz zu beseitigen, der sich aus der Möglichkeit unberechtigter Verwendung fremder Persönlichkeitsgüter ergibt. Die Nutzung fremder Bilder oder Namen zu Werbezwecken kann sich trotz möglicher Schadensersatzansprüche für die Verwender rechnen. Für die juristischen Personen gilt dies insbesondere, weil diese Schmerzensgeldansprüche - die gleichfalls als Regulativ wirken können - [685] nicht geltend machen können.[686]

Auch wenn das verfassungsrechtliche allgemeine Persönlichkeitsrecht die Kommerzialisierung der eigenen Person nicht gewährleistet, kann damit die Annahme einer kommerziellen Komponente des Rechts im Zivilrecht dem verfassungsrechtlichen allgemeinen Persönlichkeitsrecht Rechnung tragen. Der BGH[687] und ein überwiegender Teil der Literatur[688] schließen die Kommerziali-

[682] BVerfG, NJW 2000, 1021 ff.
[683] Soehring/Seelmann-Eggebert, Die Entwicklung des Presse- und Äußerungsrechts 1997 – 1999, NJW 2000, 2466, 2474.
[684] Siehe oben C.IV.1, 137 ff.
[685] Vgl. insoweit Schwerdtner, der ausführt, der Schmerzensgeldanspruch liquidiere bei Verletzungen des allgemeinen Persönlichkeitsrechts in vornehmer Form die Lizenzgebühr; ders., Das Persönlichkeitsrecht in der deutschen Zivilrechtsordnung, 247.
[686] Siehe oben C.IV.3.b), 149 ff.
[687] BGHZ 20, 345, 350 f.; 49, 288, 293; 81, 75, 78 ff.; BGH, NJW 2000, 2195, 2197.
[688] Kläver, Vermögensrechtliche Aspekte des zivilrechtlichen allgemeinen Persönlichkeitsrechts, ZUM 2002, 205, 208; dies., Bereicherungsrechtliche Ansprüche bei einer Verlet-

sierung von Persönlichkeitsgütern damit auch nicht aus, sondern gehen von der „Verquickung“[689] materieller und idealer Interessen aus. Somit ist ein Bereicherungsausgleich möglich.

Ein bereicherungsrechtlicher Anspruch besteht danach, soweit die Verletzung des allgemeinen Persönlichkeitsrechts zu vermögenswerten Vorteilen des Handelnden führt.[690] Ungerechtfertigte vermögenswerte Vorteile sind abzuschöpfen.

Die Höhe des bereicherungsrechtlichen Ausgleichs ist nach § 818 Abs. 2 BGB zu bestimmen, d. h. es ist „Wertersatz“ geschuldet. Dieser könnte entweder in dem durch den Eingriff erlangten Gewinn oder in fiktiven Lizenzgebühren, Honoraren etc. bestehen. Das Bereicherungsrecht äußert sich hierzu nicht. Eine Ausgleichspflicht im letzten Sinne liegt aber nahe. Das Bereicherungsrecht bezweckt den Ausgleich der unrechtmäßigen Vermögensverschiebung. Diese besteht in der unberechtigten Nutzung des kommerzialisierten Persönlichkeitsgutes. Wenn Wertersatz zu leisten ist, dann besteht dieser in dem Marktwert, der für die Nutzung dieses Gutes zu zahlen gewesen wäre, also in einer Lizenzgebühr, einem Honorar o. ä. Werden darüber hinaus mit der Nutzung Gewinne erzielt, so beruhen diese nicht mehr auf dem Wert der Nutzungen, sondern auf weiteren Anstrengungen oder besonderem Talent des Verpflichteten. Sie resultieren nicht mehr aus dem zugewiesenen Persönlichkeitsrecht. Zu einer Gewinnabschöpfung führt das Bereicherungsrecht nicht.

Fraglich ist weiterhin, ob mit dem BGH ein Bereicherungsausgleich abzulehnen ist, wenn die Rechtsverletzung auch gegen Entgelt nicht hingenommen oder erstattet worden wäre.[691] Der BGH führt hierzu aus, dass eine Bejahung des Anspruches im Ergebnis einer Genehmigung der Rechtsverletzung gleichkomme. Dies könne aber als erneute Persönlichkeitsrechtsverletzung durch den Betroffenen empfunden werden.[692] Indessen ist es gerade der Betroffene, der mit der Geltendmachung bereicherungsrechtlichen Ausgleichs eine Wertschätzung der genutzten Persönlichkeitsgüter erwartet. Es ist damit nicht davon auszugehen, dass er in einer antragsgemäßen und damit für ihn positiven gerichtlichen Entscheidung eine erneute Persönlichkeitsbeeinträchtigung sieht. Ferner führt der

---

zung des allgemeinen Persönlichkeitsrechtes, 65; Forkel, Allgemeines Persönlichkeitsrecht und wirtschaftliches Persönlichkeitsrecht, in: Festschrift für Karl H. Neumayer, 235 ff.; Klippel, a.a.O., Fn. 135, 496 f., Lorenz, in: Staudinger (Neubearbeitung 1999), § 812, Vorbem zu §§ 812, Rn. 62; Reuter/Martinek, Ungerechtfertigte Bereicherung, 268.

689 Kläver, a.a.O, 205, 208.

690 So im Ergebnis auch Larenz/Canaris, a.a.O., Fn. 56, § 69 I. 1. c), 171 und § 69 I. 2. c), 174; ähnlich Schlechtriem, a.a.O., Fn. 681, 445, 453 ff.

691 BGHZ 26, 349, 352 – Herrenreiter; 30, 7, 17 - Caterina Valente; 35, 363, 366 - Ginseng-Wurzel; OLG Stuttgart, NJW 1983, 1203 f.

692 BGHZ 26, 349, 353 – Herrenreiter.

BGH aus, dass es an einer vermögensrechtlichen Benachteiligung des Betroffenen fehle.[693] Ziel des Bereicherungsrechtes ist aber doch gerade unrechtmäßige Vermögensvorteile auszugleichen.[694] Der Schadensausgleich erfolgt dagegen durch das Deliktsrecht. Außerdem führt die Ansicht des BGH dazu, dass gerade in schwerwiegenden Fällen ein Bereicherungsausgleich zu verneinen wäre,[695] etwa wenn er auch deswegen gegen Entgelt nicht gestattet worden wäre, weil er besonders weitgehend ist. Schließlich ist auch nicht ersichtlich, warum es in diesen Fällen am Zuweisungsgehalt fehlen soll. Der Zuweisungsgehalt besteht unabhängig vom Willen zu dessen Nutzung. Diese Rechtsprechung ist daher abzulehnen.[696]

Bei Verletzungen des allgemeinen Persönlichkeitsrechts hat der Betroffene damit gegenüber dem Verletzer Anspruch auf Ausgleich ungerechtfertigter Bereicherungen. Diese bestehen regelmäßig in den marktüblichen Gebühren für die Nutzung der Persönlichkeitsgüter. Damit kann der Kraftfahrzeughersteller vom Spielzeugproduzenten eine fiktive Lizenzgebühr für die Werbung mit seinem Namen und seinen Symbolen verlangen. Der Sportverein kann erfolgreich für die namentliche Bezeichnung in der Werbung des Pharmakonzerns Ausgleich verlangen.

4. Ergebnis

Der verfassungsrechtlich zu gewährende Persönlichkeitsschutz juristischer Personen sichert deren Möglichkeit die zugestandene Rechtsfähigkeit zu nutzen. Ebenso wie bei den natürlichen Personen geht es dabei um ein unbeeinträchtigtes Auftreten nach außen sowie eine eigene Sphäre abgeschirmter Tätigkeit. Dies lässt sich mit den Erfordernissen der Ausübung von Rechtsfähigkeit dahingehend konkretisieren, dass die Handlungsorganisation (Tätigkeit der Organe) und die Identitätsausstattung (Ruf, Name, Firma, Symbole) der juristischen Personen zu schützen sind.

Diesen Schutzauftrag haben die Zivilgerichte bei Auslegung des einfachen Rechts zu berücksichtigen. Persönlichkeitsrechtsverletzungen können daher zu

---

693 BGHZ 26, 349, 353 – Herrenreiter.

694 Kläver, Bereicherungsrechtliche Ansprüche bei einer Verletzung des allgemeinen Persönlichkeitsrechtes, 152.

695 Bötticher, AcP 158 (1959/1960), 385, 405; Kleinheyer, Rechtsgutsverwendung und Bereicherungsausgleich, JZ 1970, 471, 476; Schlechtriem, a.a.O., Fn. 681, 445, 464; Schwerdtner, a.a.O., Fn. 620, § 12, Rn. 279.

696 So auch Rixecker, in: MünchKomm, BGB, § 12 Anh., Rn. 226; Reuter/Martinek, a.a.O., Fn. 688, § 7 IV.

Schadensersatz-, Unterlassungs-, Widerrufs- und Gegendarstellungs- sowie bereicherungsrechtlichen Ansprüchen führen. Schmerzensgeldansprüche juristischer Personen können nicht entstehen.

D. Zusammenfassung

Das allgemeine Persönlichkeitsrecht juristischer Personen war in der Vergangenheit wiederholt Gegenstand der Auseinandersetzung in Literatur und Rechtsprechung.

Während sich das BVerfG bisher einer abschließenden Stellungnahme über das Recht enthielt,[697] wenden es die Zivilgerichte in ständiger Rechtsprechung an.[698] Diese führen aus, das allgemeine Persönlichkeitsrecht sei betroffen, wenn der soziale Geltungsanspruch als Arbeitgeber oder als Wirtschaftsunternehmen verletzt werde. Diese plakative Formulierung verdeutlicht, dass es den Gerichten vornehmlich um die Erfassung primär wirtschaftlich tätiger juristischer Personen geht. Der eingetragene Verein findet sich in der Beschreibung ebenso wenig wieder wie eine Vielzahl von Stiftungen. Ferner bezeichnet die Formulierung des „sozialen Geltungsanspruches" eine Konzentration auf die Fälle der Rufbeeinträchtigungen. Hiervon ausgehend erweiterte die Rechtsprechung den Persönlichkeitsschutz später auf die informationelle Selbstbestimmung. Ferner brachte sie den Gedanken des Funktionsschutzes juristischer Personen in die Betrachtungen ein. Eine umfassende Begründung des allgemeinen Persönlichkeitsrechts juristischer Personen hat es dennoch in der zivilrechtlichen Rechtsprechung bisher nicht gegeben. Vielmehr blieben die Beschreibung zum Grund und Umfang des Rechts weitgehend konturlos. Abgesehen von den entschiedenen Fällen blieb eine Anwendung des Rechts stets offen.

In der Literatur wird überwiegend ein Recht zum umfassenden Persönlichkeitsschutz juristischer Personen gefordert. Die unterschiedlichen Bezeichnungen als „wirtschaftliches Persönlichkeitsrecht", „Verbandspersönlichkeitsrecht" oder „umfassendes Recht am Gewerbebetrieb" führen dabei vor allem zu einem unterschiedlichen Kreis der möglichen Rechtsträger. Inhaltlich sollen die Begriffe den Schutz eines Rechts beschreiben, der sich mit den Begriffen des Interessen- und Funktionsschutzes kennzeichnen läßt. Die einzelnen Standpunkte greifen damit zutreffend die Schutzbedürftigkeit juristischer Personen auf, die sich aus dem fragmentarischen Charakter der gesetzlichen Regelung besonderer Persönlichkeitsrechte ergibt.[699] Keiner der beschriebenen Ansätze vermag aber die Begründung des Rechts mit einer näheren inhaltlichen Beschreibung zu verbin-

---

697 Siehe oben B.I.1.e), 9 ff.
698 Siehe oben B.I.2.c), 25 ff.
699 Siehe oben B.III.5, 86 ff.

den.[700] Auch die differenzierende Anwendung des Rechts je nach Typ der juristischen Person und/oder Zweck überzeugt nicht. Ein sachlicher Grund, etwa den Persönlichkeitsschutz des eingetragenen Vereins oder einer Stiftung zu verneinen, ist nicht ersichtlich.

Dies führt zu der Frage, was Grundlage eines allgemeinen Persönlichkeitsrechts juristischer Personen sein kann. Erst die Bestimmung der sachlichen Rechtfertigung des gesetzlich nicht bestimmten Rechtes lässt die nähere Festlegung seines Inhalts zu.

Dieser Grundlage nachgehend wurden vorstehend die Eigenschaften juristischer Personen untersucht, wobei sich die Ausführungen Gierkes zum „Wesen" juristischer Personen als außerordentlich ertragreich erwiesen. Gierke zeigte den besonderen Gewinn menschlicher Tätigkeit in Gemeinschaft auf (das „überindividuelle Kräfte- und Wirkungspotential"). Damit läßt sich aber nur die Werthaftigkeit einzelner juristischer Personen beschreiben. Stiftungen und Einpersonen-Gesellschaften fehlt regelmäßig ein überindividuelles Substrat. Dieser Gedanke ist daher um die verfassungsrechtliche Erkenntnis der erweiterten individuellen Grundrechtsausübung der Menschen durch juristische Personen zu ergänzen. Diese zwei Punkte sind Stützpfeiler der verfassungsrechtlichen Anerkennung juristischer Personen in Art. 19 Abs. 3 GG. Indem Art. 19 Abs. 3 GG Grundrechte auf juristische Personen erstreckt, sichert er die Möglichkeit individueller Grundrechtsausübung durch Organisationen sowie das überindividuelle Kräfte- und Wirkungspotential, das sich aus der gemeinsamen Zweckverfolgung mit juristischen Personen ergibt.

Indessen werden die juristischen Personen erst zum Zurechnungssubjekt durch ihre Rechtsfähigkeit. Die Menschen nutzen diese Rechtsfähigkeit zur Zweckverfolgung. Soweit Art. 19 Abs. 3 GG die Vorteile juristischer Personen sichern soll, muss er die Erstreckung eines Grundrechtes vorsehen, das die Möglichkeit der Nutzung der Rechtsfähigkeit juristischer Personen erfasst. Diesen Schutz kann ein allgemeines Persönlichkeitsrecht leisten, dessen Schutzbereich dem des allgemeinen Persönlichkeitsrechts der Menschen entspricht. Es kann eine nach außen abgeschirmte Sphäre eigener Tätigkeit und unbeeinträchtigte Tätigkeit nach außen sichern. Das bedeutet bei den juristischen Person Schutz ihrer Handlungsorganisation, also der unbeeinträchtigten Tätigkeit ihrer Organe, sowie Schutz ihrer Identitätsausstattung, d. h. insbesondere des Rufes, des Namens und der Symbole der juristischen Person. Dies sind die notwendigen Eigenschaften zur Ausübung der Rechtsfähigkeit. Da aber die juristischen Personen nicht würdefähig im Sinne von Art. 1 Abs. 1 GG sind, ist das Recht ausschließlich den Artt. 2 Abs. 1 und 19 Abs. 3 GG zu entnehmen.

---

[700] Siehe oben B.II.3, 54 ff.

Das aus der Verfassung entwickelte allgemeine Persönlichkeitsrecht ist bei der Anwendung des Zivilrechtes zu berücksichtigen. Es ist ergänzend zu den besonderen Persönlichkeitsrechten heranzuziehen. Wird eine juristische Personen in der Ausübung ihrer Rechtsfähigkeit beeinträchtigt, indem ihre Identitätsausstattung verletzt oder ihre Handlungsorganisation beeinträchtigt wird, so können sich danach zivilrechtliche Ansprüche ergeben. Die Betroffene kann Schadensersatz, Unterlassung, Beseitigung, Widerruf oder Gegendarstellung geltend machen. Ferner kann Anspruch auf Bereicherungsausgleich bestehen.

Die Begriffe Handlungsorganisation und Identitätsausstattung benennen die beiden Schutzgegenstände des Rechtes, die hinreichend konkret genug sind, eine Anwendung im Einzelfall zu ermöglichen, ohne sich der Erfassung neuer Bedrohungen zu verschließen. Eine Beschränkung des Schutzes auf einzelne Typen juristischer Personen wird vermieden. Eingetragene Vereine und Stiftungen genießen also ebenso Schutz wie AG oder GmbH. Der hier vorgeschlagene Ansatz konkretisiert damit das allgemeine Persönlichkeitsrecht juristischer Personen, um dessen Anwendung in der Praxis zu erleichtern. Dabei vermeidet er ungerechtfertigte Ungleichbehandlungen, die sich nach anderen Vorschlägen ergeben.

Ein so definiertes allgemeines Persönlichkeitsrecht juristischer Personen schützt die AG ebenso davor, Gegenstand eines Theaterstückes mit dem Ziel allgemeiner Kritik zu werden, wie sich ein Unternehmen dagegen wehren kann, sich in Scherzartikeln verunglimpft zu sehen. Es sichert Geheimnisschutz unabhängig davon, ob Betroffene eine Stiftung, ein e.V. oder eine GmbH ist.